대한민국 정치 1번지
여의도 이야기

조용호 회고록

도서출판
경남

책을 내면서

　20년 전의 이야기들을 책으로 펴낸다고 마음먹기가 쉽지 않았다. 이미 흘러간 옛 노래들이고, 나는 소중한 원고라고 생각하지만 보는 사람은 그렇지 않을 수 있기 때문이다. 또한 세월이 너무 많이 흘러 버렸다. 그럼에도 그냥 지나치기는 아쉬워 책이랍시고 만들어 내놓는다. 보는 사람들이 뭐라고 나무랄지 걱정이 많이 된다.
　책이라는 이름으로 출간을 할 때는 우선 '이 책이 세상에 과연 필요한가?'를 따져 봐야 하는데, 그 절차를 제대로 밟지 않았다. 그냥 나 혼자 생각으로 출간이라는 것을 하게 되었다. 정말로 세상 사람들의 냉정한 평가가 머리에 꽂히는 것 같아 또한 걱정이 많이 된다.
　나는 20년 전인 93년부터 95년까지 2년간 국회와 민주자유당을 출입하는 '국회출입기자'로 근무하면서 신문에 게재된 기사 외에 '정치와 국회의원, 그리고 서울 생활들에 대한 남기고 싶은 이야기들'을 틈틈이 써 두었다.
　왜냐하면 대한민국 정치 1번지 '여의도' 정치 무대의 돌아가는 여러 사정이 남길 만한 충분한 가치가 있었고, 여의도의 주인공인 국회의원들은 참으로 대단한 능력자들이었다. 거의 무변광대한 전국적 권한을 가진 국회의원들이 사실상 나라를 움직였다고 해도 과언이 아니었다. 그 어떤 조직도 국회의원을 당해내지 못하는 듯했다. 정말로 남자라면 한번 해 볼 만한 직업이었다.

여기에 맞서는 조직이 언론이고, 정치는 언론에 의해 움직인다는 말도 적합했다. 정치와 국회의원, 언론은 함께 돌아가는 세 개의 축이고, 그 무대는 국회와 민자당이 있는 여의도였다. 20년이 흐른 지금에도 정치의 생리는 여전하고, 국회의원의 힘은 막강하다.

그때, 국회 출입과 여의도 정가 주변의 이야기에다 신문사 퇴임 후 느꼈던 단상들을 묶어 이번에 책으로 내게 된 것이다. 말하자면 여의도 국회 출입 회고+기자 인생 회고이다. 《대한민국 정치 1번지, 여의도 이야기》라는 제목으로 쓴 회고록이 아닌가 싶다.

책의 내용은 3부로 나누었다. 1부는 93년부터 95년까지 2년간 본인이 국회와 당시 여당인 민주자유당을 출입하면서 느꼈던 정치 현장과 그 정치의 주역인 국회의원, 정치적 사건들, 여의도 정가 주변에 관한 이야기이다. 2부는 나이 마흔에 다시 하는 서울 하숙 생활과 배경, 국회와 민자당을 출입하는 전국의 지방지 기자들의 우정과 에피소드, 그리고 대통령 선거의 최고의 승부처였던 노무현, 정몽준의 대결 등이다.

3부는 언론 현업을 떠나 퇴임 후 자연인으로서 느꼈던 기자 인생에 대한 소회이다. 여기에다 지방신문이 갖고 있는 고질적 문제인 흑자경영 생존에 대한 의견을 실었다. 나는 워낙에 지방지 경영이 어려운 점을 감안하여, 이 과제를 아예 대학원 석사 논문으로 정하여 나름대로 생존의 방법을 찾아 보았다. 경영의 문제는 '생존'의 문제이어서 강조하지 않을 수 없다.

내용이 이러하니 글을 쓴 시간이 일정하지 않다. 멀리는 20년 전부터 시작하여, 10년 전에 수정한 것도 있고, 가까이는 2015년 집필 분도 제법 있다. 노무현, 정몽준 이야기는 2002년 말이니 13년 전 이야기이다. 하여 2015년 현재의 시점에서 내용과 시점이 맞지 않더라도 알아서 집필 시기에 맞춰 읽고 이해하여 주셨으면 고맙겠다.

흔히들 '정치는 생물生物'이어서 늘 살아 숨 쉬며 변하고 또 변한다고 한다. 좋게 보면 정正 반反 합合의 과정을 수시로 거쳐 합의를 도출하는 것이며, 그렇지 않게 본다면 변절과 배신에 권모술수가 난무하는 '권력 각축의 장'이다. 그러면서도 의리와 지조, 낭만과 유머도 있다. 국회의원 개개인은 대단한 능력자였지만, 때론 수십 명의 이름으로 단체적 결정을 내릴 때면 느닷없이 거수기가 되고 마니, 그 정치의 장을 알다가도 모를 일이었다.

100세 인생이라 하지만 60인생을 되돌아보니 '인생 별것 아니더라' 하는 생각이 든다. 지난 20년이 이렇게 빨리 가는데 '다가올 20년은 얼마나 빨리 갈까?' 정비석은 산정무한에서 이렇게 말했다.

> 천년 사직이 남가일몽南柯一夢이었고, (마의)태자 가신 지 또다시 천년이 지났으니 유구한 영겁으로 보면 천년도 수유須臾던가. 고작 칠십 생애에 희로애락을 싣고 각축하다가 한 움큼 부토로 돌아가는 것이 인생이라 생각하니, 의지 없는 나그네의 마음은 암연히 수수롭다.

졸작이지만 늦게나마 책을 내자고 결정을 내린 것은 나 자신이며, 다음의 몇 구절이 힘을 불어넣어 주었다. '인생은 여기here와 지금now, 오늘은 나에게 남은 생애에서 가장 젊은 날이다. 당신은 당신이 생각하는 것보다 아름답다You are more beautiful than you think.'

내가 만난 사람들이 곧 나의 인생이라고 했다. 그들 모두에게 감사의 인사를 드린다.

— 2015년 12월 어느 날에
조용호

| 차례

002　책을 내면서
310　에필로그

국회와 국회의원 정당에 관한 이야기

011　국회의원, 정말 남자로 한번 해 볼 만한 직업이네
017　서울 여의도 1번지 대한민국 국회, 한국 정치의 본산
023　3당 합당의 전리품 민주자유당, 그리고 비정한 정치
030　돈은 묶고 입은 푼다, 선거혁명의 통합선거법
036　1인자 이상의 2인자, 김종필의 담담타타
043　경남 최초의 국회의장, 황낙주의 정치 30년
049　젊어서 손해 본 강삼재, 40대 4선, 사무총장 두 번
056　된장국 맛에 직격탄의 정치인, 진주의 하순봉
062　재산 꼴찌로 전국인물 된 김호일과 '3'자 인연
067　이강두 의원과 거창사건 특별법
072　천재의 독설의 세계, 명대변인 박희태
079　고스톱 교장선생님, 합천의 권해옥 의원
084　당구 2천 점의 고수 정필근, 인생을 즐겁게 산다
090　정계 신사 이춘구의 날치기와 국회 지방기자석
097　YS 대북정책 정면 비난, 노재봉 발언 파문
104　배명국 의원과 전대월 사건, 양심선언 두고 엇갈린 주장
112　정당의 최전방 공격수, 대변인의 세계

118   국회 본회의장 의석 배치도 서열이 있네
124   국회의원 보좌관, 알고 보니 석·박사 고급 인재
129   국회 의원회관 방도 명당(?) 있다
133   노무현 지지 철회, 대선 자살골의 모험 정몽준
141   천운에 승부사의 기적, 노무현 불가사의
147   정치인의 덕목은 무엇인가?

하숙으로 시작한 서울 특파원 지방지 기자들의 우정

155   이불 보따리 짊어지고 상경, 서울 생활 시작하다
162   서울 발령 못다 한 이야기들, 노조와 퇴직금
167   민자당 지방기자들의 25시, 고향 지키는 파수꾼
173   민자당 지방기자실의 그리운 얼굴들
180   지방지 기자들의 단합되고 즐거웠던 시간들
185   왕 초보 3명의 태릉골프장 나들이
190   "칼국수 앞으로" 우리들의 점심
195   하숙방에 등장한 전화 712-1178
201   국정감사와 우리들의 기사 찾기

206 기사를 열심히 써야 하는 이유
211 40세 성인 하숙, 낭만은 옛말이고 TV만 친구더라
217 나는 서울 정가의 이름 없는 이방인
224 잊을 수 없는 나의 25기 입사 동기생들

Chapter 3 나의 기자 인생 남기고 싶은 이야기들

233 되돌아본 30년 나의 기자 인생
238 나의 영원한 친정 경남신문사, 아름다운 추억들
250 편집국장의 권한과 책임에 대하여
257 지방지 기자의 조건이라면
262 지방신문인가? 지역신문인가?
266 지방신문의 영원한 숙제, 흑자 경영 생존
282 지방신문 산업 경영실태 분석해보니
289 평생 기자가 경험한 출연 기관장 2년
298 나와 퇴임 후 인생 인연과 하충식
303 세상사 인연 따라 흘러간다

Chapter 1

국회와 국회의원 정당에 관한 이야기

국회 출입기자들이 모여 "대한민국에서 가장 좋은 직업이 뭐냐?"고 서로 물었다. 장관이었다. 그 장관에게 "과연 최고 직업이냐?"고 물었다. 답은 "가장 좋은 직업인데 국회의원만 없다면…." 하는 전제를 달았다. 천하 제일의 장관이라 하더라도 국회에 불려 나와 답하고, 때론 고초를 당해야 하니 국회의원이 걸리는 것이다. 그렇다면 최고의 직업은 국회의원이다.

1994년 1월 민자당 창당 기념일에 민자당 지방기자실을 찾은 김영삼 대통령에게 필자가 인사를 하며 악수를 하고 있다. 사진은 당시 연합뉴스 김승두 기자가 찍었다.

국회의원
정말 남자로 한번 해 볼 만한 직업이네

  국회 출입기자들이 모여 "대한민국에서 가장 좋은 직업이 뭐냐?"고 서로 물었다. 장관이었다. 그 장관에게 "과연 최고 직업이냐?"고 물었다. 답은 "가장 좋은 직업인데 국회의원만 없다면…." 하는 전제를 달았다. 천하 제일의 장관이라 하더라도 국회에 불려 나와 답하고, 때론 고초를 당해야 하니 국회의원이 걸리는 것이다. 그렇다면 최고의 직업은 국회의원이다. 나는 여기에 전적으로 동의한다.
  바깥에서 본 국회의원은 별 게 아닌 것 같았지만 가까이서 지켜본 국회의원은 굉장했다. 쉽게 말해 남자로서 정말 한번 해 볼 만한 직업이었다. 장관과 단체장이 행정과 지역적 권한에 국한한다고 한다면 국회의원은 그야말로 전국적이다. 국회의원은 권한에 관한한 대한민국 어느 곳이든 미치지 않는 곳이 없고, 능력에 따라 무한범위이다. 다소 과장한다면 무변광대한 권한의 바다를 이루고 있다. 대통령이 그리 부러울 것인가.

국회수첩을 보면 국회의원 개인의 신상이 수록되어 있다. 대부분이 지역에서는 내로라하는 사람들이고, 좋은 학력에 좋은 경력에 참으로 대단하다는 말 이외에는 별 표현할 말이 없다. 국회의원을 가까이서 지켜본 것이 민자당을 출입할 그 당시이다. 그 이전에는 국회의원 하면 그냥 높은 사람, 일반인들은 쉽게 만나 볼 수 없는 사람 정도로 여기고 있었다. 가까이서 본 국회의원들은 참 바쁜 사람들이었다. 몸이 열 개라도 모자랄 만큼의 분주한 사람들이었다.

국회의원의 하루 일과를 한번 보자. 그들의 하루는 아침부터 시작한다. 여기에서 아침이란 사실상 새벽을 말하는 것으로 보통사람들의 아침과는 비교가 안 된다. 당직자의 예를 들어 사무총장의 하루 일과를 한번 정리해보자.

사무총장은 당무를 총괄하는 당 서열 2위로 위로는 대통령인 당총재와 대표최고위원 두사람 밖이고 아래로는 수많은 당료들과 전국의 수만 당원들이 있다. 당원들을 아래 서열로 보기에는 좀 모순이 있지만 사무총장은 한마디로 당의 살림과 예산, 인사를 한손에 쥐고 있는 막강 파워의 실세 중의 실세이다.

어느 사무총장을 막론하고 새벽이 되면 집에는 어김없이 기자들이 찾아든다. 주로 석간지 기자들이 많으며, 기자들은 아예 아침을 사무총장 집에서 먹는다. 사무총장의 부인은 기자들의 식성을 파악하고 메뉴를 짤 정도이다.

아침 7시 전후로 기자들이 몰려와 진을 치면 사무총장은 일어나지 않을 수 없고 함께 앉아 대화를 나누어야 한다. 뭔가 당일의 '기사거리'를 주어야 하고, 주지 않으면 얘기라도 나누며 별반 영양가도 없는 가십이라도 제공해야 한다. 그렇게 해야 상호 아침 인사가 되는 것이다.

기자들을 피해 몸을 피할 수도 있지만 뛰어봤자 어디로 가겠는가. 갈 곳도 없다. 만약 사무총장이 아침에 집에 없다면 이는 정말 사건으로 기자들은 곧바로 데스크에 보고하고, 추적에 들어갈 판이니 함부로 도망도 갈 수 없는 형편이다. 도망도 못 하고 꼼짝없이 집에 잡혀 있다 만나야 하니 고달프기도 하다. 시쳇말로 술 마시고 외박도 한 번 못 한다. 사람 사는 재미가 없다고나 할까.

기자들과 아침 미팅을 하고 당사로 출근하면 이제는 정말 많은 기자들이 기다리고 있다가 우르르 총장실로 들어와 진을 쳐버린다. 또 뭔가 얘기를 해야 하고, 중요한 현안이 있을 경우 답변을 해야 한다. 여기서 말을 잘못하면 몇 분도 안 돼 방송에 터지고, 석간에 터지니 참말로 말조심해야 한다. 부산시장을 지내기도 한 문정수 씨가 사무총장을 하던 당시, 문 총장은 다소간 어눌해 답을 못하는 경우가 많았고 이때 기자들과 함께 서 있던 강삼재 기조실장이 나서 진화를 하곤 했다.

　기자들이 나가면 당직자 회의가 열리고, 그러고 나면 문 입구에는 수많은 사람들이 면담 대기를 한다. 정치 경제 사회 등 분야별 인사들이 기다리고 있고, 고향 지역구에서 올라온 사람들도 많다. 일일이 다 만나야 하고 또한 점심 약속도 항상 대기하고 있다.

　점심을 먹어도 일정별로 행사에 참석해야 하고, 방에 앉아 조금 쉴 만하면 또 손님들이 찾아오고, 또 기자들도 개별적으로 찾아온다. 저녁에는 술이 기다리고, 정말 죽을 판이다. 이런 숨 쉴 틈도 없는 빡빡한 일정이 늘 기다리고 있고, 국회의 주요 현안이 있을 경우에는 정말 눈코 뜰 새가 없다.

　문제는 이런 일정이 비단 사무총장에만 있는 것이 아니고, 거의 모든 국회의원들에게 다 있다는 것이다. 일의 경중輕重에 다소간 차이는 있을지언정 바쁘기는 마찬가지이다. 지역구 주민들은 수시로 서울로 올라오고, 서울에서 처리해야 할 지역구의 일이 거의 산더미 같다.

　지역 일을 위해 장·차관을 비롯한 행정부처 관계자들을 만나는 것은 기본이고, 아침저녁으로 직종을 불문하고 많은 사람을 만나야 한다. 저녁 식사는 거의 술이 동반한다. 적절히 조정하여 마셔도 취할 수밖에 없는 노릇이다. 늦은 밤 피곤하게 귀가해도 다음날 새벽 또다시 바쁘게 뛰어야 한다.

주말은 더 바쁘다. 아무리 서울 일이 중요해도 지역구로 내려가 주민들을 만나보고, 막걸리도 마시면서 표 관리를 해야 한다. 서울서 놀다가 지역에 안 내려가면 "야, 언제 그렇게 컸냐. 다음 선거 때 보자."고 하니 안 내려갈 수 없다.

그래서 세상에서 국회의원 마누라만큼 재미없는 여자도 없다는 말이 나온다. 다른 사람들은 주말 휴일에 남편과 함께 어디 놀러도 가고, 백화점 쇼핑도 가지만, 이건 주말만 되면 생이별을 해야 하니 정말 못살겠다는 하소연이다. 그래도 국회의원 마누라, 아니 '싸모님' 마다하는 사람은 별로 없으니 참 알다가도 모를 일이다.

국회의원만큼 얼굴을 내밀어야 할 행사가 많은 사람도 없을 것이다. 지역구의 대소사 일을 비롯해 중앙의 행사 등 그야말로 행사로 도배질한다. 국회의원마다 각 상임위에 소속이 되고, 해당 상임위 소관 부처에서는 신경을 쓰지 않을 수 없어 초대할 행사들이 줄을 잇는다. 어디를 가나 상석上席이고, 가슴에는 꽃을 달아야 하는 VIP이다.

사정이 이러하니 국회의원은 건강이 뒷받침되지 않으면 도저히 할 수 없는 직업이다. 아침부터 저녁까지 쉴 새 없이 움직여야 하고, 술을 마셔야 하고, 행사장도 부지런히 찾아야 한다. 내가 만나 본 국회의원들은 모두가 건강이 좋았다. 대단한 체력의 소유자들이었다.

국회의원으로 이름을 날리면 당의 요직을 맡게 되고, 이런 과정을 거치면 당의 대표가 되고, 또한 당의 대통령 후보도 되어 국가 지도자라는 대통령을 두고 한판 승부를 한다. 국회의원이 아닌 사람이 대통령이 된 적은 이승만 대통령과 신군부 시절 전두환 대통령을 제외하고는 없다 한다.

헌법에 보장된 국회의원의 권한은 매우 많지만 그러한 법률적 권한에 앞서 국회의원은 명실상부한 국민의 대표로서 국가와 사회에 미치는 영향력은 말로 설명할 수 없이 크다. 세월이 흐르면서 국회의원도 공부를 하지 않고 도덕적으로 깨끗하지 못하면 생존하기도 어렵게 되어가지만 분명한 사실은 민주주의 사회에 있어 국회의원을 당해낼 어느 조직도 인물도 없다는 사실이다. 국회의원이 나라를 지배한다고 해서 과히 틀린 말이 아닐 것이다.

서울 여의도 1번지 대한민국 국회
한국 정치의 본산

　서울 영등포구 여의도동 1번지 대한민국 국회. 한국 정치의 본산인 국회의 주소이다. 거대한 여의도에서 당당히 1번지를 부여받을 만큼 상징과 규모를 자랑한다. 국회의사당의 세계로 가보자.

　국회의사당은 전체 대지 10만 평 중 2만4천636평을 차지하고 있다. 지하 2층 지상 6층의 석조 건물로 단일 의사당 건물로는 동양에서 가장 크다. 입구에서 보면 정말 웅장한 규모를 실감한다. 장차 남북통일이 되고 양원제가 되더라도 불편 없이 사용할 수 있도록 설계됐다 한다.

　우리나라 첫 국회인 제헌국회는 1948년 5월 31일 중앙청에서 개원했으며, 6·25전쟁 중에는 대구, 부산 등지를 전전하며 극장과 경남도청의 무덕전武德殿 등을 임시 회의실로 사용하기도 했다. 제3대 국회인 1954년 6월부터 태평로의 구 시민회관을 개수해 의사당으로 사용했으며, 제4대 때인 1959년에는 남산을 건립부지로 선정, 설계와 정지작업에 착수했다가 5·16으로 중단됐다. 제6대 국회가 개원하면서 건립문제가 본격 재론돼 여의도에 부지 10만 평을 확보, 1969년 7월 17일 제헌절에 기공해 6년 만인 1975년 8월 15일 의사당 본관 건물을 준공하고, 같은 해 9월 2일 태평로 의사당에서 이전했다.

의사당 건립은 의사당건립위원회가 발족한 1966년부터 본관이 준공된 1975년까지 10년이 소요됐다. 처음 3년 동안 부지 선정과 설계의 기간이었다. 위원회는 위치와 면적, 거리, 대지 소유권 등에 대한 기초조사를 한 후 물색한 10개 후보지 중 1968년 2월 여의도 지구를 결정하고 당초 20만 평에서 서울시와 협의 결과 여의도 개발계획을 감안, 10만 평으로 확정했다.

설계는 계획 설계, 기본 설계, 본 설계로 나눠 단계별로 실시했다. 1968년에 계획 설계안 아이디어 모집을 한 결과, 일반 공개모집에서 3개 작품이 선정됐고, 지명 위촉에서 3개 작품이 제출됐다. 일반 공개 모집 3작품은 우수작(안영배安瑛培·최창한崔昌翰 합작), 준우수작(김광욱金光郁·박선길朴宣吉 합작), 가작(정연석鄭然奭·엄웅嚴雄·윤영근尹英根·장응재蔣應在 합작)이며, 지명 위촉 작품은 김정수金正秀, 김중업金重業, 이광로李光魯 각 1점씩이다.

기본 설계는 계획 설계를 근거로 건립위원회와 신축기술자문위원회 등의 자문을 거쳐 계획설계위원으로 참여한 바 있는 건축가 김중업金重業, 이광로李光魯 씨와 용역계약을 체결, 1968년 12월 31일 완료됐다.

본 설계는 의사당 본관, 의원회관 A동, 발전실 및 차량 정비고를 비롯해 초원 및 대지정지공사, 도서관, 의원회관 B동, 공관(A · B형), 경비대 등으로 1970년 10월 31일까지 마무리했다. 시공업체는 국내 우수 10개사를 선정, 지명경쟁계약방법에 의해 조달청에서 입찰을 실시한 결과 대림산업과 현대건설에 낙찰됐다. 1969년 7월 17일 역사적 기공식을 갖고 건립대지 정지공사에 착수, 1975년에 완공했다.

기공 당시 제1단계 건립사업의 총 공사비 예산은 101억 원이었으나 환율인상 등으로 1971년에는 130억 원으로 증가해 부득이 1972년 일부공사를 차기단계로 이월하고 공사비를 절감하는 방향으로 수정해 105억 원으로 조정했다. 그러나 1973년 말 유류파동, 1974년 초 노임 40% 인상, 고율관세의 부과, 물가인상, 환율인상 등으로 약 30억 원의 예산이 팽창, 관세와 물품세 등을 포함해 총 공사비는 135억 원으로 늘었다.

1975년 8월 준공된 의사당은 현대식 건물에 한국 전통미를 가미했다. 의사당 본관은 회녹색의 거대한 '돔'과 처마(파라펫), 24개의 열주(기둥), 그리고 이를 떠받치는 넓은 기단 등으로 구성되어 있다. 24개의 기둥은 국민의 다양한 의견을 뜻하며, '돔'형 지붕은 국민의 의견이 찬반토론을 거쳐 하나의 결론을 내린다는 의회민주정치의 본질을 상징한다.

의사당 정면 주 현관에서 계단을 오르면 사방 40m의 로턴다 홀이 있다. 홀의 상부는 천장의 돔까지 공간으로 비어 있으며, 의사당 전체의 구심적 역할을 하고 있다. 대리석 바닥과 각종 발코니의 난간, 그릴 등에는 신라에서 조선시대에 이르기까지 문양 중에서 전아典雅한 고유의 문양을 현대화한 디자인으로 되어 있다. 천장은 수은등과 백열등으로 혼합조명했으며, 특히 중앙 링 부분에는 별도의 조명으로 입체감을 살렸다.

회의장은 로턴다 홀을 중심으로 좌측에 본회의장인 제1회의장, 우측에 제2회의장이다. 제1회의장은 268평으로 국회의원 의석은 299석, 국무위원석 29석, 방청석 336석(150평), 기자석 69석(27.8평) 등으로 구성되어 있다. 의석배치는 의장석을 중심으로 반원형으로 되어 있으며, 의장석 우측에 국무위원석이 있다.

제1회의장 2층에는 음향실과 방송실, 동시통역실, 방청석, 기자실이 마련되어 있고, 속기사석은 발언대 앞에 위치하고 속기사 전용출입구를 통해 출입하게 되어 있다. 바닥에는 붉은색 카펫이 깔려 있고, 천장은 중앙광 천장에 주광원을, 그 주변에는 백열등으로 보조광원을 설치하고 광천장 내부에 백열등과 수은등에 의한 간접조명에 의해 미관효과를 높였다. 의장석 후면판 상부에는 직경

2.6m의 국회를 상징하는 국회표지가 부착되어 있다. 제2회의장은 의석 100석과 방청석 292석(110평), 기자석 40석(32평)으로 이루어져 있다.

의사당에는 유명 작품들도 많이 있다. 해태상은 의사당 본관과 정문 사이에서 정면 관악산을 노려보며 서 있으며, 소설가이며 고증 자문위원인 월탄月灘 박종화朴鍾和의 제의로 세워졌다. 관악산의 화기火氣를 억누른다는 속설이 작용했다고 한다. 의사당의 해태는 약간 비스듬한 방향이기는 하지만 우연찮게도 관악산 쪽을 바라보는 자태로 서 있다.

이와 함께 해태상 아래 포도주 100병이 지난 75년 묻힌 것으로 알려져 관심을 모았다. 2002년 국회 사무처와 자민련의 국회 소식지 '의정뉴스'에 따르면 여의도로 국회가 이사하면서 당시 해태그룹이 해태상을 무상 제공한 뒤 그 밑에 포도주 100병을 묻어놓았다고 한다. 정주성 국회시설관리과장은 "국회 주변이 화기火氣를 많이 품고 있어, 불을 잡아먹는 상상 속의 동물인 해태상을 설립했으며 남북통일 등 좋은 일이 생기면 자축용으로 쓰자는 의미에서 포도주를 묻어놓은 것으로 안다."고 말했다.

국회의 한 관계자는 "포도주는 왼쪽 해태상 밑에 묻혀 있다. 75년부터 100년이 지난 뒤인 2075년에 민주주의가 꽃을 피웠을 때 포도주를 꺼내 자축하자는 의미에서 그렇게 한 것."이라고 말했다. 일반인들에게 잘 알려지지 않은 사실 중 하나는 국회가 소장한

미술품이 339점에 이른다는 점이다.

주요 작품은 국회의사당 본관과 의원회관, 그리고 도서관에 전시되어 있다. 소장 내역을 보면, 한국화 80점, 서양화 38점, 서예 128점, 조각 14점, 자수를 포함한 창작공예 10점과, 각종 전승도예 작품 47점, 기타 22점 등이다.

대표적인 작품은 흥선대원군의 글씨, 근대 유화 1세대 작가를 대표하는 김인승의 역작 '화실', 고상봉의 '항아리', 구한말 문인화의 대가 윤용구의 '난초묵화' 등이다. 한국화 중 장우성의 최대거작인 사실적 채색화 '백두산 천지'는 의사당 본관에 전시돼 있다.

가장 많이 구입 혹은 기증된 서예 작품의 경우 진귀한 옛 글씨로 조선 헌종 때 문신이며 유명한 서화가인 신위申緯의 '행서칠언시' 12폭 병풍과 흥선대원군의 대작 예서 '하당霞堂' 등이 있고 근대 명필로는 김구의 행서 '이순신 장군 시'가 있다.

3당 합당의 전리품 민주자유당
그리고 비정한 정치

　내가 민자당이라는 집권정당을 처음 만난 것은 1993년 4월이다. 이때는 민자당이 창당 3년을 넘어선 시각이었다. 비록 3당 합당이라는 정치적 모험을 겪었지만 김영삼 대표가 제14대 대통령으로 당선돼 민자당으로서는 재집권에 성공, 문민정부로 본격 들어가는 시점이었다.

　김영삼(YS)은 92년 말 있었던 대통령 선거에서 민자당 후보로 나서 숙적 김대중(DJ)을 이기고 당선되었으며, 김대중은 눈물로 정계은퇴를 선언했다. 그래서 김영삼은 노태우로부터 대권을 이어받아 당 총재로 군림했고, 민자당의 대표는 김종필(JP)이었다. 김종필은 얼마 있지 않아 당내 민주계에 등 떠밀려 나가 자유민주연합(자민련)을 만들어 97년 대선에서 김대중과 손을 잡는 이른바 DJP연합으로 한나라당의 이회창을 이기고 정권 창출을 하게 된다. 정치는 이렇게 돌고 돌아가는 것이다.

그렇다면 서로 다른 색깔의 3개 정치집단(민주정의당, 통일민주당, 신민주공화당)이 손을 잡고 민자당이라는 거대 여당을 탄생시키는 이른바 3당 합당의 과정으로 돌아가 보자.

1988년 4월 제13대 국회의원 선거로 여소야대與小野大 정국이 형성되자 여당인 민주정의당은 여소야대 구도를 근본적으로 변화시키고 보수연합구도를 구축하려는 목적에서 정계개편을 추진, 1990년 1월 22일 민정당의 노태우 대통령, 통일민주당의 김영삼 총재, 신민주공화당의 김종필 총재가 3당 합당을 선언했다. 거대보수여당인 민주자유당(민자당)의 탄생이었다.

3당 합당은 여러 가지 시대적 당위성이 있다고 하지만 국민정서에 위배되는 정치적 야합이라는 비판을 받았다. 그렇지만 3당 합당으로 민자당은 국회에서 개헌선인 2/3를 넘는 218석을 확보했다.

민자당은 총재 1인(노태우)과 대표위원 3인(김영삼·김종필·박태준)의 집단지도체제를 구성했으나 공천 및 당직배분에 따른 계파 간 갈등이 지속되고, 인위적인 정계개편에 대한 국민들의 비판으로 1992년 제14대 국회의원 선거에서 총 299석 중 149석을 얻는 데 그쳐 과반수 확보에 실패했다.

같은 해 5월 19일 전당대회에서 김영삼 대표를 대통령 후보로 선출했으나 이에 불만을 품은 이종찬·박태준·박철언 등 20여 명의 의원들이 탈당했다. 12월 18일 제14대 대통령선거에서 김영삼 후보가 41.4%의 득표로 당선됨으로써 민자당은 재집권에 성공했다.

그러나 김영삼이 총재로 있는 민자당은 3계파 간의 갈등을 종식하지 못했고, 결국 93년 3월 공직자 재산공개 과정을 통해 민정계 의원들이 대거 은퇴하거나 의원직을 사퇴하면서 민자당 탈당 러시를 이뤘다. 이때 국회의장을 역임했던 김재순은 민자당을 쫓겨 나가면서 저 유명한 토사구팽兎死狗烹(토끼사냥이 끝나면 사냥개를 삶아 먹는다. 요긴한 때 소중히 여기다가 쓸모가 없게 되면 쉽게 버린다는 의미)이란 말을 던져 일대 화제를 모았다.

훗날 김재순은 당시의 팽烹에 대해 이렇게 회고했다. "YS가 대선에 나오면서 제발 도와달라고 해 선거 때 안 따라다닌 곳 없이 도와주었는데 당선되고는 제일 먼저 날 쳤어요. 15대 총선 때 아는 사람을 시켜 '전국구 줄 테니 화해하자.'고 해 '날 두 번 죽일 셈이냐. 안 들은 걸로 하자'고 했다."고 말하기도 했다.

정치란 이처럼 비정한 것이다. 어제의 동료가 오늘 정적政敵이 되고, 내일이면 또한 어떻게 변할지 모르는 게 정치이다. 자신의 정치적 득실에 따라 갈라졌다 붙었다 하는 것이다. 이합집산이다.

민자당이 이런 태생적 한계를 지닌 탓인지 내가 만난 당직자는 물론, 직원들까지도 계파가 있었다. 당을 움직이는 주요 정치인들이 계파가 있는데 이를 추종하는 사람들이 계파가 없을 리 만무했다. 이런 관계로 직책이나 연령에 관계없이 대부분 계파가 있었고, 그렇지 않은 사람들도 계파 지향적이었다. 조그만 사건이 나도 배후를 먼저 살필 생각을 하고, 액면 그대로 받아들이는 분위기는 찾기 힘들었다.

민자당의 직원들은 뭔가 학구적이고 회사를 위해 열심히 노력한다는 분위기는 별반 없어보였고, 다분히 정치적이었다. 직원들로서는 민자당이라는 정당은 일터였지만 일반직장과 같은 일터의 분위기는 그렇게 절실하지는 않았다.

민자당 당사는 여의도에 있는 VIP빌딩이었다. 12~13층으로 기억되는데 민자당이 전 층을 다 썼다. 당정회의가 열릴 때는 정부 장·차관을 비롯한 고위간부들이 대거 민자당으로 출동해 회의를 하는 모습을 자주 볼 수 있었다.

일반인들은 정부정책은 해당부처 장관이 결정하는 것으로 알기 쉽지만 실제 당 주변에서 지켜보면 모든 정책이 집권여당과 사전 조율되는 것을 알 수 있었다. 국회의원들이 언제 저렇게 복잡하고 어려운 문제를 다 소화해가면서 정책을 내놓을 수 있을까 하고 의구심도 갔고, 실제 그 의구심만큼이나 많은 정책의 오류도 있었다.

또한 중요한 정책의 결정이 너무 쉽게 당정의 간단한 절차만을 거쳐 이뤄진다는 느낌도 지울 수 없었다. 매우 복잡하고 어려운 것이라 할지라도 몇 번 만나 회의를 하면 결과가 도출되었고, 그런 과정에서 일반 국민들의 실제적 의견수렴은 부족한 것 같았다.

주요 정책을 당으로 갖고 오는 정부관료들도 실제 정책의 효율성보다는 당과의 무리 없는 원만한 조율에 신경을 쓰는 듯했다. 정부에 있어서 정당은 국민의 의사로 볼 수 있고, 국회의원들이 모여 만든 정치집단이 정당이니 그럴 수 밖에 없었다.

이러다 보니 주요 당직자들이 참으로 아는 것도 많구나 하는 생각을 일응 할 수 있었다. 비록 전문위원들의 조언을 받지만 정치 사회 경제 등 전반에 있어 거의 모르는 게 없는 듯했다.

당의 주요 당직자(대표, 사무총장, 정책위의장, 원내총무)는 매일 청와대와 교감을 하고, 그날의 주요 정책의 방향을 잡아나간다고 했다. 청와대와 집권당의 말이 다르면 안 되기 때문이었다. 기조실장을 맡았던 강삼재 의원은 "기조실장도 국정을 매일 파악을 한다."고 말한 바 있다.

이런 의미에서 본다면 대한민국의 국정은 청와대와 집권여당의 2개 축으로 움직이는 것 같았다. 이런 구도는 세월이 흘러 각계각층의 욕구가 분출되고 목소리가 커지면서 어느 정도 변화되었다 하지만 큰 골격은 유지하고 있다고 보아야 할 것 같다.

1994년 1월 김영삼 대통령이 민자당 창당기념일을 맞아 민자당을 방문한 적이 있었다. 김 대통령은 오자마자 기자실을 방문했고, 지방지 기자실을 먼저 찾았다. 당시 청와대를 출입하던 마산 출신의 연합뉴스 사진부 김승두 기자가 나보고 "기자실 입구에 꼭 있어라."라고 말해 자리를 지켰더니 아니나 다를까, YS는 들어오면서 나에게 손을 내밀었다. 나는 황송해 머리 숙여 인사를 했는데 너무 많이 숙인 듯했다. 그러나 김 기자는 연거푸 사진을 찍어 나중에 보니 적정히 대등하게 대통령과 마주한 멋진 한 장의 사진이 나와 있었다. 중앙지 기자들의 모습을 보니 거의 서서 대통령과 악수를 교환해 내가 머쓱했다.

예나 지금이나 집권여당의 총재는 대통령이고, 사실상 당을 이끌어 가는 국면이다. 그때도 대통령의 한마디 한마디가 당에 절대적인 영향력을 미쳤다.

민자당은 95년 6월 27일 지방선거에서 참패했으며, 그 결과 내분은 증폭되었고, 그해 11월과 12월 두 전직 대통령 노태우와 전두환이 구속되면서 12월 6일 신한국당으로 당명이 바뀌었다. 결과적으로 볼 때 민자당이라는 정당은 정치인들의 일시적인 정권욕으로 탄생된 정당이라는 오명을 지울 수 없다. 90년 1월에 창당돼 95년 6월 문을 닫았으니 5년여 동안의 짧은 기간 동안 생존했다.

우리나라 정당이 대부분 그러하듯이 대통령의 부침에 따라 명멸한다. 김영삼은 본래 전통야당의 뿌리였는데 대통령 당선을 위해 3당 합당이라는 초유의 결합을 통해 민자당 후보로 대통령에 당선된 후 얼마 있지 않아 신한국당으로 개명했으며, 신한국당도 2년여만에 한나라당으로 이름을 바꾸었다. 단명에 이합집산이었던 것이다.

이는 민자당만의 이야기는 아니고 과거 한국의 정당이 그러하고, 정당이 정치적 목적에 의한 집단이기보다는 '보스'라는 특정 인물을 중심으로 형성되는 인물 중심 취약성을 지녔다는 말이기도 하다. 대신 정치적 사회적 혼란에 대해서는 1차적 책임을 지는 속죄양의 형상이었다. 그러다 보니 뿌리를 내리지 못하고 단명短命할 수밖에 없었으며, 권력의 정점으로 창당돼 자율성과 다원성보다는 경직과 단순, 종속, 분열을 면치 못하는 결함이 있었던 것이다. 민자당도 바로 이러한 구도를 벗어날 수 없었다.

돈은 묶고 입은 푼다
선거혁명의 통합선거법

94년 3월 4일은 우리 정치사에 일대 획을 그은 기념비적인 날이다. 이날 국회 본회의에서는 3개 정치개혁법이 여야 합의로 통과되었기 때문이다. 3개 정치개혁법이란 공직선거 및 선거부정방지법(통합선거법)과 정치자금법, 지방자치법을 말하는 것이다.

통합선거법과 정치자금법은 이른바 '돈 선거'의 병폐를 막고, 선거운동 자유의 폭을 대거 넓히는 것으로 선거혁명 밑그림의 완성이자 정치권의 대변혁을 예고하는 신호탄이었다. 이전까지는 3당 2락(총선에서 30억을 쓰면 당선되고, 20억을 쓰면 떨어진다는 말)으로 일컬어지는 금전선거가 판을 쳐왔다. 산고 끝에 여야가 합의해 만천하에 공개한 것이었다.

'돈은 묶고 입은 푼다'는 정개법의 개정은 우리 정치사에 큰 의미가 있다. 정치관계법의 구체적 내용들을 들여다보면 이런 엄청난 의미가 이해된다.

첫째로, 통합선거법은 각급 선거별로 분리돼 있던 선거법을 '공직선거 및 선거부정방지법'으로 통합했다. 가장 큰 특징은 선거공영제 확대와 선거비용 제한, 선거운동 보장, 선거사범 처벌강화 등이다. 자유로운 선거운동은 최대한 보장하되 깨끗하고 돈 안 쓰는 선거풍토를 정착시키겠다는 정치개혁의 취지가 반영되어 있다.
법정선거비용은 국회의원의 경우 종전의 1억2천만 원 내외에서 5천만 원으로 줄이고, 대선은 365억 원에서 225억 원으로 줄였다. 유급선거운동원도 종전의 10%선으로 대폭 줄이고, 대신 자원봉사자를 활용하도록 했다.
선거공영제를 확대, 각종 선거홍보물의 제작 발송 비용을 국고에서 부담하도록 하고, 선거운동의 포괄적 제한규정을 폐지함으로써 선거운동을 자유화시켰다. 선거사범에 대한 재정신청제를 비롯, 기부행위 제한범위를 확대하고, 당원단합대회는 선거기간 중 개최하지 못하도록 했다. 특히 미수범 처벌규정을 신설, 징역형 또는 100만 원 이상 벌금형을 선고받은 선거사범에 대해서는 공무담임권-선거권-피선거권제한(10년 또는 5년)을 규정해 선거사범 처벌을 엄격히 했다.

둘째로, 정치자금법은 무기명 정액영수증제 도입이 골자이다. 이 제도는 특정단체 또는 개인이 일정액을 선관위에 기탁, 선관위로부터 영수증을 받아 이를 특정 정당에 전달하면 그 정당이 선관위에 다시 영수증을 내고 해당 액수만큼 기탁금을 받아가는 것으로 여당의 정치자금 편중현상이 어느 정도 해소될 수 있었다. 지정기탁제는 야당의 강력한 폐지 요구에도 존속시키기로 했으며, 대신 국고보조금을 유권자 1인당 600원에서 800원으로 올렸다.

셋째로, 지방자치법은 시와 군을 통합한 지역, 도시 형태를 갖춘 지역이 있는 군을 도농都農통합 형태의 시로 할 수 있도록 규정해 도농복합형 행정구역개편의 근거를 마련했다. 또한 단체장이 국가 및 시-도의 위임사무를 소홀히 할 경우 주무장관이나 시-도지사가 일정기간을 정해 이행명령을 내릴 수 있는 지방자치단체장에 대한 이행명령제를 신설했다. 주민투표제도도 신설됐다.

이들 3개 법의 통과는 '돈 안 드는 선거' '깨끗한 정치'를 위한 정치개혁이 법적 제도적 장치를 갖추게 된 것을 말하는 것으로 새로 정치문화의 정립을 위한 전환점이었다. 물론 법과 현실의 차이는 있지만 여야 의원 모두의 이해와 정치생명까지 걸려 있는 문제를 임기 말이 아닌 임기 중에 기존의 틀을 완전히 벗어난 상태의 새로운 법안을 만들었다는 사실이 우리 정치사의 일대 전환점이었다.

역대 국회에서 선거법 협상이 있을 때마다 야당에 의해 제기돼 왔지만 실현되지는 못하고 여권 프리미엄으로 간주되어 왔던 '독소 조항'들이 사라지고 가히 혁명적이라고 할 수 있는 법 규정을 갖춘 것이었다.

일례로 그동안 포괄적 제한규정에 묶여 극도로 억압됐던 선거운동의 자유가 개별적 제한으로 풀려 개인 연설회와 가두 연설이 허용됨에 따라 후보가 유권자를 만날 기회는 대폭 늘어나고 금품 살포의 여지는 줄어든 것이다.

3개 정개법의 처리에는 국회정치특위의 6인 실무협상 대표들이 큰 공을 세웠다. 이들은 민자당에서는 신상식申相式·박희태朴熺太·황윤기黃潤錤 의원, 민주당에서는 박상천朴相千·정균환鄭均桓·강 수림姜秀淋 의원이었다. 6인 대표는 94년 1월 구성된 후 주야로 협상을 계속해 막판 해피엔딩의 대단원의 막을 내렸다.

이 중 양당의 실무 간사는 민자당의 박희태, 민주당의 박상천 의원 등 두 박朴 씨였고, 이들 박 씨 두 사람이 실질적으로 이 엄청난 법을 만들어내는데 숨은 공을 세웠다. 그래서 3개 법을 두 사람의 박 씨가 만들었다고 해서 '이박법二朴法'으로도 불리기도 했다.

이박법의 주인공, 박희태와 박상천은 30년 넘게 인연을 맺은 지우知友로 두 사람의 이야기가 정가에 회자되었다. 정치권에서는 그들을 '천적'으로 부르고, 본인들은 '맞수'라고 생각하고 있다.

두 사람의 라이벌 관계는 대학시절로 거슬러 올라가 동기同期라는 단어가 붙어 다닌다. 서울대 법대, 고시 13회, 62년 군법무관 임관이 동기이다. 훈련도 같은 부대에서 받았다. 검사시절에는 서울지검과 서울지검 동부지청에서 함께 근무했다. 정치입문 경로는 각기 달랐으나 나란히 13대 국회에서 등원했다.

두 사람은 사석에서는 상대방을 한껏 추어올린다. 박희태 의원은 박상천 의원을 가리켜 "근면하고 청렴강직한 성격의 완벽주의자."라고 말하는 반면, 박상천 의원은 박희태 의원에 대해 "대단히 총명하고 재치가 넘치는 발군의 정치인."이라고 칭찬한다. 두 사람 모두 법무장관을 역임한 것도 같다.

박희태 의원은 94년 YS 첫 조각에서, 박상천 의원은 98년 DJ 정부 첫 조각에서 법무장관으로 발탁됐다. 그러나 여야로 나눠진 공식석상에서는 한 치의 양보도 허용하지 않고 자존심 대결을 벌인다. 국회 출입기자들은 두 사람에 대해서는 '대결'이나 '공방' 등 일상적인 용어를 사용하지 않고 '일합을 겨룬다'고 말하는 등 거의 무협지 수준의 용호상박, 건곤일척의 한판 전투를 연상하게 한다. 그만큼 두 사람의 일거수일투족, 한수 한수가 바둑으로 치면 요석要石이라는 말이다.

이들이 언론의 주목을 받게 된 것은 3당 합당 이후 각각 집권여당과 제1야당의 대변인을 맡게 되면서부터이다. 대변인은 박희태 의원이 선배 격으로 박 의원은 88년 민정당民正黨 대변인으로 출발, 94년 2월까지 장장 4년 2개월간이나 장기집권했고, 그 사이 야당은 다섯 번이나 대변인이 바뀌었다. 그는 명 대변인이었다.

박희태 의원의 논평 및 성명 스타일이 몇 마디로 문제의 본질을 꿰뚫는 촌철살인 식이라면, 박상천 의원은 논리에 진지한 맛이 들어 있다. 실제로 박상천 의원은 다음 날 논평이 있을 경우 밤을 꼬박 새우며 문안과 씨름을 한다고 한다.

91년 수서사건으로 정국이 들끓게 되면서 민주당이 보라매공원에서 규탄대회를 열자 박희태 의원은 "민주당 스스로 고백대회를 열어야 한다."고 비꼬았으며, 박상천 의원은 "보라매공원 집회는 시치미를 떼고 있는 청와대의 고백을 촉구하는 대회가 될 것."이라고 맞받았다.

국회정치개혁특위 간사로 임명되었다는 소식을 두 사람이 각각 듣고는 두 사람 모두 놀라면서도, 한편으로는 "서로 잘 알고 율사 출신의 친구여서 한번 해볼 만하다"고 말했다. 그래서인지 3개 정치관계법은 막판 훌륭한 결과를 낳았다. 한국의 정치개혁법에는 '두(二) 박씨朴氏'의 노력이 들어 있다. 박상천 씨는 2015년 8월 타계했다.

1인자 이상의 2인자
김종필의 담담타타

나는 JP(김종필)을 비교적 좋게 보는 편이다. 그가 나를 아는 것도 아니고, 더욱이 친한 것도 아닌 마당에 왈가왈부하는 것은 적절하지 않지만 민자당을 출입할 당시 JP는 당 대표이어서 지켜볼 수 있었고, 다른 '정치 9단들' 보다는 낫다는 생각이 들었다.

현대 한국 정치는 YS(김영삼) DJ(김대중) JP(김종필)라는 3김에 의해 좌우됐고, YS와 DJ는 대통령이 되었지만 JP는 대통령이 되지 못했다. 그에게서 '2인자' 라는 닉네임이 평생을 따라다녔다. 하지만 인간 김종필을 가만히 보면 1인자 이상의 능력을 겸비한 사람이었다는 게 나의 생각이다. 대단하다는 표현이 적절할 것 같다.

JP의 세계로 한번 들어가 보자. 94년 당시 민자당 당 대표이었지만 지방지 기자들과 별도의 만남은 1년 통틀어 한번 정도여서 서로 얼굴을 알고 인사를 나눌 정도의 사이도 되지 못했다. 여의도 63빌딩에서 꼭 한번 한 식사는 지방지 기자들이 '쭉' 앉아서 공식적으로 한 것인 만큼 누가 누구인지 알 수가 없었다.

그런데 JP의 기자회견을 보고 좀 놀랐다. 94년 6월 14일이었다. 이날 JP는 여의도 당사에서 전 당직자를 배석시킨 가운데 94년 들어 두 번째의 기자회견을 가졌다. 회견은 당시 민주당 이기택 대표가 "정부 여당이 북핵 위기를 조성한다."는 발언을 한데 대한 반박과 북한의 전략에 대한 것이었다. JP는 이 대표의 발언에 대해 강한 유감을 표시하고, 북한의 대남전술의 속성을 설명했다.

그는 이 대표에 대해 이렇게 말했다. "정당 대표가 상기하기도 싫은 저속한 용어를 구사해 인격과 품위에 의심이 간다. 상식적으로 이해 가지 않는다. 우려할 만한 상황을 북한이 만들고 있는데 이를 정부여당이 조성한다고 말하는 이 대표는 과연 어느 나라 사람이냐. 그런 국적불명의 발언은 거둬 달라. 우리를 향해서 만들고 있는 핵을 제재하지 말자고 하면 원폭을 그대로 방관하자는 말이냐. 정당도 조국이 있을 때 존재하며, 국가적 위기에 있어서는 여야가 따로 없이 협조해 대처해 나가야 한다".

그는 회견을 하면서 '유감'이라는 말을 5번이나 사용했다. 매우 불쾌하고 비장한 어조였다. 그는 "어려운 때일수록 상호위치에서 최선을 다하는 것이 중요하며, 지금이 바로 그때."라고 말하고는 회견을 마쳤다. 질문을 요청했으나 아무도 하지 않아 "충분히 납득을 한 것 같다."며 했다.

배석한 당직자들은 "한겨레신문에서 질문을 한번 하시죠."라고 했지만 손을 드는 사람은 없었다. 기자회견의 내용이 워낙에 일목요연하고, 그가 설명한 북한 전술전략이 경험에 바탕한 내용이어서 이의를 달 만한 분위기가 아니었다. 30명의 기자 중 어느 누구도 입을 열지 않았다.

JP는 북한의 핵문제를 두고 북한이 공산주의 전술전략을 쓴다고 하면서 '담타타담談打打談 타담담타打談談打 타타담담打打談談 담담타타談談打打'로 설명했다. 얘기하다 두드리고 두드리다 얘기하고, 그러다 안 되면 이유를 붙여 다시 얘기를 하고, 그러는 과정에서 자기들이 필요로 하는 준비를 한다는 말이다. 이유를 붙일 때면 불리한 시점이며, 이때는 또다시 여러 가지 이유를 들어 시간을 벌면서 국면을 유리하게 전개한다는 것이다.

그는 "북한이 우리나라와 국제사회를 대상으로 이 같은 전형적인 공산주의 전술전략을 쓰면서 실익을 챙기고 있다."고 강조했다. 당시 내가 생각하기에 거의 완벽한 기자회견이 아닌가 싶었다. 어떤 기자회견이든 질문은 반드시 있기 마련인데 이날 회견에는 질문이 한 사람도 없었으며, 마치 공산주의 이론을 알고 여기에다 그동안의 경험을 바탕으로 실제상황을 교훈적으로 가르쳐 주는 듯했다. 필자가 JP를 곁에서 지켜본 것도 아니며 그럴 기회도 없었지만 최소한 이날의 회견을 통해 그를 짐작할 수 있을 것 같았다.

JP는 그러나 이 회견을 한 다음 해 초인 95년 2월 민자당에서 등 떠밀려 나가 자유민주연합(자민련)을 창당, 민자당 민주당 자민련 등 3당 구도를 만들었다. 그는 5년 전인 90년 노태우(민정당) 김영삼(민주당)과 자신의 신민주공화당을 합해 이른바 3당 합당을 한 후 YS가 대통령이 됐으나 그 YS에게 쫓겨 나간 것이었다. 당시 민자당의 총재는 YS였다.

하지만 JP는 97년 대통령선거를 앞두고 김대중과 손을 잡고 DJP 연합을 만들어 선거에서 승리, 김대중 대통령 – 김종필 국무총리로 정국을 주도, 2인자로 군림했다.

그러나 DJP연합도 DJ 임기 말인 2002년 깨지고, 자민련은 군소정당으로 전락해버렸으니 정치, 정말 믿을 수 없고 무상한 것이다. 권력과 이익에 따라 뜨고 지는 것이 정치가 아닌가 싶다.

김종필의 연보를 보면 대단한 사람이다. 충남 부여 출신으로 1926년생인 그의 호는 운정雲庭, 김해 김씨이다. 부여심상소학교를 마치고 공주중학으로 유학, 기숙사 생활을 하면서 하루 한 권의 책을 읽었다 한다. 일본어판 세계문학전집을 독파해 독서량이 많고 이 습관은 평생 이어져 밤늦게 귀가해 새벽 3~4시까지 책을 읽었다. 그래서 지금도 촌철살인의 경구를 잘 인용하는 등 박학다식하다.

공주 중 4년을 마치고 일본으로 건너가 중앙대학 예과에 입학했다 곧 귀국, 대전사범 강습과를 수료하고, 보령군 천북면에 있는 천북보통학교 교사를 하다 해방을 맞았다. 46년 서울대 사범대에 입학, 3학년에 다니다 일반병으로 입대해 근무하다 '똑똑한 놈'으로 발탁돼 병장으로 특진을 했다가, "군인이 될 바에야 장교를 해라."는 권유에 48년 육사 8기로 4개월간의 교육을 받고 소위로 임관했다.

육군 정보국에서 박정희 중령, 김종필 대위로 함께 근무했으며 박정희의 조카딸 박영옥과 52년 결혼했다. 61년 중령으로 군 정풍운동을 벌이다 강제예편된 후 박정희 소장을 옹립, 5·16을 성공시켰으며 61년 35세에 중앙정보부장이 되었다.

이후 승승장구하다 69년 3선 개헌 때 모든 공직을 박탈당하기도 했으며 71년부터 75년까지 총리를 역임하고, 10·26 이후 공화당 총재가 됐다가 90년 신군부에 의해 정치활동이 금지됐다. 90년 신민주공화당 총재로 3당 합당을 한 후 2002년 현재 자민련 총재로 정치활동을 하고 있다.

그는 중학시절부터 독서 이외에 그림 만돌린 풍금 검도 승마를 즐기는 등 팔방미인이었으며, 군 시절 당구를 600이나 쳤단다. 그는 관운이 좋다는 평을 받아 마땅하지만 한국 현대 정치사에 빼놓을 수 없는 풍운아다.

2002년 10월 9일 그는 자민련이 DJP 공조 와해로 군소 정당이 되고 한나라당 이회창, 민주당 노무현·정몽준 의원 등이 대권 후보로 굳어지자 오랜 침묵을 깨고 이런 말을 했다.

"난들 선두에 서고 생각이 왜 없겠느냐. 내 나이 50만 돼도 또 한 번 꼬리를 치겠지만 이제 일흔일곱이다. 세상의 파고와 싸우기엔 나이가 너무 많다. 시저는 로마를 구하고 부하인 브루투스에게 살해됐고, 처칠은 2차 대전을 이기고 권력을 뺏겼다. 드골은 고향으로 쫓겨났고, 박정희 대통령은 아끼던 부하의 총탄에 숨졌다. 나는 오래 살아보니 모든 게 고마운데 쉽게 과거를 잊고 행동하고 슬픔을 강요하는 행위들이 너무 많다. 조국을 어떻게 알고 아무나 대통령이 되겠다고 하느냐. 그러나 이대로 주저앉지는 않겠다. 나는 아직 죽지 않았다. 요즘 여기저기 눈길 돌리며 뭘 생각하는지 알 수 없는 이들도 있다. 정치철학을 가다듬어 주기를 바란다".

그는 또한 같은 해 10월 15일 자민련 소속 이완구 의원이 탈당, 정치권의 이합집산이 일어나자 불편한 심기를 다음과 같이 신문에 나타냈다.

"은혜를 입은 사람일수록 고개를 돌리다가 가버린다. 바람에 휘둘리지 말고 돈에 휩쓸리지 말아야 한다. 후회는 앞서서 오는 게 아니다. 정치는 원래 이익을 추구하는 실업實業과 달리 봉사만 하는 허업許業인데, 자기만 앞세우는 사람은 뜨내기 장사꾼 같은 사람이고, 다음 선거를 생각해 불리하면 침 뱉듯이 버리고 유리하면 쫓아가는 사람은 정치인이 아니라 정객政客일 뿐이다." 김종필, 그는 한국 현대정치에 있어 일세를 풍미한 대정객이다.

JP는 2015년 2월 21일 부인 박영옥 여사를 하늘로 보냈다. 그는 부인이 가는 길을 끝까지 지켰다. 박 씨는 박정희 전 대통령의 셋째 형 박상희 씨의 장녀로 박근혜 대통령과는 사촌지간이다. JP는 아내를 보내면서 다음과 같은 비문을 직접 지었다 한다. '수다한 물음에도 소이부답하던 자, 내조의 덕을 베풀어 준 영세반려와 함께 이곳에 누웠노라.'

경남 최초의 국회의장 황낙주의 정치 30년

　황낙주 국회의원은 1928년 진해에서 태어나 마산상고와 서울대를 나와 71년 8대 국회에서 등원한 후 9, 10, 11, 12, 13, 14, 15대 의원을 지낸 7선 관록의 정치인으로 국회부의장, 국회의장을 지냈다. 그는 71년부터 2000년 4월, 지역구(창원을)를 이주영 의원에게 넘기기까지 30년을 정치인으로 일관했다. 7대 낙선까지 감안하면 30년 이상 기간을 정치판에서 울고 웃었다. 그는 전형적인 야당 정치인으로 언변이 좋고, 원내총무를 오래해 '황 총무'라는 별명도 갖고 있었다. 그의 정치인생은 파란만장하고 때로는 유별나고, 배울 것도 많다. 황낙주의 정치인생 30년을 그가 국회의장으로 언론에 거론되던 94년 6월부터 거슬러 올라가 보자.

94년 6월 23일 당시 황 의원은 국회부의장이었고, 황 부의장이 국회의장에 내정됐다는 보도가 흘러나왔다. 기자는 이날 오후 그를 국회부의장실에서 만났다. 아주 기분이 좋아 보였다. 기자는 이날 아침 6시 30분께 그의 집에 전화를 걸어 국회의장 선출에 따른 소감을 물었으나 "정식발표가 없었으니 말을 할 수 없다."고 했다. 이날 오후에도 여전히 같은 답이었고, 이런 때일수록 몸조심 입조심 표정 관리를 잘해야 한다고 했다. 기자를 만나서도 안 되고 어깨를 낮추고 방에 처박혀 있어야 한다는 입장이었다. 그러나 얼굴은 연신 웃음이었다. 말을 하면서 소감을 얘기하려다 스스로 닫곤 했다. 기자가 보기에는 대통령으로부터 통보를 받아 정말로 몸조심을 하는 듯했다.

그는 예상대로 5일 후인 6월 28일 오전 국회 본회의에서 국회의장에 선출됐다. 부의장은 이춘구李春九·홍영기洪英基 의원이었고, 17개 상임위원장과 4개 특위위원장도 함께 선출했다. 14대국회 하반기 원구성이 끝난 것이었다. 당시 선출된 상임위원장들과 특위위원장들은 다음과 같다.

운영 이한동李漢東, 법사 박희태朴熺太, 외무통일 나웅배羅雄培, 경제행정 김덕규金德圭, 내무 김기배金杞培, 재무 심정구沈晶求, 국방 황명수黃明秀, 교육 이영권李永權, 문화체육공보 신경식辛卿植, 농림수산 양창식梁昶植, 상공자원 조순승趙淳昇, 보건사회 박상천朴相千, 노동환경 홍사덕洪思德, 교통 박재홍朴在鴻, 체신과학 장경우

張慶宇, 건설 이성호李聖浩, 정보 신상우辛相佑, 예결특위 김용태金瑢泰, 국회경쟁력강화특위 김한규金漢圭, 윤리위 이종근李鍾根, 여성특위 이우정李愚貞 의원이었다.

그는 옛날이야기를 해달라는 기자의 요청에 특유의 '설說'을 풀기 시작했다. 그 '설' 로써 황낙주의 정치를 정리하면 이러하다.

'6·25'가 발발한 50년 당시 그는 서울상대 2학년 학생이었다. 피난으로 내려온 고향 진해는 황폐했으며, 청년 황낙주는 이런 황폐를 극복하는 길은 교육이라고 생각해 동사무소 앞마당에서 촛불을 켜고 어린 학생들을 가르치는 야학을 하기 시작했다. 나중에 군인들도 배웠다.

해군의 원조물자까지 지원받아 여좌동에 지은 '천막학교'가 지금의 진해여상이고, 황낙주는 교사 겸 교장이었다. 26세 때의 일이었다. 청년 교장이 소문나자 윤보선의 신한당 공천으로 7대 총선에 출마, 2만5천 표를 얻었으나 공화당의 조창대 후보에게 5천 표 모자라 패배했다.

그런데 조 의원이 비행기 사고로 사망하자 보궐선거가 실시될 것으로 보고 준비했으나 박정희 대통령과 신민당(신한당과 민정당이 통합) 당수인 유진산의 합의로 보선은 이뤄지지 않았다. 진해에 콜레라가 창궐한다는 이유에서였다.

결국 8대 총선에서 신민당 후보로 진해창원에 출마, 개인적으로 마산상고 은사인 공화당의 하광호 후보를 누르고 당선됐다. 이때가 71년, 35세였다. 당시 신민당 원내총무였던 김영삼 의원과는 선거소송으로 가까워졌다. YS도 황 의원의 끈질긴 노력과 근성을 높이 샀다.

황 의원은 이후 신민당에서 야당 후보로 계속 당선돼 YS가 총재 시절 원내총무를 맡았다. YS는 대통령이 되어서도 사석에서는 '황 총무'로 불렀다. 황 의원은 9대의 3차례 수석부총무까지 합하면 8년이란 긴 시간 동안 원내총무 직을 수행했다.

김 총재와 황 총무는 70년대 유신시절부터 80년 군사독재에 이르기까지 많은 사건을 겪었다. 유신반대, YH사건, 김 총재 제명파동, 부마사태, 김 총재 연금과 단식투쟁 등 역사의 굵직굵직한 사건이 있은 그 시기에 황 의장은 야당 원내총무를 맡았다.

79년 8월의 YH사건 당시 그는 마포당사에서 농성 중인 여공들을 구하러 갔다가 "안경 쓴 놈 잡아라."는 소리에 급히 안경을 벗고 피했지만 계단에서 잡혀 무참히 얻어맞고 보름간 병원신세를 졌다.

곧이어 부마사태 직전, 유신 말기의 집권 공화당은 김 총재의 뉴욕타임즈 신문의 회견내용을 들어 김 총재를 제명처분했다. 이로부터 2개월여 후 '10·26'이 터졌다. 신민당 소속 의원들이 전원 사퇴서를 내자 청와대 차지철 경호실장은 이를 선별 수리토록 해 '해바라기 인사'들이 속출했다.

정국은 '부마사태' '10·26' '12·12사태'로 이어지면서 정 승화 육참총장이 체포되고, 김재규가 사형선고를 받는 등 걷잡을 수 없는 소용돌이에 휘말렸다. 80년 5월 17일, 신군부는 계엄령을 선포했다. 국회는 해산되고 계엄군에 점령됐다. 황 총무는 단신으로 국회로 향했으나 계엄군의 소총 개머리판에 얻어맞아 왼쪽 귀가 째진 채 '호위'를 받으며 돌아가야 했다.

이 장면을 AP가 찍어 전세계에 타전, 서방 언론에 보도됐으며, 일본의 아사히 신문은 '날뛰는 총검'이라는 제목으로 다뤘다. 미국의 시사주간지 뉴스위크도 사진과 함께 한국사태를 보도했다.

야당 총무가 의사당 안에서 군인들에 의해 폭행당한 이 한 장의 사진은 당시의 혼미한 정국을 단적으로 보여주는 것으로 충격적인 현장이었다. 훗날 AP는 이 사진을 황 총무에게 전하면서 이렇게 말했다. "이 사진은 당신에게는 평생 잊을 수 없는 것이고, 우리도 특종을 해 고맙게 생각한다. 그래서 사진을 선물한다." 이 사진은 판넬돼 황의장실 책상 위에 놓여 있었다.

13대 선거에서는 평민, 민주, 공화당의 야3당이 집권여당인 민정당을 의석에서 압도, 여소야대 정국이 창출됐다. 그러나 4당 체제는 오래가지 못했고, 90년 1월 22일, 전격적으로 3당 합당이 이뤄졌다. 민정·민주·공화 등 3당이 민자당으로 출범했다.

14대 문민정부가 탄생하면서 황 의원은 국회부의장(92년 6월 29일~94년 6월 28일)이 된다.

부의장 재직 시 그는 '날치기' 예산안 처리로 야당 의원들에게 머리털이 뽑히고 머리가 뒤틀리는 수모를 당하기도 했다. 황 의장이 생각하는 문민국회상은 '말'의 국회이고, 말을 얼마만큼 신중히 잘 하느냐에 따라 국회의 성패가 달려 있다는 국회관을 갖고 있다. 이는 곧 '말이 정치다'는 논리이다. 영국 국회에서는 '바보'나 '무능'이라는 용어는 쓰지 않는다고 그는 말한다.

얼굴 모양과도 비교한다. 눈과 귀는 보고 듣는 한 가지 기능밖에 없으나 두 개씩이고, 입은 먹고 말하는 두 가지 기능이나 하나밖에 없다는 것으로 남의 것을 많이 보고 듣는 대신 자신의 말은 아끼라는 평범한 진리다.

35세에 등원한 후 30년 만인 65세에 입법부의 수장이 된 황 의장. 단구에 깡마른 체구이지만 목소리는 우렁차다. 또한 다독가多讀家로 항상 다양한 책을 구입해 읽는다. 화장실에서도 책을 자주 읽는다. 나도 황 의장을 본따 집 화장실에 책을 10여 권 이상 항상 비치해놓고 있다.

일어나자마자 화장실에 가면 눈이 잘 안 뜨여 잘 안 보이지만 읽고 안 읽고는 나중에 문제, 화장실에 책이 있으니 보기도 좋고, 실제 읽혔다. 지금도 종종 화장실에서 책을 읽는 것은 황 의장 덕분이다. 황 의장은 2002년 작고했다.

젊어서 손해 본 강삼재
40대 4선, 사무총장 두 번

94년 5월 어느 날, 서울 여의도 민자당사 5층의 강삼재姜三載(마산 회원) 기조실장 방에 들어서면 한 장의 대형사진이 눈에 들어온다. 김영삼金泳三 대통령과 강 실장이 얼굴을 맞대고 귓속말을 하는 장면으로 92년 말 대통령 선거 당시 찍은 것이다.

'실세'라는 말에 펄쩍 뛰는 강 실장에게 출입기자들은 넌지시 이 사진을 가리킨다. "가까이 있으니 측근이 아니냐"하는 것이다. 이런 농담에 모두들 웃고 말지만 강 실장은 측근 반열에 들면서도 고개를 숙이는 당의 '실세'이다. 신문들은 강 실장에 대한 기사를 쓰면서 '목청 아끼는 겸손한 실세'라는 제목을 달고 있다.

당시 사무총장은 강 실장과 같은 3선인 부산의 문정수 의원이었지만 문 총장은 대소사 일만 있으면 강 실장을 먼저 찾아 의논한다. 강 실장만큼 청와대의 감을 정확하게 읽고, 정치적 감각과 판단을 바로 하는 사람이 없었기 때문이다.

기조실장은 사무총장을 보좌하면서 당의 조직, 인사, 살림을 실무적으로 총괄하는 핵심요직이다. 강 실장은 여기에다 당 소속의 사회개발연구소장직까지 맡아 내로라하는 인물 15만 명을 관리, 당을 실질적으로 움직이는 듯한 역할을 하고 있다.

나이 불과 42세에 국회의원 3선, 당 기조실장. 이 대단한 경력의 소유자, 강삼재는 누구인가. 그는 52년 함안에서 중농(10마지기) 집안의 3형제 중 막내로 태어났다. 산인초등학교를 거쳐 마산중·고를 졸업했다. 마산고는 29회로 입학했지만 몸이 아파 1년을 쉬는 바람에 30회로 졸업했다. 그래서 '29.5회'로도 불린다.

학창시절 내성적이었으며 장래희망은 기자였다. KBS아나운서였던 이종사촌 형을 보면서 매스컴에 관심을 가졌고, 그래서 고려대 신방과에 응시했다가 낙방한 후 경희대 신방과에 72학번으로 입학했다. 그러나 세월은 순탄하지 못했다. 그해 10월 유신이 터졌고, 캠퍼스는 부정과 탄압의 먹구름이 덮여 정보과 형사들이 강의실에 들어와 같이 수업을 받을 정도였다.

그런데 2학년이던 73년 그의 인생에 느닷없는 지진이 일어났다. 데모를 하던 친구의 수첩에서 강삼재라는 이름이 발견돼 이유 없이 청량리경찰서에서 조사받고, 악명 높은 남영동 대공분실에까지 끌려가 몽둥이 찜질을 당했다. 강삼재는 이때 말할 수 없는 분노를 느꼈다. 데모도 하지 않았고, 아무런 잘못도 없는데 왜 끌려와 이렇게 맞아야만 하는가. 그래서 이때부터 정말 학생운동권에 뛰어들어 버렸다.

그는 훗날 "그때 경찰서에서 험악하게 다루지만 않았다면 오늘의 국회의원 강삼재는 없었을 것."이라고 말하기도 했다. 아무튼 이때부터 흥사단, 사회과학연구소 같은 서클에서 이념서적을 읽고, 데모도 주동해 경찰서를 드나드는 횟수가 늘어나기 시작했다.

그러던 중 3학년 때 경희대 총학생회장에 당선된 후 75년 수천 명이 참가한 집회를 주도하다 구류 25일을 선고받고, 동료 27명과 함께 제적됐다. 긴급조치 9호 위반이었다. 당시 구속자 중에는 문재인 변호사(당시 학생회 총무부장, 현 새정치민주연합 당 대표)도 있었다. 석방 이후 그는 마산에 내려와 유랑생활을 하며 떠돌았다. 학생운동 경력을 숨겨가며 다방 DJ를 비롯, 포장마차, 아르바이트 교사 등 '밑바닥 일'을 했다.

우여곡절 끝에 76년 초 마산의 경남신문(당시 제호 경남매일)에 입사했다. 당시 신문사에서는 운동권 학생의 기자 채용을 두고 많은 고심을 했다 한다. 그는 사회부에 배치돼 마산시와 마산경찰서를 출입하면서 정신없이 뛰었다. 그때 사회부장을 맡았던 남부희(전 경남신문 상무이사) 씨는 "강 기자는 근성도 있고, 부지런해 알찬 기사를 많이 썼다."고 회고했다. 강 기자는 79년 10·26 이후 신문사를 그만두고 복학, 또다시 시위현장에 뛰어들었으며, 80년 9월 대학을 졸업했으나 마땅한 취직자리도 없어 대학원으로 진학했다.

그런데 80년 겨울, 강삼재에게 또 한번의 변화가 찾아왔다. 마산에 내려오니 친구들이 81년 3월에 있을 제11대 총선에 무소속으로 출마하라는 것이었다. 고심 끝에 출마를 결심했으나 공탁금 1천 500만 원이 없었다. 후배 한 사람이 아버지로부터 1천만 원을 구해 왔고, 친구 10명이 반지 20개를 전당포에 맡겨 500만 원을 만들었다. 공터에 천막을 쳐 선거운동본부를 만들고 15일간의 운동에 들어갔다. 나이 28세였다.

유세 때마다 전두환 등 신군부를 신랄하게 비판한데다 대중연설이라면 2등이 서러울 만큼 자신이 있어 유세장에서 마음껏 목청을 높였다. 강삼재는 그때 "청중들이 손을 잡아주는데 예사로운 감정이 아니었다고"고 회고했다. 그는 2명을 뽑는 선거에서 3위로 낙선했다. 그러나 1위 민정당 조정제趙正濟 후보 4만4천 표, 2위 민사당 백찬기白璨基 후보 3만2천 표에 이어 3만표를 얻어 놀라운 득표를 기록했다. 그래도 진 것은 진 것, 이때부터 경제적 궁핍과 함께 여러 가지 어려움에 직면했다. 그래서 다시는 선거 출마는 안 한다고 다짐하고, 85년 후배의 동생인 최윤정崔楨允 씨와 결혼했다. 장인에게도 정치를 안 한다고 약속했다.

그러나 세상일을 어찌 알랴. 84년 12월 어느 날 늦은 밤, 또다시 운명을 바꿔놓을 한 통의 전화가 왔으니. 전화의 주인공은 동교동계의 김상현 민추협 공동의장 직무대리였다. 그는 대뜸 "나 김상현인데 서울에 한번 올라오시오." 하고 전화를 끊었다.

서울에서 만난 김상현은 정통야당(신한민주당)을 만들려고 하는데 젊은 사람으로서 서울은 이철, 영남은 강삼재를 꼽았다며 출마를 권했다. 고민하던 강삼재는 결국 결심을 하고, 마산에서 백 찬기 의원과 복수공천을 받아 출마한 결과 당당 1위로 당선됐다. 백찬기는 3위로 낙선했다. 85년 2월 12일의 제12대 총선, 나이 33세 전국 최연소였다.

강 의원은 제도권 정치에 입문했으나 갈등이 있었다. 그를 처음 끌어당긴 곳은 동교동계의 김상현 의원이었으나 지역정서상 그럴 수는 없어 김동영金東英 의원의 중재로 YS를 만난 후 상도동계에 합류했다. 김상현도 이해해주었다. 강 의원은 김상현의 은혜를 잊을 수 없다고 말한다.

강 의원은 국회의원이 된 후 첫 번째 세비로 81년 친구들이 맡겼던 시계를 찾아주고, 세 번째 세비를 받아서야 흰색 포니2를 할부로 구입할 수 있었다. 초선의 강 의원은 85년부터 여의도의 25평 백조아파트의 문간방에 세 들어 살았다. 이때 숙소를 찾아온 정부 관리들은 집주인인 강남교육청 계장을 강 의원으로 잘못 알고 인사를 하기도 했다 한다. 그만큼 그는 어렸다.

13대 총선에서 재선, 88년 여소야대 국회에서 문공위 간사가 돼 이철李哲·박석무朴錫武 의원 등과 함께 언론청문회 삼총사로 이름을 날렸으며, 89년 3월 통일민주당 대변인으로 발탁됐다. 90년 1월에는 3당 합당에 동참, 민주자유당 국회의원으로 변신한 후 95년 40대 초반의 나이로 집권여당인 민자당의 사무총장에 전격 기용돼 당무를 총괄했다. 96년 당명을 신한국당으로 바꾼 후 중앙선거대책본부장을 맡아 15대 총선을 수도권에서 압승하며 승리로 이끌었다. 자신도 40대 4선이라는 새로운 기록을 세웠다. 97년 19개월의 최장수 사무총장의 기록을 세우며 이임했으나 대선을 앞두고 또다시 사무총장에 발탁됐다. 두 번의 사무총장으로 나중에도 '강총장'으로 부르는 사람이 많다.

그는 개각 때마다 하마평에 올랐으나 입각은 되지 못했다. 이를 두고 주변에서는 "장관을 하려면 다소간 나이도 있어야 하는데 강의원은 젊어서 오히려 손해를 보는 것 같다."고 아쉬워하기도 했다. 이 점은 본인도 인정한다.

젊어서 객지생활을 오래한 탓인지 요리에도 일가견이 있어 닭도리탕을 잘한다. 지구당에 내려오면 당원들과 소주 한잔 하고 노래방도 잘 간다. 조용필의 '친구'를 애창한다. 어려운 일이 있을 때는 YS처럼 마산의 무학산舞鶴山에 자주 올라가 머리를 정리한다. 무학산과 특별한 연은 없으나 그의 호는 학산鶴山이고, 운영하는 장학회의 이름도 학산장학회이다.

강 의원은 그러나 2003년 9월 24일 국회의원직을 전격 사퇴했다. DJ 정부가 들어서면서 그는 신한국당 사무총장 당시 안기부 예산을 당 선거자금으로 사용했다는 이른바 '안풍사건'으로 주변 사람들이 많은 조사를 받았고, 본인 역시도 거의 5년간을 조용히 지냈지만 이 사건이 법원 1심에서 징역 4년에 추징금 731억 원을 선고받자 의원직 사퇴 및 정계은퇴를 전격 선언한 것이다.

그는 마산 양덕동 지구당 사무실에서 기자회견을 갖고 "재판의 잘못이나 억울함을 떠나 1심의 유죄 선고에 따라 공인公人으로서 도덕적 자격은 일시 정지됐고 정상적인 의정활동 또한 어려워졌다."고 전제, "18년 7개월 동안 정들었던 국회를 떠나 정계를 은퇴하고자 한다."고 밝혔다.

그는 "많은 사람들이 의원직을 갖고 있는 것이 무죄 입증에 방패막이가 될 수 있다고 충고했지만 양심에 한 점 부끄럼이 없기 때문에 평범한 시민의 한 사람으로 돌아가 무죄를 입증하는 것이 떳떳하고 당당한 길이라고 생각했다."고 정계은퇴 배경을 술회했다. 그는 자신의 모든 것을 던진 후 전국을 주유周遊했는데 신선하다는 평을 받았다.

된장국 맛에 직격탄의 정치인
진주의 하순봉

하순봉 의원은 된장국 같은 사나이에 비교할 수 있다. 텁텁하고 구수하다. 목소리도 그러하고 행동하는 방식도 결코 빠르지 않고, 중후하다. 그러나 정치적 사안이 발생할 땐 간접화법을 동원하지 않고 직격탄을 쏴 해결한다. 구수한 맛에 우회적이 아닌 정면 대결하는 경상도 사나이다. 진주에서 태어나 진주에서 자란 순수한 진주토박이, 진주의 대표적 정치인이다.

그는 자신의 홈페이지에서 청빈한 선비 집안으로 500여 년을 진주시 대곡면 단목리에서 살아온 진양 하씨河氏의 단지공파丹池公派 종손으로 KBS 드라마 '용의 눈물'에 나온 하륜 대감의 20세 후손이라고 소개했다. 지조가 강하며 선비정신을 지켜온 것이 가문의 전통이다.

하 의원은 실제 전형적인 경상도 사투리를 쓰며 직설적이고 솔직하고, 강직한 스타일이다. 41년생인 그는 진주중·고와 서울대 사범대를 졸업하고, ROTC 2기 장교로 병역을 마쳤으며, 육군소위 임관 당시 전군에서 최우수 소대장으로 표창받았다. 만 40세인 81년 11대 국회에 진출한 후 13대에 낙방한 후 14, 15, 16대에 내리 당선된 4선 의원이다. 40대 나이에 국무총리 비서실장과 한국방송광고공사 사장을 거쳤으며, 민자당 대변인 한나라당 총재비서실장, 원내총무, 사무총장 등을 거쳐 한나라당 직선제 부총재도 거쳤다.

하순봉은 대학을 마치고 모교인 진주고교에서 독일어 교편을 잡았고, 이때가 1966년이었다. 그런데 수업 도중 학생을 때린 것이 문제돼 선생을 때려치우고 67년 문화방송, 경향신문 기자가 되었다. 그가 학생을 때리지 않았으면 정치인 하순봉이 태어나지 않았을 것이다. 평생 교사였을지 모른다. 아무튼 체벌당한 학부모의 항의에 수그리지 않고 그의 불같은 성격으로 학교를 박차고 나와 기자가 되고, 기자에서 앵커로 도약한 것이 정치인 하순봉을 탄생케 했다는 결과론적인 추적을 할 수 있다.

'경상도 촌놈' 하순봉 기자는 MBC에서 각고의 노력을 했다. 가장 문제되는 것이 경상도 사투리로 유능한 방송기자가 되기 위해서는 사투리 교정이 필수적이었다. 특히 학생시절 말을 더듬는 습관이 있어 고치지 않으면 안 될 상황이어서 피나는 노력을 했다. 집에서 마이크를 들고 선배들의 음성녹음을 들으면서 연습을 거듭했다. 노력의 결과 그는 표준말에 익숙하게 됐고, 경상도 음성에 표준말이 합성돼 더욱 중후하게 들려 앵커로서 인정을 받았다.

앵커는 차장 당시인 80년께부터 시작했는데 구수하고 중후한 진행으로 인기가 높았다. 그는 자신의 앵커에 대해 한국 최초 TV뉴스 앵커라고 밝혔다. 이 같은 노력으로 하 기자는 입사 8년 만에 정치부장으로 승진됐으며, 이 기록은 94년 당시까지 깨지지 않고 있다고 한다.

MBC 시절 하 기자에 대한 일화 몇 가지가 있다. 그의 불같은 성격에다 근성을 갖고 일하는 일면을 보여준다. 문교부 출입 당시 대입에서 지체부자유 학생들이 필기시험에 되고 면접에서 떨어지는 사례가 있는 것을 보고 문제점을 집중보도했다. 문교부에서 난리가 나 대학에 합격시키도록 했다. 나중에 합격한 지체부자유 학생들이 하 기자에게 감사패를 전달해왔고, 지금까지 가보로 간직해 오고 있다.

그는 또한 사건기자 시절 경찰서를 출입하면서 유치장을 향해 "누구 억울한 사람 없소?" 하고 외치고 다니며 특종기사를 찾아냈다. 정녕 억울한 사람이면 기자에게 사정을 얘기하고 만다. 그는 서울 대연각 화재 당시 한국 방송사상 처음으로 10시간 동안 화재 현장을 TV와 라디오로 쉬지 않고 생중계했다. 지금처럼 현장보도가 일상화된 것도 아니고 앵커도 없는 상황에서 그는 특유의 뚝심을 발휘, 현장을 중계했다. 지금도 돌아보면 등에 땀이 난다고 말한다.

하 의원은 기자라는 직업에 대해 '때리는 것'과 '살리는 것'을 잘해야 한다고 말한다. '때리는 것'은 불의를 보고 참지 말고 과감히 맞서 때려야 한다는 것이고, '살리는 것'이란 도움이 필요한 사람에게 사랑의 손길을 펴야 한다는 것이다. 이처럼 때리고 살리는 두 가지 기능을 잘하는 기자일수록 사회의 소금과 같은 민완기자라는 것이 그의 생각이자 소신이다.

인기앵커 덕분에 하 기자는 1981년 41세의 나이에 11대 민정당 전국구로 국회에 진출했다가 84년에는 총리비서실장, 86년에는 한국방송광고공사 사장도 역임했다. 그러나 그는 13대 총선에서 고향 진주에서 출마했으나 민주당 조만후 후보에게 패배했다.

낙선 후 14대를 겨냥한 하순봉의 노력은 그야말로 눈물겨웠다. 진주 골목골목을 누비며 인사하고 자신을 낮추는데 온 정성을 쏟았다. 시내 경조사 집에는 한 군데도 빠지지 않고 들러 '상갓집 개'라는 오명도 들어야 했다.

하도 많이 걸어다녀 진주시내 골목을 꿰뚫을 정도였으며, 기자에게 "손바닥에 진주 지도도 그릴 수 있다."고 말했다. 잘나가던 TV앵커에서 젊은 나이에 국회의원이 되는 탄탄대로의 인생을 살다 낙마를 하고 보니 자신을 되돌아보고 반성하는 기회가 되었다고 하 의원은 회고했다.

각고의 노력의 결과 14대 선거 때 진주에서 무소속으로 출마, 전국 최고득표라는 신화를 창조하면서 화려하게 재기에 성공했다. 그는 당선된 후 얼마 있지 않아 민자당으로 입당했다. 이 시기 그는 미국 캘리포니아에 있는 챠프만 대학Chapman College에서 국제정치학과정을 연수하기도 했다.

14대 재선의원 당시 민자당 대변인을 맡았는데 DJ를 직접적 화법으로 공격, 나중에 대변인을 물러나기도 했다. 또한 정계은퇴를 선언한 DJ가 막후에서 야당을 조정하는 것이 여야 관계 및 정국이 어렵게 된 원인으로 판단 DJ 사주론을 발표, 논란이 되었으나 논평대로 얼마 되지 않아 DJ는 정계에 복귀했다.

1996년 15대ft에 당선되고, 신한국당 대통령 후보(이회창) 비서실장과 특별보좌역을 맡았다. 또한 98년에는 우리나라 최초인 한나라당 원내 총무 경선에서 당선됐으며, 99년에는 사무총장을 맡았다. 2000년 16대 총선에서 당선돼 4선의원이 됐다. 저서 및 논문으로는 《에나이야기》, 《한국귀신 나와라》, 《명심보감이 다시 필요한 세상》, 《그래도 희망은 있다》, 《정치적 태도와 정치참여에 관한 경험적 연구》, 《대공산권 접근논리의 전개》 등이 있다.

가족은 박옥자 여사와 1남1녀. 부인 박옥자 여사는 음식솜씨가 워낙에 뛰어나 기자들도 한 번씩 찾아가 저녁을 먹었는데 그야말로 수준급이었다. 순 조선식으로 만든 음식은 가지 수도 많거니와 맛도 일품이어서 가히 요리학원 원장을 능가하는 수준이었다.

하 의원 집에 갈 땐 으레 배를 비우고 가서 음식을 맛있게 많이 먹고 돌아오는데 식사 후에는 고스톱을 쳤다. 고스톱을 칠 때는 직설적이고 화끈한 평소 성격과는 달리 앞뒤 패를 잘못 가려 후배 기자들에게 잃는 경우가 많았다. 일류 저녁을 먹고 함께 고스톱을 치는 맛은 지금도 잊을 수 없다.

하 의원은 84년 2월 25일 부친(성와 하만관, 작고)의 유지를 받들어 '성와장학회'를 설립했다. 부친은 40년간 교직에 몸담은 분으로, 하 의원은 부친의 퇴직금 전액을 장학기금으로 하여, 가정형편이 어려워 상급 학교에 진학하지 못하는 학생들에게 등록금을 지원하고 있다. 하 의원은 2015년 말 현재 진주 경남일보 회장으로 재직하고 있으며, 서울 집도 청산하고, 진주에서 생활하며 행복과 보람을 느낀다고 한다.

재산 꼴찌로 전국인물 된
김호일과 '3'자 인연

정치인에게 돈은 많을수록 좋은 것이다. 그런데 돈이 적어 인기가 폭발한 정치인도 있었다. 그 대표적인 예가 김호일 의원(민자·마산합포)이었다. 그는 93년 국회의원 재산공개 당시 1천323만 원으로 민자당 소속 의원 161명 중 161위를 했다. 당시 민자당 의원 중 1위는 277억을 신고한 부산의 김진재金鎭載 의원이었는데 그는 여기에 비하면 무려 2천분의 1이었다.

재산 내역은 아파트(서울 여의도동 목화아파트 2동 601호, 27평)의 10개월분 선납금 1천만 원 중 5개월을 살고 남은 사글세 선급금 500만 원, 자동차(92년 4월식 쏘나타) 823만 원이었다. 국회의원의 재산이 1천만 원이라는 사실이 알려지자 전국에서 격려전화가 빗

발쳤다. "정말 살맛 난다", "후원회에 가입하겠으니 연락처를 가르쳐 달라." 등 전화통이 불났다. 김 의원의 정치인생 중 아마도 이때가 최고 전성기였지 않았나 싶다.

그는 3수 끝에 배지를 달고, 여기에다 청빈의원이라는 아름다운 별호까지 달았으니 정말 괜찮은 시기였다. 정권이 몇 번 바뀌어도 요지부동으로 건재했던 정치 거물들이 돈으로 초주검이 되던 그때, 초선인 김 의원은 전국적인 스타가 되었다.

당시 기자는 김 의원과 함께 그의 중고 쏘나타를 타고 여의도 어느 건물에 들어갔는데 경비원이 거수경례를 하며 반겼다. 기자도 괜히 기분이 좋아 으쓱해졌던 기억이 새롭다. 당시 김 의원이 기자에게 전한 일화들이 있는데 들어보면 재미있다.

주로 4·19와 마산의 3·15와 연관된 것들이다. 우선 본적이 마산시 월영동 419번지이다. 마지막 번지가 419로 4·19와 연관이 있다. 그는 이를 숙명적이라고 말한다. 이 지번은 아직도 살고 있는 곳이다. 전화번호도 남다르다. 마산의 지구당사무실은 42-0315이고, 마산의 자택은 22-0315, 서울 아파트는 782-4190, 자동차는 경남1나 3150이었다. 모두가 3·15와 4·19를 연상하는 번호들이다. 전화번호는 몇 년 후 전화국번 변경으로 첫째 숫자 자리에 2자만 추가됐고, 번호는 그대로이다. 242-0315번이다.

그에게서 3·15는 특별한 인연을 갖고 있고, 낙선을 하면서도 마산의 3·15의거 탑에 매일 헌화를 해 국회의원이 됐다는 측면에서 보은의 의미를 갖고 있다. 그는 특히 '3' 자를 좋아한다. 대학을 3수해서 들어갔고, 국회의원도 3번째 도전 끝에 당선됐다. 12대, 13대에 낙선하고 14대에 꿈에 그리던 배지를 달았다. 입후보 당시 기호가 3번이었다. 선거일 공고 후 3일째 마지막 날 등록을 했으며, 시각은 오후 3시께였다.

61년 마산고를 졸업한 후 63년에 고려대 정외과에 입학했다. 3자를 좋아하는 이유에 대해 김 의원은 동양의 행운의 숫자라고 말한다. 이 숫자는 물에 빠진 사람이 지푸라기를 잡는 마음으로 운명의 결과라고 말한다. 3수를 한 덕에 고대 시절 1학년이면서도 3학년이었던 김덕규·조홍규·유준상·박정훈(민주당) 의원들과 어울려 친할 수 있었다. 그는 고대 총학생회장(65년 9월~66년)도 맡았었다.

당선 당시 최 근소 표차도 뒤에서 3번째였다. 울산 중구의 차화준 후보와 김태호 후보로 차 후보가 11표 차로 이겼다. 다음은 서울 노원구 김용채 후보와 임채정 후보로 김 후보가 36표 차로 이겼으나 다음에 번복돼 낙선됐다. 다음이 당시 무소속으로 나온 김 의원으로 민자당의 현역 의원인 백찬기 후보에게 63표 차로 이겼다. 63표의 63자는 고려대 입학 연도인 63년과 같다.

92년 3월 24일 제 14대 총선을 치르고 다음 날 새벽 4시께 당선이 확정되었을 때 그의 부인 이경렬 씨는 "3수생을 대학에 합격시킨 학부모의 마음."이라고 해 3자와 연관시켰다. YS가 미는 백찬기 후보와 붙었을 때 그의 어린 세 딸은 유세장 입구에 '두번 떨어졌어예. 우리 아빠 이번에는 꼭 찍어주이소.' 라는 피킷을 들고 아빠를 거들어 보는 사람들의 가슴을 뭉클하게 했었다.

그의 이름은 넓은 호浩와 한일一 자이어서 광개토왕처럼 넓고 크게 넓힌다는 정치적 의미라고 했다. 출생일이 42년 12월 12일로 말띠이다. 마산의 말마馬와 의미가 같아 마산과는 숙명적이라 하겠다.

그는 12월 12일이 자신의 생일인데 민주당이 '12 · 12' 사건 관련자의 기소유예 조치를 철회하라며 국회를 공전시키고 장외투쟁을 하고 있는 것에 대해 그는 "남의 생일을 갖고 말을 한다"고 농담 삼아 말하기도 했다. 그가 3 · 15에 대해 잘 알고 있는 것은 고교 2학년 때인 1960년 3 · 15가 일어났기 때문이라고 설명한다. 그의 호는 자산子山이다. 산의 아들이라는 의미이다.

그러나 김 의원은 2000년 4월 13일 실시된 16대 총선에서의 부인의 선거법 위반으로 2002년 2월 대법원의 확정판결로 의원직을 상실했다. 김 의원 부인은 총선 당시 선거사무원에게 돈을 전한 혐의(공직선거 및 선거부정방지법 위반)로 부산고법에서 징역 10월을 선고받은 후 대법원에서도 같은 형량으로 확정판결을 내렸다.

선거법에는 후보자 가족이 선거법위반으로 징역형을 선고받을 경우 의원직을 상실하도록 되어있다. 여기에 대해 김 의원은 "증거주의가 아닌 심증주의 판결이라 받아들이기 힘든 심경이며, 다분히 정치적인 판결."이라며 "재심청구를 준비하겠다."고 강한 불만을 표출했다.

이로 인해 2002년 8월에 합포구에 재선거가 실시돼 한나라당의 공천을 받은 김정부 씨가 당선되었다.

김 의원은 당선된 김정부 씨에게 마산합포 위원장을 넘기지 않고 있었는데, 필자가 2002년 7월 정치부장 당시 칼럼을 통해 김 의원이 마산 합포 문제에 대해 책임을 지고 당당하게 대처하라고 주문했다. 이에 김 의원은 반박 글을 통해 당헌 당규에 따라 2년 임기의 위원장에 선출돼 비록 의원직은 상실했지만 엄연한 원외 위원장인데 당선됐다고 해서 위원장을 내놓으라고 하는 잘못됐다고 주장했었다.

이 칼럼으로 나는 고교 선배이기도 한 김 의원에게 개인적으로는 미안한 느낌도 들었으며, 서먹해지는 분위기도 있었으나, 그는 크게 내색하지 않았다. 김 의원은 재산은 꼴찌였으나 마음은 넉넉했던 것으로 기억한다.

이강두 의원과
거창사건 특별법

1951년 2월은 거창군민들에게 있어서는 영원히 잊을 수 없는 날이다. 찬바람이 매섭게 몰아치고 눈발이 휘날리던 그날, 거창군민 719명은 우리 군에 의해 목숨을 잃었다. 당시 군은 공비토벌을 목적으로 수색을 하다 양민들을 통비분자로 간주하여 학살했던 것이다.

당시 군 부대는 제11사단(사단장 최덕신), 9연대(연대장 오익경), 3대대(대대장 한동석)이었다. 희생자들은 거창군 신원면 일대 주민들로, 이들은 덕산리 청연골, 대현리 탄량골, 과정리 박산골 등지에서 희생당했다.

이 사건은 사건 발생 5개월 만인 51년 12월 대구 고등군법회의에서 군 책임자들이 유죄 판결을 받았음에도 사건의 진상이 제대로 규명되지 못하고 역사의 뒤안에서 42년 동안이나 묻혀왔다. 이 사건을 거창군민들은 '거창양민학살사건'이라 부른다.(거창사건 추모공원 홈페이지 기록 참고).

사건의 규명과 유족들의 명예회복, 그리고 보상을 위한 법적인 토대가 거창 출신의 이강두李康斗 의원(민자)이 발의한 '거창사건 특별법'이다. 정식 명칭은 '거창사건 등 관련자의 명예회복에 관한 특별조치법'이라는 긴 이름이다.

이 의원이 법안을 발의한 후 민자당은 당정협의를 거쳐 93년 11월 3일 민자당 당무회의에서 당시 개회 중인 165회 정기국회에 법안을 상정하기로 의결했다. 특별한 변수가 없는 한 회기 중에 법안이 통과되어 억울하게 희생된 거창양민들에 대한 명예회복이 사건발생 42년 만에 이뤄지는 역사적인 순간이었다. 하지만 이 법안은 국회에 상정되지 못했다. 거창사건과 동시대에 발생한 여타 사건들과의 형평성 문제 때문이었다.

당장의 이유는 산청·함양 유족 등 주민들의 상경시위이었다. 같은 해 11월 18일 산청·함양 주민들이 서울로 올라와 여의도 민자당 당사 앞에서 '산청·함양 양민학살사건'과의 동반해결을 요구하며 농성을 벌였다.

주민들은 "거창사건이 일어나기 불과 이틀 전에 발생한 산청·함양사건을 제외하는 것은 입법 취지에도 맞지 않다."며 "거창사건과 산청·함양사건이 함께 명예회복이 되어야 한다."고 주장했다. 희생자가 700여 명이라고 주민들은 주장했다.

주민들은 굴건屈巾과 두근頭斤의 상복 차림으로 상엿소리까지 내면서 농성을 벌이는 한편 청원서를 국회에 제출했다. 이 모습이 TV에 그대로 방송됐고 상당히 충격적인 모습으로 비쳐졌다.

이때는 김영삼 대통령이 일본 방문 중이어서 대통령 부재 중 일어난 이런 사태를 걱정하는 분위기가 많았다. 결국 김종필 대표는 회기 중 법안 상정을 유보한다는 발표를 했다.

당시 여권에서는 거창사건과 유사한 사건의 처리와 역사적 조명을 두고 고심하면서도, 군법회의의 명백한 유죄판결이 난 거창사건을 우선적으로 처리한 후 여타 사건을 처리한다는 방침을 세웠는데, 산청·함양 유족들이 반대를 하고, 다른 지역에서도 동조할 움직임을 보이자 급히 불을 끈 듯한 인상이었다.

이강두 의원과 거창 주민들의 실망은 컸다. 실망하기는 강삼재 민자당 제2정조실장도 마찬가지였다. 사실 법안의 실무적 지원은 강 실장이 검토했었다. 그러나 어찌하랴, 당장의 상정은 기대하기 어려웠고 후일을 기약할 수밖에 없었다.

거창특별법은 민자당으로서는 자못 껄끄러운 문제였으나 강 의원이 내부적으로 나서 해결하려고 했다. 그래서 김종필 대표가 청와대 주례회동에서 김영삼 대통령에게 명예회복을 해주는 방향으로 보고까지 했었다.

이강두 의원과 강삼재 의원은 개인적으로는 마산고등학교 선후배이다. 그러나 동문 사이를 떠나 문제해결의 실마리를 찾아보자는 취지가 더 강했던 것이 일반적인 관측이었다.

이강두 의원은 거창 출신으로 고려대 정외과와 성균관대 대학원을 졸업한 행정학 박사이다. 경제기획원 예산심의관과 대외경제조정실 제1협력관 및 대외경제총괄국장을 거쳐 초대 소련공사를 역임했다.

그를 만나는 순간 '매우 양질의 사람'이라는 인상을 받는다. 불행하게도 그는 14대 선거를 앞두고 금품살포와 관련해 구속됐다. 이로 인해 민자당 거창지구당 위원장직과 공천권을 박탈당하고 무소속으로 옥중 당선됐다. 구속사유는 금품살포지만 그에게는 매우 아픈 상처로 남았다. 30년의 공직생활을 청산하고 처음으로 정치세계에 몸담은 그로서는 정치판의 생리를 잘 몰라 경험 부족으로 당한 '일격'인 듯했다.

문제가 된 장소는 지구당 개편 대회장이었다. 그는 이에 대해 "참석 당원들에게 미리 점심을 먹게 한 뒤 참석토록 했으나 지역관리장이 자신의 일 때문에 미처 하지 못해 현장에서 점심 값을 나눠주다 사진기자들에게 잡힌 것."이라며 "고의적인 금품살포는 아니다."고 말했다.

그는 고故 김동영 장관과 거창중학 동기생이다. 만나보면 참 순수한 사람이라는 느낌이 들었다. 기자의 눈에는 최소한 정치인의 때가 묻지 않은 순수한 사람으로 보였다. 아주 착하고 온순해 보이는 외모이었지만 연단에 올라서면 우렁차게 연설을 하는 강단도 있었다. 좋은 인품으로 기억되는 국회의원이었다.

한편 거창특별법은 그로부터 2년이 경과된 1995년 12월 177차 정기국회에서 이강두 의원이 발의하고, 합천 권해옥 의원의 수정동의로 통과되어, 1996년 1월 5일 법률 5,148호로 공포되었다.

법안의 이름은 '거창사건 등 관련자의 명예회복에 관한 특별조치법'이다. 목적은 거창사건 등과 관련하여 사망한 자와 그 유족들에게 가해진 불명예에 대하여 명예를 회복시켜 줌으로써 국민화합과 민주발전에 이바지한다는 것이었다.

'거창사건 등'이라 함은 공비토벌을 이유로 국군병력이 작전수행 중 주민들이 희생당한 사건으로 했다. '유족'은 거창사건 등에 의해 사망한 자의 배우자 및 직계존비속으로 하였다. 또한 국무총리 소속하에 거창사건 등 관련자의 명예회복심의위원회를 두도록 했다. 심의위에서는 사망자와 유족의 결정 및 명예회복, 묘지단장 위령제례 및 위령탑 건립에 관한 사항을 다루도록 했다. 사건 발생 44년 만이었다.

현재 거창사건 추모공원은 거창군 신원면 신자로에 있다. 공원에는 묘역과 위령탑과 역사교육관, 참배광장 등 시설이 있다.

천재적인 독설의 세계
명대변인 박희태

　박희태라는 이름 석 자는 명대변인으로 세인의 입에 오르내린다. 그만큼 그는 대변인으로서 자타가 공인하는 독특한 경지를 구축했다. YS와 DJ가 첨예하게 대치한 14대 대선정국에서도 그는 중심을 잃지 않고 오히려 선거정국을 이끌어 나가 여당 승리의 일익을 했다.

　그의 논평은 천재적인 재치와 상대를 단번에 압도하는 촌철살인의 경구로 이뤄진다. 차라리 독설이라고 해야 더 적합한 표현이지만 그는 대변인 논평이라는 일반적 도식을 무시하고, 재치와 가시가 적절히 배합된 간단명료한 '입심'으로 상대를 여지없이 무찔러 버렸다.

대통령 선거 당시 민주당의 김대중 후보도 여러 차례 박 대변인의 독설에 당하면서도 내심 총명한 능력을 인정했을 정도이다. 그는 초선이던 88년 12월 8일 민정당 대변인으로 발탁된 후 민자당 후보로 김영삼 대통령이 탄생된 93년 2월까지 장장 4년 2개월 동안 집권 여당의 대변인직을 훌륭히 해냈다.

그의 자세한 이력을 더듬어 보기 전에 우선 그가 내뱉은 논평의 일단을 살펴보자.

"민주당이 혁명적 상황에서 점령군이라도 되느냐." 노태우 대통령의 '9·18선언' 이후 김대중 민주당 대표가 내각총사퇴를 주장하며 중립내각 구성을 들고 나오자 그는 이렇게 쏘아붙였다.

당시 '점령군' 논평은 민주당이 민자당을 '초상집'으로 밀어붙이자 이에 대한 반격으로 나온 것인데 민자당으로서는 참으로 통렬한 일격이었다는 평을 받았다. 이 논평으로 민주당의 공세가 약화되었다는 말도 나왔다.

박 대변인 특유의 '꼬집기' 논평은 문익환文益煥 목사의 방북사건 때이다. 문 목사가 김일성金日成 주석을 포옹하는 장면을 빗대 그는 "마치 수년간 사귄 애인을 만나서 못살 것같이 껴안고 야단이더라. 공산당 사람들이 하는 인사인 베어스 턱을 그분이 그렇게 잘할 줄 몰랐다."고 혀를 찼다. 문 목사가 평양을 떠나 귀국하겠다고 하자 박 대변인은 "어버이 수령 품에 안겨 살 일이지 무슨 귀국이냐."고 했다.

노태우 대통령이 탈당한 후 민주당이 국회의장 탈당과 내각총사퇴 등 강공을 펴자 그는 이른바 '냉수론'으로 맞받아쳤다. "대통령의 탈당을 이용해 민주당이 공직사회를 흔드는 것을 보면 집권 시 공무원 사회의 씨를 말리려 들 것이라는 사실을 알게 된다. 지금 민주당에 필요한 것은 권력 향유가 아니라 냉수 한 잔이다." 찬물 마시고 정신 차리라는 기상천외의 공격이었다.

이러한 논평 형식은 기존의 틀을 일탈하는 것으로 난삽한 말의 나열보다는 상대의 뒷덜미를 낚아채는 기습의 한 방식이었다. 6공초 평민당이 애용하던 보라매공원 집회에 대해 그는 "보라매규탄대회에 앞서 평민당 스스로 고백대회를 열어야 할 것."이라며 '보람이 없는 대회' '욕설경연장' '자기잘못고백대회' '유언비어 제조창' 등으로 꼬집었다.

89년 말 전두환 전 대통령의 청문회에 대한 논평을 요구받고는 "바둑 두고 집계산까지 다 끝냈는데 또다시 끝내기를 하자는 것이냐, 이제 제발 좀 그만하자."고 말머리를 돌렸다. 3당 합당 이후 계속된 계파갈등과 관련, 평민당 측이 김영삼 대표에 있어서 박철언 朴哲彦 정무장관의 존재가 '목에 가시'라고 표현하자, "한송이 국화꽃을 피우기 위해 소쩍새도 울고 천둥도 쳐야 되는 것 아니냐."며 시구를 인용해 기자들도 혀를 내두르고 웃을 수 밖에 없었다.

이후 계속해서 평민당의 공세가 강화되자 "배도 아팠으면 나을 때도 된 것이 아니냐, 헤비급과 플라이급이 싸우면 국민이 이상하게 생각한다."고 되받아쳐 박희태식 논평이 등장했다는 말이 나오기도 했다. 합당 이후 김영삼 대표의 첫 국회연설에 대해 "자화자찬을 않는 것이 동양의 미덕이지만 오늘 김 대표의 연설은 잘 차려진 한식상 같더라."고 칭찬을 해 김 대표를 흐뭇하게 했다.

논평에 바둑용어도 사용되었다. 김대중 총재가 5공 청산문제를 재론하겠다고 하자 "일수불퇴 정신에 어긋난다. 역사는 전진하지 후퇴하지 않는다."며 느닷없이 기보 해설을 들고 나왔다.

92년 3월 기초의회 선거에서 민자당이 압승하자 그는 "오늘은 표정관리를 위해 좀 딱딱한 표정을 지을 테니 이해해 달라."는 웃지 못할 '금소령禁笑令'을 만들어 내기도 했다. 평민당, 민한당 등 야권통합이 이뤄지자 그는 '홍로점설紅爐點雪'이라는 고사성어로 대신했다. 새 야당이 나와도 빨갛게 달궈진 화로에 녹아내리는 한 점의 눈이라는 것으로, 별게 아니다는 가차없는 독설이었다.

이종찬李鍾贊 의원이 민자당을 탈당하고 나오면서 김영삼 대표의 입지를 곤란하게 만들자 '백과중일과락百果中一果落'이라는 말을 내놓았다. 이 의원이 나가는 것은 과일 백 개 중 하나가 떨어져 나가는 것인데 뭐 그래 대수냐 하는 식의 비아냥이었다. 김 대표의 입가에 웃음이 나온 것은 말할 것도 없다.

수서사건이 계속 정부여당을 궁지에 몰아넣는 가운데 중동전이 터지자 "중동지상전中東地上戰이 시작되었으니 수서지상전水西地上戰은 이제 그만하자."며 '종전終戰'을 제의했다. 91년 8월 김대중 민주당 대표가 무주에서 휴가를 보내고 발표한 내각제 반대, 소선거구제 고수 등에 대해 '무주 구상茂朱舊想'으로 비웃으며, "천지에 봄이 왔는데도 여전히 겨울인 양 착각하고 외투를 입고 있는 것 같다."고 꼬집었다.

또한 "김영삼 대표에게 대권을 줄 리 없다."고 DJ가 말하자 "정치 9단이 9급의 눈에도 보이는 꼼수를 쓴다. 꼼수를 쓰는 것은 고수의 도리가 아니다."고 맞받았다. 그는 민주당이 강하게 나오면 "흘러난 옛 노래를 집어치우고 신곡 좀 불러봐라"고 말하면서 "뉴 DJ가 아닌 舊 DJ"라고 약을 올리기도 했다. 그는 '정치 9단', '총체적 난국' 등 신조어도 곧잘 만들어 냈다.

이처럼 박 의원은 대변인 시절 가히 타의 추종을 불허하는 논평으로 정가의 이목을 집중시켰다. 때로는 말초신경을 자극한다는 지적을 받기도 했지만 상황에 따라 적재적소의 말을 가차 없이 구사, 상대의 성질을 돋우면서 상처를 후벼 파는 능력은 일품이었다.

이런 '박희태류'의 논평 형식은 언제나 적용되고, 소기의 성과를 거둘지는 의문으로 남아 있지만 군사軍事와 문민文民을 오간 그 시대, 그 정치의 세계에 있어서는 '히트작'이었다. 하지만 천하의 명대변인인 그가 곤경을 당해 법무장관에서 낙마한 것은 정치적 부침이라는 말 이외는 달리 표현할 방법이 없을 것 같다.

그는 김영삼 정부의 문민정부 첫 조각에서 법무장관으로 발탁됐다. 93년 2월 26일이었다. 그러나 박 장관은 딸의 이화여대 편법

입학이 문제돼 10여 일 만인 3월 7일 사퇴하고 말았다. 박 장관이 미국 유학시절 낳은 딸이 미국의 속지주의법에 따라 미국시민권을 얻게 됐고, 귀국 뒤에도 계속 유지하고 있다. 91년 외국인자녀 특례입학 혜택을 받기 위해 한국 국적을 포기하고, 외국인 자격으로 이화여대에 입학한 것이 언론에 보도되면서 장관의 부도덕성이 문제된 것이었다.

박 장관 본인도 사실을 시인하고 "부끄럽게 생각한다"며 사과를 했으나 언론은 가만있지 않았다. 이에 앞서 전병민 대통령정책수석비서관 내정자가 불분명한 학력과 장인이 고하 송진우宋鎭禹 선생 암살범이라는 사실이 드러남에 따라 내정이 취소되고, 김상철 서울시장이 농지불법 용도변경으로 전격 경질되는 등 새 정부 각료들에 대한 언론의 검증이 불을 뿜었다. 박양실 보사부장관도 부동산투기로 도중하차했다.

이런 분위기 속에서 박 장관의 사표도 수리되고 만다. 당초 박 장관에 대해서는 딸만 퇴교시키는 선에서 마무리한다는 것이 청와대의 방침으로 사표도 곧바로 수리되지 않았으나 다른 각료들이 잇따라 문제되자 박 장관도 어쩔 수 없이 경질됐다. 후임은 김두희金斗熙 차관.

박 장관이 일시 유임되자 민주당은 이준형 부대변인 명의로 논평을 내고 "개혁을 내세우는 시대에 편법으로 법을 이용한 박 장관이 법을 집행할 법무장관에 적격한지 의문."이라며, "국민의 법

감정을 고려해 김 대통령은 박 장관을 해임시켜야 할 것."이라고 주장했다. 집권여당의 명대변인이었던 박 장관이 정부 각료의 위치에서 민주당 부대변인으로부터 직접적인 공격을 받고 물러난 것은 아이러니한 사실이었다.

또한 그는 대변인 재직 시 언론과의 관계가 다른 어떤 전임자보다 좋았고, 기자들과도 곧 잘 어울렸는데 자신의 문제가 사건이 되자 그다지 방어벽이 되지 못했다. 기자와 정치인은 불가근불가원 不可近不可遠이라는 구절이 생각나는 대목이었다. 어쨌든 박 장관은 홍역을 치른 뒤 평의원으로 국회에 돌아왔다.

남해 하동지역 국회의원인 그는 두주불사斗酒不辭의 말술에 싱글의 골퍼이었으며, 하이트HITE맥주를 보고 "내 술(영문이 같음)이네"라고 말하곤 했다.

그는 2010년 국회의장이 되었으나 한나라당 돈봉투 사건과 관련, 책임을 지고 임기를 마치지 못하고 2012년 사임하고 말았다.

고스톱 교장선생님
합천의 권해옥 의원

　권해옥權海玉(민자 합천) 의원은 '교장선생님'이라는 별명을 갖고 있다. 젊잖고 괜찮아 보이는 별명인데 그 과목이 문제이다. 과목은 다름 아닌 고스톱이다. 국회의원이라 해서 고스톱을 치지 말라는 법은 없고, 문민정부 출범 후 김영삼金泳三 대통령의 지시로 정치인들이 골프를 칠 수 없을 때 그나마 위안을 해준 게 고스톱이라 하면 틀린 말일까.
　국회의원들도 고스톱을 즐긴다. 나이에 굳이 관계는 없으나 조금 지긋한 장년층에서 많이 즐기는 편이다. 권 의원은 새 정부 출발 시 민자당의 제1사무총장을 역임하다 대구 동을 보궐선거 이후 물러났다. 그는 기자 출신으로 재선의원인데 고스톱에 관한 한 국회 내에서 손꼽히는 수준으로 평가를 받고 있고, 의원들이 모두 한 자리에 모여 쳐보지 않아 개개인의 실력을 가늠하기는 어려운 일이나 일단 고스톱의 선생님으로 추앙(?)받았다.

선생님도 예사 선생님이 아닌 교장선생님으로 승진한 데에는 그만한 이유가 있다. 94년 9월께의 일로 의원들이 그 유명한 강남의 정필근 의원의 집에 우연히 회동을 한 적이 있었다. 당시 권 의원은 민자당의 수석부총무였고, 원내총무는 이한동 의원이었다.

의원들은 이날 각기 다른 모임이 있었으나 약속이 정 의원 집으로 중복되자 그러면 함께 만나자고 했던 것이다. 그래서 이한동 총무와 권해옥 수석부총무를 비롯, 조영장·심정구·오장섭·이성호 의원 등이 고스톱을 한판 붙었는데 단연코 권 부총무가 게임을 리더하면서 판을 휩쓸었고, 이한동 총무가 많이 깨졌다고 한다. 그래서 수석부총무인 권 의원이 이한동 총무에게 약간의 개평까지 주며 "총무님 가십시오." 하고는 먼저 보냈다고 한다.

교장선생님은 여기에서 붙었다. 왕창 깨진 이 총무가 권 의원에게 서슴없이 '교장선생님'이라는 칭호를 내렸던 것이다. 이 총무는 "권 의원의 실력이 좋다는 소리를 듣기는 했으나, 실제 만나 겨뤄 보니 소문이 사실이다."며 혀를 내둘렀다고 한다.

이에 대해 권 의원은 "부총장에서 물러난 후 한 번씩 동료 의원들과 재미 삼아 쳐본 것에 불과하고, 그날 정 의원 집에서는 이상하게도 잘되더라."고 둘러댔다. 그러나 이는 핑계에 불과한 듯하고, 기자들도 고스톱의 규정 등에 대해 한 번씩 물어보면 권 의원은 즉석에서 답을 내 과연 교장선생님답다는 평을 들었다.

예를 들어 한 사람이 많은 점수를 냈는데 막판에 화투장을 보니 한 장이 모자랄 때 마지막을 안 쳐도 점수는 이상 없는데 옆 사람이 점수로 쳐주지 않은 경우 어떻게 하느냐 하는 것 등이다. 물론 점수 인정을 안 하는 것이 관례로 되어 있지만 권 의원은 1초의 막힘도 없이 "안된다."고 바로 판정을 내린다.

이런 경우는 어느 고스톱 판에 가도 많이 생기고, 특히 국회의원들이 각기 다른 지방에서 올라왔기 때문에 지역마다 룰이 조금씩 달라 실랑이를 벌이기도 하는데 이때에도 권 의원이 예외 없이 해결사로 등장, 적절한 유권해석을 내리고, 그 판결에 대해 아무도 이의를 제기하지 않는다.

보통의 고스톱 판에서 이런저런 이유, 아무것도 아닌 것을 갖고 언쟁을 벌이기도 하는데 이럴 때 권 의원이 배석하면 아무 걱정을 안 해도 된다는 것이 거의 굳어진 국회 안팎의 정설이다.

그러나 어느 곳이나 천적이 있는 법이다. 권 의원을 꼼짝 못 하게 하는 사람이 있으니 다름 아닌 정동호(함안 의령) 의원이다. 기자가 "권해옥 의원이 고스톱을 잘 친다."고 하자 정 의원은 아무 말도 안 하고 가만히 웃었다. 정 의원에게 "왜 웃느냐."고 물었더니 정 의원은 "권 의원쯤이야."하며 느긋한 표정을 지었다.

확인 결과 두 사람은 한번 붙었는데 권 의원이 판정패를 했다고 한다. 하지만 권 의원의 고스톱 실력은 일단 수준급인 것만은 분명했다. 일반적으로 그렇게 평가하고 있고, 집권여당의 원내 총무인 이한동李漢東 의원이 '교장선생님'으로 호칭했으니 두말할 나위가 없다고 하겠다.

이런 권 의원이 94년 저물어 가는 12월 2일 밤 국회 본회의장 지방기자석에 모습을 드러냈다. '예산안 민자당 기습처리'를 위해 이날 기습처리의 주인공인 이춘구李春九 국회 부의장을 호위하고 나타나 30여 초 만에 해치우도록 보조역을 완벽하게 해낸 것이다.

이때 권 의원은 이춘구 부의장 바로 옆에 섰는데 사진기자들의 초점은 오히려 권 의원에게 가 다음 날 조간과 석간은 이 부의장보다 권 의원의 얼굴이 더 크게 나왔다. '날치기'가 끝나고 여야 대립이 어느 정도 사그라든 후, 권 의원은 그날 사건의 개요를 설명하며 자신의 무용담을 늘어놓기도 했다.

"그 정도야 쉽게 하지. 우리는 엘리베이터를 지하에까지 타고 내려갔다 다시 올라왔지. 다른 사람들은 이런 방법을 잘 몰라. 나에게는 많은 수가 있어."

당시 국회는 이기택李基澤 민주당 대표가 '12·12' 관련자에 대한 검찰의 기소유예 조치에 반발, 한달 이상 국회를 외면하며 장외투쟁을 벌였다. 그래서 국회는 공전됐고 민자당은 이에 단독으로 예산안 처리 시한 마지막 날인 12월 2일 처리를 강행하겠다고 밝혔다.

민주당이 급한 나머지 1일 오전에서야 국회 등원을 결정하고 부랴부랴 국회로 달려 나와 민자당 단독처리를 막기 위해 소속 의원들이 조를 짜 황낙주 의장과 본회의장을 철저히 봉쇄하고 있었다. 분위기는 험악했고 분회의장 주변은 살벌했다. 이런 분위기에서 권 의원이 전격적으로 본회의장의 지방기자석에 이 부의장과 함께 나타난 순식간에 예산안을 처리하고 사라진 것이다.

민자당으로서는 그야말로 신출귀몰한 작전이었고, 민주당은 기자석 아래에서 쳐다보고도 아무런 제지를 못하고 서서 당한 꼴이 되어버렸다. 이 사건이 있은 후 국회 본회의장의 지방기자석이 뉴스의 초점이 되기도 했는데 권 의원은 지방지 기자들 이외에는 잘 가지 않는 지방기자석을 사건의 장소로 정했던 것이다.

권 의원은 이후 김종필 대표가 민자당을 나가 창당한 자유민주총연합(자민련)으로 당적을 옮겼으며, DJP 연합으로 김대중 후보가 대통령이 된 후 자민련 몫으로 대한주택공사 사장을 2003년 초까지 지냈다. 국회의원은 외견상 항상 화려하고 돈 많고 잘나가는 사람으로 생각하지만 외롭고 괴로울 땐 고스톱을 칠 만큼 보통사람과 하등 다를 바 없고, 그들도 고민을 많이 한다. 국회의원과 고스톱을 생각할 때 그곳에는 권해옥 의원이 늘 함께한다.

당구 2천 점의 고수 정필근
인생을 즐겁게 산다

　정필근 의원(민자당 · 진양)을 보면 참 즐겁게 인생을 산다는 말이 떠오른다. 정 의원은 다양한 특기를 가진 사람이고, 내면을 지켜보면 대단하다는 말이 절로 나온다. 그에 관한 일화도 많다. 특히 정 의원의 가계家系는 놀랍다. 정 의원은 94년 말 기자에게 자랑스럽게 가계를 설명했는데 다음과 같다. 그때 들은 이야기를 옮긴 것이다. 94년도 판 가계도이다.

　정 의원의 부친은 정태성鄭泰成 씨, 모친은 권태문權太文 씨이다. 장남은 원근源根(약학박사 · 서울대 약대 학장 · 대한약사회장), 2남은 찬근纘根(경제학박사 · 부산대 사대 학장 역임), 3남은 차근且根(의학박사 · 부산 정차근외과 원장), 4남은 필근必根(약학박사 ·

민자당 국회의원), 5남 오근五根(행정학박사 · 교육부 서기관 · 경상대 사무국장), 6남 신근辛根(방송광고공사 차장 · 석사), 7남 우근祐根(우원철강 대표) 씨이다.

막내이자 여덟 번째인 딸 정진경鄭珍景의 아들 김병기는 독일 법학박사, 2남의 사위는 한국 KAIST 물리학 박사, 3남의 제매도 물리학 박사였다. 원근 씨의 장남은 일섭一燮(공학박사 · 미 텍사스주립대), 찬근 씨의 큰아들은 주섭周燮(의학박사), 차근 씨의 장남은 원섭遠燮(박사과정 중), 정 의원의 장남 신섭信燮은 35세로 미국 오하이오주립대에서 공학박사를 따고 94년 귀국했다.

7남 1녀의 가족에서 93년 12월 말 현재 박사가 13명이었으니 13년이 지난 2007년 현재 어떻게 변했는지 알 수는 없으나 아마 수십 명의 박사를 거느린 '박사가문'이 되어 있지 않나 싶다. 사정이 이러하니 가족회의가 열리거나 제사가 있어도 박사가 아니면 제대로 설 수 없는 처지라고 정 의원은 말했다.

정 의원은 대학시절 학비를 스스로 마련했다. 흔한 가정교사가 아니고 당구와 필경사, 그리고 만화 그리기였다. 당구는 20대 초 한창때 2000을 쳤다. 스리쿠션은 가히 전국 최고였다 한다. 당구 500은 바둑으로 치면 1급 수준으로 고수인데 무려 2000을 쳤으니 거의 당구의 '신神'으로 국가 대표급 선수 수준이다.

당구는 당구장에서 아르바이트 청소를 하면서 영업시간 이후 치기 시작했고, 점차 일본책을 보며 기본원리를 익히고 터득했다. 그러다 보니 3개월 만에 500이 되었다. 연습방법은 물리학에 기초를 두고 당구대 끝에서 끝까지 정확히 치는 것이었다. 한쪽 끝에서 맞은편 끝까지 치는데 맞은편에는 실 한 줄의 여백을 남겨놓는 것으로 힘 조절 연습을 했다.

이 연습을 비롯해 기본 원리 연습을 거듭하니 비로소 만사형통, 당구를 알게 되었다. 당구대는 15도의 각도로 치면 15도의 각도와 강도로 나오는 등 '길대로' 가는 이론을 잘 알아야 당구를 알 수 있다. 이렇게 해서 고점자가 되고, 내기당구를 쳤다. 이 돈이 바로 등록금이었다. 천 원짜리 한장을 들고 나가면 들어올 때는 30만 원가량 됐단다.

그는 내기는 실력만 갖고는 안된다고 했다. 용기와 '가부리'(상대의 공을 당구대와 붙게 끝부분에 가도록 하는 것)가 있어야 된다고 했다. 잘 치는 기술도 중요하지만 상대방이 잘 칠 수 없도록 방해를 하는 기술이 더 중요하다는 말이다. 상대에게 좋은 공만 안 주면 자연스럽게 이긴다는 승부사의 테크닉이기도 하다.

원정 내기도 많이 해 우리나라를 안 가본 데가 없다. 당시 조동선, 박순복 등과 함께 정 의원이 가장 잘 쳤단다.

91년 총선 당시 무소속으로 경남 진양에 출마, 당시 민자당 후보였던 안병규 씨를 누르고 당선된 후 민자당에 입당했다. 선거운동 기간 중 공무원들의 방해가 너무 심해 당구장에서 당구를 쳤는데 당구장마다 '자기 당구장에 와서 쳐 달라' 며 요청을 해왔다고 했다. 선거에 출마한 후보가 노름당구만 친다며 지역신문에 보도까지 되었다며 웃었다.

어쨌든 그는 당구 도사이다. 실제 서울 장충체육관에서 한일당구대회가 열렸는데 7명의 출전선수 중 결승전에 오른 사람은 정 의원 혼자였다 한다. 71년 일동제약 부장 시절에는 월급이 너무 적어 당구장에 가서 내기 당구로 40~50만 원을 거뜬히 가져왔다. 그 라운드 맛세이를 쳐서 당구공을 맥주 컵 위에 올릴 만큼 대단한 실력도 보였다. 정 의원을 아는 당구장에서는 정 의원이 들어오면 다른 손님을 생각해 아예 돈을 주어 보내기도 했다 한다.

정 의원은 또한 만화도 그렸다. 초등학교 다닐 때부터 서예를 잘했다. 교실 뒤에 붙는 것은 모두 그의 작품이었다. 주로 무협지를 그려서 을지로 동대문 같은데 갖다 주면 소정의 고료를 주었다. 이름도 자기 이름으로 나갔다. 등사도 많이 했다. 시험지도 많이 밀어 시험 때는 쓰레기통에 버려진 등사지를 주워 모아 맞추면 대충 문제를 알 수 있어 굳이 컨닝을 안 해도 되었다.

그는 어렸을 때 새 옷을 입어본적이 거의 없다. 항상 형님들이 입던 옷을 입어 크기가 맞지 않았으며, 큰옷을 위아래 길이만 잘라 입었다. 형제 중 부모의 도움을 받아 공부한 사람은 큰형님밖에 없었다.

정 의원의 별명은 '역삼동 제비'이다. 조그마한 키에 멋을 잘 내고 돈을 잘 쓰기 때문이다. 웬만하면 지갑에서 빼주는 것이 그의 특기이다. 돈은 어디에서 나오는지 알 수 없는데, 그는 하루에 300만 원을 쓴다고 말한 적이 있다.

야당 의원들도 그에게서 용돈을 타 쓴 적도 있다는 이야기도 있었다. 술도 잘 마시고 진한 농담도 잘해 한식집에 가면 아가씨의 손을 잡고 치마를 들치는 것은 예사이다. 그러나 그런 모습이 이상하지 않고 자연스럽게 보이는 것이 그의 전매특허이다.

대통령에게도 스스럼없어 94년 12월 20일 청와대에서 김영삼 대통령에게 술을 권한 후 김 대통령이 "나는 못한다"고 하자 정 의원이 다 마셔 버려 정치면 가십을 장식한 적도 있었다.

그는 고향 기자들을 만나면 "야, 니만 먹지 말고 나에게도 참한 것 하나 줘."하며 격식 없이 이야기한다. 또한 만날 때마다 여자 이야기를 빠트리지 않는다. 그는 "우리 집안이 대한민국에서 가장 좋다. 단 한 가지만 빼고. 그게 무엇이냐?, 너무 똑똑해 주장이 너무 세다."고 말한다.

그는 국회의원이 된 후 자신의 인생을 이렇게 회고했다. "나는 일동제약에 들어가 부사장으로 퇴직할 때까지 인생을 재미있게 살았다. 돈에 욕심이 있었으면 수백 억 모았을 것이다. 외국에도 많이 갔다. 약 계약, 기계 도입 등 때문이었다. 돈을 후손들에게 물려줄 필요는 없다. 유산이 많으면 형제들 간에 싸움만 한다. 공부시켜 출가시키면 그 다음은 본인의 몫이다. 돈은 써야 한다. 죽을 때 아무것도 못 갖고 간다. 수의壽衣 한 벌밖이다. 기자들에게도 능력이 있으면 점심을 많이 사주고 싶다. 비록 '호구'로 보일지 모르겠지만 나는 그렇지 않다. 나는 성공했다. 나는 어찌 보면 지금부터 인생의 시작이다". 그는 2008년 고인이 되었다.

정계 신사 이춘구의 날치기와
국회 지방기자석

94년 12월 2일은 국회의 부끄러운 모습을 재연한 날이었다. 이 날 민자당은 민주당을 따돌리고 95년도 예산안과 주요법안들을 날치기 처리했다. 이날 날치기의 주역은 뜻밖에도 이춘구李春九 국회 부의장이었다. 이 부의장은 평소 원칙주의자로 정가에서는 '신사'로 알려져 있었다. 그가 날치기의 악역을 하리라고는 별로 생각하지 않았다.

이날 민주당 의원들은 황낙주黃珞周 국회의장을 집중적으로 차단했다. 아예 의장실에서 농성을 하다시피 하면서 황 의장의 일거수일투족을 감시했다. 민자당의 기습처리는 이날 밤 8시 30분께였다.

이 부의장은 권해옥權海玉 민자당 수석부총무와 송영진宋榮珍 의원의 호위를 받으며 본회의장 내 2층에 있는 지방기자석으로 향했다. 이 부의장은 이곳에서 아무런 제지를 받지 않으며 35초의 짧은 시간 동안에 예산안과 47개 주요법안을 전격처리했다.

이 부의장은 송 의원이 든 핸드마이크를 통해 "개회를 선포합니다. 새해 예산안과 부수법안을 일괄 상정합니다. 심사보고 등은 유인물로 대체합니다. 이 안건을 의결하고자 하는데 이의 있습니까?"라고 묻고는 "없습니다."는 민자당 의원들의 답이 나오자 "가결되었음을 선포합니다. 산회를 선포합니다."고 말하고는 나가버렸다. 민주당 의원들이 "아니 저게 뭐야, 사기다. 이 춘구 저 XXX!" 등 욕을 하면서 분통을 터뜨렸지만 상황은 이미 끝난 뒤였다.

민자당이 지방기자석에서 예산안을 전격 처리하는 '신날치기' 수법을 사용하자 분노한 국회출입기자단은 즉각 성명을 내고 황낙주 의장과 민자당의 사과를 요구했다. 특히 지방기자단은 전체회의를 갖고 재차 성명을 내고 대표단이 황 의장을 방문, 성명서를 전달했다.

성명의 내용은 취재장소가 정치적 목적으로 사용된 경위를 밝히고 황 의장과 민자당은 사과를 해야 하며, 특히 기자들의 취재를 국회 경위 등이 방해한 사실에 대해 조치를 취해야 한다는 것이었다. 의장실을 찾은 대표단은 4명이었다. 부산일보 김상식 차장과 대구매일신문 정택수 차장, 경상일보의 송준헌 부장, 그리고 필자였다.

나는 황 의장이 지역의원(창원을)이어서 조금 어색한 입장도 있지만 그렇다고 안 갈 수가 없었다. 오히려 가는 게 더 낫다는 생각이었다. 황 의장은 국회의 입장을 밝혔다. 지방기자석에서 한 것이 아니라 특별방청인석에서 했다는 것이었다. 지방기자들을 무시하며 무단 점용한 것이 아니라는 점을 강조했다.

이 문제를 두고 의장과 지방지기자들과 논란이 있었다. 기자들은 그곳이 아무리 특별방청인석이라고 해도 지금까지 지방기자들이 취재석으로 사용해왔고, 국회 내에서도 그렇게 인정하고 있는 마당에 기자석이 아니라고 우기는 것은 궤변에 불과하다는 주장이었다. 사실 국회의 주장은 앞뒤가 맞지 않았다. 국회가 기자석에서 날치기를 하고 변명할 거리가 없어 둘러대는 것을 기자들이 '이해' 하는 차원이었다. 국회 측에서는 특별방청인석이라는 이유 말고는 더 할 말이 없기 때문이었다.

그렇다면 여기에서 지방기자석에 대해 구체적인 설명을 할 필요가 있을 것 같다. 국회 본회의장은 국회 내 2층에 자리하고 있다. 국회 건물이 워낙에 크고 본회의장에 가려면 정문에서 계단을 밟고 올라가야 하고, 층수로 계산하면 2층에 해당한다.

문제의 방청인석은 본회의장의 양옆과 뒤쪽에 둘러싸인 형태로 되어 있으며, 방청인석 중 의장석을 중심으로 오른편 위쪽이 지방기자석이다. 이곳에서 마주보이는 곳이 중앙기자석이다. 지방·중앙기자석 모두 본회의장을 아래로 내려다볼 수 있도록 되어 있으며, 일반방청석도 역시 같은 구조이다. 기자들이 지방기자석으로 가려면 엘리베이트를 타고 본청 3층으로 올라가 입구로 들어간 후 조금 내려가야 한다.

정확히 말하면 본청 2층과 3층의 중간쯤이 된다. 이곳은 의자들이 3열씩 배열되어 있고, 작은 통로가 세 개 있다. 통로라고 말하면 무슨 큰 공간으로 오해할 수 있는데 그냥 자리 사이를 말하는 의자 한 개 정도의 공간을 말한다. 전체 공간을 환산하면 10여 평쯤 될 것 같다. 지방기자석과 특별방청인석 사이에는 철제난간이 있으나 특별한 경계구분은 아니고, 첫째 둘째 통로가 지방기자석이다. 좌석은 3열에 각 7석으로 모두 21석이다.

기자석에는 국회와 데스크를 연결할 수 있는 수동식 전화가 놓여 있고, 기자석의 자리는 필기를 할 수 있는 대학 강의실과 같은 개폐식 책상의자로 되어 있다. 책상에는 각 신문사와 명패가 붙어 있다. 또한 본회의장의 소리를 잘 들을 수 있도록 하는 이어폰이 장치되어 있다.

기자석 옆자리가 국회에서 말하는 특별방청인석이다. 좌석은 역시 3열로 모두 21석이다. 나는 이 자리가 특별방청인석이라는 사실을 '날치기' 이후에야 비로소 알았다. 그때까지 국회를 2년 가까이 출입하면서 기자들 이외에는 누구도 그 자리에 앉아 있는 것을 본 적이 없기 때문이다. 그래서 이 방은 당연히 지방기자석으로 알고 있었다. 그러나 사건이 터지자 국회에서는 기자석이 아니라고 우겼다.

이춘구 부의장이 서서 '방망이를 두드린 곳'은 지방기자석이 아니라 특별방청인석이라는 주장이었다. 특별방청인석은 기자석과 의자커버도 다르고 엄연히 구분되어 있으며, 자리배치도 다르게 되어 있다는 말이었다.

이 주장에 대해 국회에 출입하는 360여 명의 기자들이 수긍하는 사람은 아마도 한 사람도 없었을 것이다. 하지만 국회로서는 그쪽 공간 전부를 지방기자석으로 인정을 해버리면 기자석을 무단 점유한 사실을 인정하는 것이므로 결사코 '아니다'는 주장이었다.

이 사실에 대해서는 '아니다'고 말하는 국회나, 그렇지 않다고 말하는 기자들이나 뻔히 아는 사실을 갖고 입씨름을 하고 있는 것에 불과했다. 입구 방문에도 지방 출입기자석 및 특별방청인석이라고 적혀 있다. 물론 이 부의장은 기자석 쪽에서는 사회를 하지 않았다. 결국 이 논란은 논란에 그쳤지만 이 부의장이 전혀 생각지도 못한 장소에서 예산안 날치기를 한 것은 분명했다. 그것도 지방기자들이 상시 출입하면서 취재하는 기자석에서 한 것이었다.

지방기자 대표들의 항의가 길어지자 황 의장은 "아이구 와 이라노, 나도 지방사람 아이가, 지방신문사에서 안 봐주면 누가 봐 주노. 야 좀 봐주라, 꼭 씹어야 되것나, 나도 죽겠다. 예산안은 겨우 넘어갔지만 앞으로 WTO가 있는데 우찌 할지 모르겠다. 취재를 방해했다는 말은 처음 듣는데 조사해 조치하겠다, 나머지 것은 넘어가자."며 특유의 엄살을 해댔다.

기자들은 여기에서 한발 물러났지만 문제가 끝난 것은 아니었다. 국회공전 한달여 만에 열린 6일 오후 국회 본회의에서 민주당의 이윤수李允洙 의원이 지방기자석에서 의사진행발언을 한 것이었다. 황 의장은 양당 총무들이 합의한 발언신청서만 보고 "이윤수 의원 발언하세요."하고 발언을 허락했는데 이때 이 의원은 지방기자석에 올라가 대기하고 있었다.

이를 모르고 있었던 황 의장이 깜짝 놀라 "그곳은 발언대가 아니니 내려와 발언대에서 하라."고 말하자 이 의원은 "여기에서 이춘구 부의장이 사회를 하면 합법이고, 내가 발언하면 불법이냐."며 내려가지 않고 버텨 본회의가 정회되고 말았다. 이로 인해 황 의장이 진노, "여당이든 야당이든 국회운영을 방해하는 행위는 용납하지 않겠다."고 흥분했다. 이 의원의 엉뚱하고 기발한 발상에 의원들은 어처구니없다는 표정을 지으면서도 모두 웃었다. 민자당으로서는 '뒤통수'를 맞은 꼴이었다. 이 부의장이 날치기를 한 바로 그곳에서 민주당 의원이 흉내 발언을 했으니 기발한 착상은 가히 포상감이었다.

이 의원의 이런 희극적인 모습은 "정치는 하이코미디!"라는 말에 적합했다. 본회의장에서 이런 모습을 올려다본 대부분의 의원들이 웃었고, 코미디언 출신인 정주일 의원(2002년 작고)도 배꼽을 잡고 말았다. 평생을 남을 웃기는 일만 하다 의원이 된 정 의원을 웃게 한 국회의 모습, 정치는 정말 코미디였다.

한편 기자들은 정말 웃기는 이런 양태에 분노했다. 누구든 기자석에서는 어떠한 정치적 목적의 언행을 할 수 없는데도 계속해서 의원들이 올라와 정치행위를 하고 있으니 기자들이 우스운 모습이 되어버린 것이다. 지방기자석의 날치기, 의원도 기자도 우스운 이야기가 되어버렸다.

YS 대북정책 정면 비난
노재봉 발언 파문

94년을 두 달 남겨둔 11월 1일 국회 본회의장. 6공에서 국무총리를 지낸 민자당의 노재봉盧在鳳 의원이 정부의 통일·외교·안보정책을 정면으로 비난하는 발언을 하고 나서 여권이 발칵 뒤집혔다. 이른바 '노재봉 파문'이었다. 노 의원은 대정부 질문을 통해 정부의 외교·안보·통일정책과 이데올로기적 관점이 나라를 망치고 있다고 정면으로 비난했다.

노 의원의 발언 요지는 우리 정부가 북한이라는 민족이 미국이라는 동맹국보다 더 낫다는 취지 아래 한미공조의 폐기 등 외교 이데올로기를 잘못 설정, 외교의 실패를 초래했다는 것이었다. 정부의 이런 외교노선은 결과적으로 북한의 '탈미접북脫美接北'(미국을 탈피하고 북한과 접한다)과 '통미봉남通美封南'(미국과 통하고 남한을 봉쇄한다) 노선을 밀어주는 꼴이 돼 정부정책이 북한정책과 일맥상통하는 우를 범하고 있다는 것이었다.

결국 노 의원은 정부정책을 이유로 당 총재인 김영삼 대통령에까지 비난의 화살을 겨눴다는 의혹을 받았으며, 민정계의 불만을 대변한 게 아니냐는 관측도 나돌았다.

당시 정국은 우명규 서울시장이 성수대교 붕괴사고와 관련, 책임을 지고 전격사퇴하는 등 어수선한 상황이어서 노 의원의 폭탄발언은 일파만파 파장이 확산됐다.

당시 언론은 노 의원의 발언요지를 일제히 주요 기사로 다루었다. '총리, 이 나라를 어디로 끌고 가십니까?'로 끝나는 발언의 요지는 다음과 같다.

> 나는 오늘 열린 마음으로 갇힌 말을 풀기 위해 이 자리에 섰습니다. 핵무기 개발이라는 절대적인 위협에 대해 정부는 국제정치에 있어 평화적 수단에 해당하는 무력시위나 제재조치까지 거부했습니다. 남북의 엄연한 군사적 정치적 대립사실도 무시했습니다. 환상 속에서 마치 노사협상 같은 외교를 펼쳐 왔습니다. 그리하여 우리는 진정한 평화를 확보하기 위해 필요한 '채찍'을 한번 써보지도 못한 채 천재일우의 기회를 놓치고 말았습니다. 왜 이 지경이 되었습니까?

그 근본적인 원인은, 미국을 겨냥하여 80년대를 반핵 연대로 자리 잡은 소위 진보세력이, 비핵화선언과 동시에 미국의 전술 핵이 철수되자마자 북이 터뜨리고 나온 핵공포에 대해서는 철저히 침묵하고, 오웰의 '1984'보다 못한 북의 전체주의에 대해서는 찬양까지도 아끼지 않는, 그 음모를 은폐하기 위하여 편리한 도구로 사용한 '민족'이라는 구호가 바로 '신한국'의 외교 이데올로기로 접목돼 나타났기 때문입니다.

그러면서 뜻밖에도 대통령이 취임사에서는 "어느 동맹국도 민족보다 나을 수 없다"는 표현으로 처음부터 기존의 한미공조체제의 폐기를 시사하고 나섰습니다. 나아가서 "어떤 이념이나 사상도 민족보다 더 큰 행복을 가져다 주지 못한다."고 강조하여 통일문제의 핵심인 체제문제를 완전히 추방했습니다.

이 두 가지 선언이 이른바 '민족노선'의 핵심이었으며 현 정부의 '탈미 접북' 외교노선을 이룬 근간이었습니다. 이러한 '탈미 접북' 정책이 어떤 결과를 초래했습니까? 너무나 당연하게도, 그것은 처음부터 핵문제 협상에 있어서 한국이라는 당사자가 빠지고 미국과 북한 간의 문제로만 협상이 진행될 수밖에 없는 기반을 조성해 주었습니다.

더더욱 심각한 것은 그것이 바로 북한의 '통미 봉남' 정책을 그대로 밀어주는 결과가 되었다는 것입니다. 그러한 외교노선이 초래한 국내적인 결과는 또 무엇입니까? 통일문제의 핵심인 체제 선택

문제를 거론하면 반역자처럼 질시받는 환경을 만들어버렸습니다.

이제는 내적인 정치명분을 위한 수사학이었던 '통일 방안' 같은 것도 그만두어야 할 때입니다. 세계 어느 나라의 통일도 통일방안이 있어서 통일된 경우는 단 한 건도 역사에서 찾아볼 수 없습니다. 통일을 위한 철학이 필요하다면 그것은 추리의 '건국 이념'이면 충분하고, 정책이 필요하다면 그것은 '통일 방안'이 아니라 '대북 정책'만 있으면 충분합니다.

그리고 필요한 것은 '힘의 우위'를 확보하는 것밖에 없습니다. 정말 이 나라의 외교안보 태세가 이대로는 안됩니다. 연장된 핵공포를 안고 살아가야 하는 지금, 우리에게 선택은, 전쟁이냐 항복이냐 또는 공세적 방어냐, 그 세 가지뿐입니다. 달리 선택이 없습니다.

한국 전쟁 이래 최대 위기를 맞고 있는 이때 정부는 무책임한 변명만 하고 있을 시간이 없습니다. 총리, 이 나라를 어디로 끌고 갈 것입니까?

노 의원 발언에 대한 민자당의 반응은 "웬 돈키호테냐!" 하는 식이었으나 여야 모두 내심 충격적인 표정을 감추지 못했다. 일단 김종필 대표가 노 의원을 불러 나무랐다. 김 대표는 "당의 언로는 열려 있지만 이 같은 발언은 당의 입장에 적절하지 않고, 앞으로는 조직인의 입장으로서 당의 뜻을 잘 따라주기 바란다."고 경고했다.

　이한동 총무는 "지난주부터 총무단이 실무차원에서 사전원고 제출 협조요청을 했으나 이행 않았는데 대정부 질문 자리에서 이런 말을 한 것은 대단히 유감스럽다."며 불쾌감을 표시했다.

　민주계 인사들은 노골적으로 불만을 드러내 신상우 의원은 "대통령이 취임사를 할 때와 달라진 시대상황을 고려해야 하고, 현재의 외형에 지나치게 얽매여서는 안된다"고 말했다. 서청원 정무장관은 "돈키호테 같은 발상이다." 백남치 정조실장은 "여기가 대학 강단이냐, 따로 모이자는 것인지." 하며 불만을 드러냈다.

　이에 반해 군 출신 인사들은 상당히 긍정적인 반응이었다. 박세직 의원은 "현사태에 대한 학문적이고도 논리적인 접근이었다."고 말했다. 박준병 의원은 "노 의원의 평소 지론을 이론적으로 정리한 것이고 이 같은 입장은 있을 수는 있지만 발언 전체를 찬성하는 것과는 별개."라는 의견을 나타냈다.

　민주당의 반응도 냉담했다. 박지원 대변인은 "이런 사고를 가진 사람이 어떻게 총리를 역임했고 민자당 의원직을 수행하고 있는지 실로 경악을 금치 못한다. 솔직히 부분적으로 옳은 지적이 있다고 할 망정 전체적 사고와 흐름은 위험천만했다."고 비난했다.

　이기택 대표 비서실장인 문희상 의원은 "노 의원의 안보논리는 이미 낡은 냉전사고의 잔재일 뿐 탈냉전시대를 맞아 통일논리는 노 의원의 주장대로 환상의 문제가 아닌 현실적인 문제."라고 반박을 했다.

이에 대해 당사자인 노 의원은 "파당적 차원을 떠나 누군가가 문제제기를 해야 한다는 판단에 따라 발언한 것일 뿐이다. 비판을 위한 비판이 아니라 우리 외교 기본노선에 대한 나름대로 철학적 성찰이다."고 설명했다.

노 의원은 마산 출신으로 부잣집 아들이다. 나전모방 창업주의 장남으로 서울문리대를 졸업한 뒤 미국 암스토롱 주립대 조교수를 역임한 바 있다. 서울대 정치학과 교수로 있다 노태우 대통령 시절 청와대 정치담당 특보로 들어와 홍성철 씨의 후임으로 비서실장을 맡은 후 총리로 발탁됐었다.

그는 과거 양김 중 YS와 더 가까운 쪽이었으나 90년 총리로 임명되면서 YS와 대립하는 입장에 서게 됐다. 당시 내각제 개헌을 둘러싸고 벌어진 노대통령과 YS간의 줄다리기에서 YS에 대한 대안으로서 총리로 운위됐었다.

총리 임명 과정에서 노 대통령과 YS간에 심한 갈등이 빚어졌고, 노 총리는 '강경대군 치사사건'으로 91년 물러났다. 그는 14대 국회에서 6공 몫으로 전국구 국회의원이 됐으나 민자당에서 별 대접을 받지 못했다.

노 의원을 처음 만난 것은 서울에서 마산고 동문의원 모임에서였다. 점심이었는데 노 의원(12회)을 비롯, 동기인 정동호·신재기 의원, 이현수(14회, 96년 작고)·이강두(15회)·김호일(20회)·강삼재 의원(30회) 등 7명이 참석했다. 의원들끼리 계파가 달라 처음에는 서먹서먹했으나 화제가 외국 홍등가 쪽으로 돌아가자 각자 '무용담'을 드러냈으며, 비교적 근엄해보였던 노 의원도 유모를 섞어가며 자세히 설명해 흥겨운 자리가 됐다.

점심을 파할 때는 선후배 의원들이 서로 계산을 하려고 한동안 승강이를 벌여 식당 주인의 부러움을 사기도 했다. 내가 볼 때 노 의원은 자신의 의견을 직설적으로 표현하는 타입이었으며 쌀쌀한 인상이지만 두터운 정도 있었다. 그는 추산동 문신미술관을 가로막는 아파트 건립 관련 보도를 접하고, 인터뷰를 자청, 마산시가 문신 씨를 도와주어야 한다고 말하기도 했다.

그는 "민자당을 탈당할 생각이 없다."는 발언 직후 약속과는 달리 95년 2월 27일 탈당했다. 당시 탈당성명을 요약하면 다음과 같다. '민자당을 떠나게 돼 유감이다. 지난 2년 동안 당의 정체성과 비전을 찾아서 노력해왔으나 만족스런 결과를 얻지 못했다. 당을 떠나는 것이 공인으로서 취해야 할 도덕적 자세이고 국민에 대한 정치적 책임을 다하는 것이다.'

그는 96년 4월 15대 총선에서 무소속으로 서울 강남 갑 지역구에 출마했으나 5명 중 4위로 낙선했다. 당시 당선자는 신한국당의 서 상목 의원이었다.

배명국 의원과 전대월 사건
양심선언 두고 엇갈린 주장

94년 2월 1일자 중앙일보 1면은 '89년 구속된 박재규朴載圭 의원 고발 배명국裵命國 씨가 시켰다'는 제하의 기사를 대문짝만 하게 크게 싣고 있었다. 1면 절반과 5면 전면에 시커멓게 깔린 이 기사는 배명국 의원(민자, 진해 창원)이 박재규 전 의원의 보좌관이었던 전대월全大月(32)씨를 매수, 박 의원을 고발케 해 구속시켰다는 것으로 전 씨가 양심선언을 통해 밝혔다고 했다.

이른바 '전대월 사건'의 시발이었다. 전국의 언론이 주요기사로 보도했다. 특별한 이슈가 없었던 정계는 진위 여부에 민감한 반응을 보이면서 사건이 몰고 올 파장을 조심스럽게 지켜보았다. 특히 박 전 의원이 구속된 89년은 6공의 여소야대 정국으로 당시 박 의원의 구속을 두고 정가에서는 여권에서 의도적으로 구속했다는 의혹이 제기됐던 만큼 언론의 보도는 당시의 배후가 나오는 것이 아니냐 하는 기대도 숨길 수 없었다.

중앙일보의 보도내용은 이렇다. 6공 여소야대 정국 당시 박재규(48·통일민주당·진해 창원) 의원 수뢰구속사건에 지역구 라이벌인 배명국(60·당시 민정당 진해창원지구당) 의원과 청와대 간부들이 깊이 개입했다. 이 사실은 박 의원의 비서관으로 이 사건의 고발인이었던 전대월 씨가 양심선언을 함으로써 밝혀졌다.

전 씨는 양심선언에서 박 의원의 수뢰사실을 몰랐는데 89년 6월 말 배 의원 측이 '박 의원이 이건영 방제협회장으로부터 2억 원을 받았으니 고발해 달라.'는 부탁과 함께 착수금조로 200만 원을 주었고, 최소 2억 원 이상을 주기로 약속했다.

박 의원의 구속 후 배 의원 측은 89년부터 전 씨에게 3년 동안 8천500만 원을 주는 등 특별관리해왔다. 또한 사건 후 배 의원의 친동생이 경영하는 장복건설로부터 15억 원 상당의 골조도배공사를 하도급받았다.

전씨는 89년 8월 말 서울 하얏트호텔에서 김영일金榮馹 청와대 민정비서관(현 민자당의원·김해)과 고발문제를 협의하고, 다음 날 청와대 옆 카페에서 김 비서관과 이승구 검사(42·청와대 파견검사)를 만나 곧바로 인근 청와대 안가安家로 가 이 검사의 조언을 받아 고발장을 썼다. 당시 이 검사는 "고발장이나 작성해 놓자. 언론에는 알리지 않겠다."고 했다.

이에 대해 배 의원은 "전씨가 박 의원의 비리를 갖고 와 만난 적은 있으나 사건 후 전 씨를 만나거나 돈을 준 적은 없다."고 반박했다. 김영일 의원은 "하얏트 호텔 모임에는 정구영 민정수석이 배 의원과 만나기로 했는데 선약이 있다며 대신 나가라고 해 나갔으며, 전 씨가 있었는지는 몰랐다."고 했다.

전씨는 "한순간의 유혹 때문에 내가 모셨던 박 의원을 파멸시켰다는 죄책감으로 4년 5개월 동안 고민해왔다. 하지만 배 의원 측으로부터 경제적 도움을 받아온 데다 개입세력이 막강해 용기가 나지 않았다. 양심의 문제를 털어나 후련하다. 진실을 밝히는 것만이 살길이다. 다시는 이 같은 희생이 없기를 바란다."고 밝혔다.

보도는 전 씨의 주장과 상대 당사자인 배 의원과 김영일 의원 등의 반박을 함께 실었으나 배 의원과 청와대가 전 씨를 사주, 정적인 박재규 전 의원을 구속시켰다는 것이 요지였다.

기사가 나가자 배 의원은 펄쩍 뛰었다. 이날 오후 곧바로 민자당 기자실로 찾아와 해명하고, 며칠 후 전 씨 주장에 대해 조목별로 장문의 해명서를 만들어 기자실에 배포했다. 해명의 요지는 다음과 같다.

물의를 일으켜 죄송하나 진실은 사필귀정으로 밝혀질 것이며, 공인으로서의 양심과 정치생명을 걸고 해명한다. 13대 국회 당시 원외지구당위원장으로 본인은 주로 지역구에 있었는데 본인이 운영하던 사단법인 지역개발연구소(서울 강남구 논현동 소재)에 전 씨가 7~8차례 전화를 걸어와 '배 위원장에게 정치적으로 도움을 줄 일이 있으니 꼭 만나게 해달라'고 했다.

그래서 89년 6월 말 창원에서 만났다. 그는 박재규 의원의 보좌관이라는 명암을 내놓았고, 박 의원이 이건영 방제협회 회장으로부터 농약관리법 개정 청탁명분으로 2억 원의 뇌물을 받았다는 비위사실 자료를 보여주었다. 그는 "국회의원이 돈을 받고 법을 개정하는 행위에 젊은이로서 정의감과 순수한 동기로 제보하게 되었다."고 말했다.

본인(배 의원)은 "전 씨가 직접 처리하라."고 했는데 그는 현역 국회의원을 상대할 수 없고, 정치적인 문제이므로 청와대 민정비서실을 통해 고발해달라고 요청해왔다. 그래서 호형호제하던 정구영 청와대 민정수석에게 이 사실을 알렸다. 이후 김영일 민정비서관이 전 씨를 만났고, 이승구 검사가 검찰에 사건을 이첩한 것으로 안다.

전 씨를 창원에서 만났을 때 어려운 생활형편을 호소하고 서울서 내려온 교통비와 숙식비를 요구해 측은한 마음에서 200만 원을 주었다. 2억 원의 약속을 했다는 것은 사실무근이다. 제보사실도 확인하지 않은 상태에서 공인인 내가 어떻게 거금을 약속할 수 있겠는가.

특히 공문서위조 등 노련한 사기행각 전력이 많은 그가 약속어음이나 약정서 없이 구두약속을 받을 수 있겠는가. 그랬다면 녹음이라도 했을 것이 아니겠는가. 8천500만 원 건은 장복건설에서 지급한 공사대금이다.

박 의원이 사법처리된 후 그는 끈질기게 반대급부를 요구해 왔으며, 급기야 대명산업이라는 도배업체를 끌고 들어와 90년 3월부터 92년 6월까지 장복과 정식계약을 체결하고 공사를 했다. 8천500만 원은 업체 당사자 간의 정상적인 거래행위였으며 본인은 잘 모른다.

본인이 전씨에게 '사실을 알리면 죽이겠다'고 협박을 했다고 했는데 협박을 받은 쪽은 내 쪽이다. 그는 박 의원 사법처리가 자신의 공로라며 밤 12시가 넘은 시각에 수십 차례 전화를 걸어와 폭언과 금품을 요구해 가족들이 공포에 떨었다. 전 씨는 장복건설의 부도(93년 10월)로 공사대금으로 받은 2억 원의 약속어음이 결제되지 않자 본인에게 지급을 요구해오다 거절당하자 사기 등 전과 3범의 교활함을 드러내면서 '양심선언'이라는 것을 했다. 이상이 배 의원의 해명으로 전 씨의 양심선언은 거짓이라는 주장이었다.

김영일 의원도 다음 요지의 해명을 했다. 이 사건은 배 의원이 평소 친분이 두터운 정구영 민정수석에게 내용을 알리려는 과정에서 민정비서관이던 본인이 배 의원을 만나 첩보를 입수하게 된 것이다. 장소는 하얏트호텔 중국관으로 당시까지 초면이던 배 의원과 전 씨등 3명이었다. 이 자리에서 전 씨가 박 의원의 비위사실을 구체적으로 말하길래 "직접 모시던 상관의 비위사실을 제보하는 이유가 무엇이냐."고 물었더니 "사회정의상 용납할 수 없어 순수한 정의감에서 제보하는 것."이라고 했다.

증거로는 통장과 인장을 비롯, 매매계약서 등 서류가 있다고 했다. 본인은 이에 이 내용을 정 수석에게 첩보사항으로 보고하고, 정 수석의 판단지시에 따라 청와대 파견근무 중이던 이승구 검사로 하여금 전 씨를 만나 확인한 후 검찰에 이첩하도록 지시했다. 각종 첩보의 입수 처리는 민정비서실의 통상적인 업무로 공작 운운하는 것은 어불성설이다.

이상에서 보듯 쌍방 당사자들 간에 주장이 엇갈린다. 방향을 달리해 여기에서 박재규 의원이 구속된 '박재규 의원 독직사건'과 박 의원에 대해서 한번 조망해보는 것이 사건을 이해하는데 도움이 되겠다.

사건의 시작은 전술한 대로 89년 9월로 전 씨가 비위사실을 검찰에 고발한 시점이다. 당시 죄명은 특정범죄가중처벌법위반(뇌물수수) 및 특정경제가중처벌법위반(알선수재) 혐의이다. 국회농수산위원이라는 신분을 이용, 농약관리법 개정과 관련해 한국 식물방제협회 이건영 회장으로부터 2억 1천만 원의 뇌물을 받고, 농협중앙회에 압력을 넣어 대전 신경정신병원장 박상국朴相國 씨에게 대출해준 대가로 1천 500만 원을 받았다는 것이다. 당시 첫 영장은 국회가 법원의 구속동의요청서를 처리하지 않고 폐회, 그해 12월 기각됐다가 이듬해인 90년 2월 13일 검찰의 재청구로 박 의원은 전격 구속됐다.

박 의원은 징역 3년의 실형을 선고받은 후 1년 2개월을 복역하다 91년 여름 가석방되었다. 이후 박 의원은 구속집행정지 상태로 14대 총선에 출마하려 했으나 3·24총선 직전인 92년 3월 12일 대법원의 유죄확정으로 무산되었다.

당시 이 사건은 '현역의원 독직사건'으로 여소야대였던 89년 9월 정기국회 국정감사를 앞둔 시점에서 갑자기 불거져 나와 처음부터 배경을 둘러싸고 의혹이 제기됐었다. 의혹은 여소야대의 6공 정권이 정국 돌파의 한 수단으로 민주당 소속인 박 의원을 희생양으로 삼았다는 것이었다.

박 의원은 88년 12대 총선에서 당시 실력자로 알려진 육사 출신의 재선의원인 배명국 의원을 물리치고 당선돼 화제를 일으킨 무명 인사였다. 그는 당시 통일민주당의 실세였던 서석제 사무총장의 생질로 서 총장 누이의 아들이었다. 민주당 부산시지부 선전국장이었던 서 총장과의 관계로 공천을 받은 것으로 알려졌었다.

그는 선거에 안일하게 대처했던 배 의원을 공략, 당선을 낚아챔으로써 이변을 기록했었다. 밀양 출신인 그는 동아대를 졸업하고 야당생활을 오래 했고, 학원경영을 하기도 했다. 그런데 여기에서 한 가지 의문은 국회의원이 된 박 의원이 왜 전대월 씨를 비서관으로 채용했느냐 하는 것이다. 박 의원은 이에 대해 "농업정책의 전문 인력이 필요했다. 농촌경제신문 기자로 일했던 그가 접근해와 채용했다."고 말했다.

사실의 진위 여부를 떠나 당시 이 사건으로 배명국 의원은 해명하느라 동분서주했으며, 배 의원은 경남지역 기자들을 찾아 자세한 해명을 하기도 했다. 정치인은 어떠한 상황에도 언행을 조심해야 한다는 교훈을 주는 사건이기도 했다.

전대월 씨는 이후 2005년 4월에 러시아 유전개발 투자의혹 사건과 관련, 검찰의 조사를 받았다. 또한 당시 열린우리당 실세인 이광재 국회의원과 몇 차례 접촉 사실 여부로 언론에 크게 보도됐다. 2007년 5월에는 톰가즈네프라는 회사의 대표자격으로 러시아 사할린 유전 입찰을 따냈다는 사실이 언론에 보도되기도 했다.

정당의 최전방 공격수
대변인의 세계

정당에 있어 대변인의 역할은 대표나 총재에 버금갈 만큼 중요하다. 당직 서열로는 중간 정도이지만 실제 영향력은 톱이라 해도 과히 틀린 말이 아닐 것이다. 왜냐하면 대변인은 정당의 대변자이자, 정당의 입장을 최종정리 발표하는 공식적인 창구이기 때문이다.

우리나라와 같이 입싸움이 심한 정치판에서는 거의 대변인의 대결이라고 해도 과언이 아닐 정도로 대변인의 역량이 중요하다. 정쟁 와중의 최전방 공격수이고, 때로는 손해를 보기도 한다.

따라서 대변인은 주로 언론인 출신이 임명되고, 대변인 출신들이 정당에서 출세도 비교적 빠른 편이다. 대변인의 세계에 대해 94

년 6월 21일로 기억되는데 당시 민자당 대변인을 맡았던 박범진 의원을 통해 들어본 적이 있다. 한번 옮겨보자. 그는 조선일보 기자 출신이다.

대변인은 일단 당내의 돌아가는 모든 일을 알게 되고, 그 미묘한 분위기까지 다 느낀다. 퇴근 후 저녁에 집에 들어가면 아무리 술을 마셔도 가판 배달신문을 보고, 다음 날에는 아침 5시에 꼭 일어나 7개 정도의 조간신문을 보고 출근을 한다.

신문을 보지 않으면 출근을 할 수 없고, 출근을 하더라도 일을 할 수 없기 때문이다. 그러니 보는 신문이 너무 많아 죽을 지경이고, 일간신문 이외에도 평화신문 불교신문 노동자신문 등 거의 모든 신문을 훑어본다.

당내 일이 너무 많아 개인적 짬을 낼 틈이 없다. 그래서 일요일에는 아침 일찍부터 약수터나 등산로 등을 돌고 주례도 본다. 대변인이 되면 이렇게 지역구를 돌볼 시간이 없어 다음 선거에 떨어지겠다고 주변에서 걱정하는 사람들이 많다.

당에서 발표하는 매일 매일의 성명도 대변인 본인이 준비한다. 아침신문을 보면서 대강 방향을 정하고, 초안을 준비했다가 당사로 출근, 당직자 회의 등을 통해 최종안을 마련한다. 오늘에는 남총련 한총련의 열차중단 과격시위에 대해 민주당을 한번 '깔려고' 했는데 여야관계를 고려, 하지 않았다.

내용인즉슨 '민주당이 이번과 같은 큰일에 대해 아무런 성명을 내지 않는다는 것은 말이 안되는 데 그렇게 침묵하는 이유는 무엇인가? 하고 한방 날리려고 했는데 24일로 예정된 임시국회에 대비, 성명을 내지 않은 것이다.

이처럼 중요한 사건의 성명을 미루는 것은 윗사람들과 상의를 해서 결정하고, 대부분의 성명은 대변인 본인이 직접 하는데 정치적으로 민감하고 중요한 사안은 상의를 한다. "당내의 알고 있는 일 중 몇%를 기자들에게 공개하느냐."는 질문에 그는 "다 말할 수는 없지 않겠느냐."며 답변을 피하고 웃기만 했다.

이 질문에 대해 박희태 전 대변인은 "1백분의 1을 기자들에게 공개한다."고 말한 적이 있다. 정치세계가 얼마나 복잡하게 돌아가고, 얼마나 많은 숨겨진 얘기들이 있다는 사실을 단적으로 증명하는 대목이기도 하다.

상황이 이러하니 공개적인 대변인 성명만 듣고 기사를 쓰다가는 복잡 미묘한 정치판의 세계를 정확히 진단하기 어렵고, 내밀한 부분은 잡기 힘들다. 당직자들을 은밀하게 만나거나, 은밀한 정보원으로부터 정보를 받지 않으면 정치적 특종을 잡기 쉽지 않다.

대변인은 대통령을 제외하고는 누구에게나 바로 전화를 할 수 있다. 총리나 안기부장, 장관도 전화만 하면 곧바로 연락이 온다. 대변인은 정국 일을 잘 알아야 하고, 잘 모르면 대변인직을 수행할 수 없기 때문에 바로바로 확인을 해야 한다.

그러니 직위고하를 막론하고 전화를 해서 확인하지 않으면 곤란하고, 부재중 대변인의 전화가 왔다면 곧 답을 하지 않으면 안 된다. 사실 여당 대변인의 공식발표나 성명은 정부 여당의 입장을 밝히는 의미이기도 해 매우 중요하다.

대변인도 아침 고위당직자회의에 참석할 때는 마치 기자처럼 취재수첩을 들고 메모를 하면서 '취재'를 하기에 바쁘다. 이렇게 취재를 한 내용을 고위당직자의 허가를 받지 않고 그대로 브리핑할 경우가 많고, 매우 중요한 사항은 사전 고위층과 공개범위와 발표 문안 등 내용을 조율하는 것으로 알려져 있다.

대변인은 당 서열에 관계없이 요직이다. 매일 고위당직자회의에 참석하고, 아마도 당직자들 중 가장 바쁘다. 대변인은 개인 돈도 많이 써 지출이 많다고 하는데 박 대변인은 그렇지 못하다고 고개를 내저었다. 한도 내에서 쓴다고 하면서 "만 원짜리 후원회비 받아서 마음대로 쓸 수 있겠소?"라고 했다.

대변인은 종교도 많다. 불교에서는 불교를, 기독교에서는 기독교를, 카톨릭에서는 카톨릭을 믿는다고 말한다. 그래서 그는 자신의 종교를 '다종교'라고 한다. 참 합리적이고 부르기 좋은 이름이다.

하지만 얼마나 답답했으면 종교가 다종교였을까. 대변인뿐만 아니라 대부분의 정치인에게 있어서는 이렇게 답할 수밖에 없다. 생활의 전부를 표와 직결시켜서 행동하는 정치인은 이런 답이 오히려 당연할지도 모른다.

어디 가서도 싫다는 소리 한마디 못 하고, 웃어야 하는 정치인의 세계! 권력의 묘미에 앞서 연민의 정을 느끼게 하는 대목이다. 박 대변인을 통해 들어본 대변인의 세계는 정말 바쁘고, 재치와 유머가 풍부하고, 또한 임기응변 능력이 뛰어나야 하는 조건들을 겸비해야 할 것 같았다.

여기에다 또 한 가지 중요한 조건은 주력酒力이다. 술을 잘 마셔야 된다는 말이다. 대변인이 늘 만나는 사람들이 기자들이고, 기자들을 만나면 술을 빠트릴 수 없으니 술을 하지 못하면 대변인도 하기 어려운 것이다.

명대변인으로 알려진 박희태 의원이나 박지원 의원도 두주불사斗酒不辭형이다. 폭탄주 10잔 정도는 거뜬히 해치워야 기자들을 상대할 수 있고, 또한 제압할 수 있기 때문이다. 박지원 대변인에 얽힌 일화 한 가지를 들어보자.

박지원 의원이 평민당 대변인 초창기 어느 날, 기자들과 점심을 먹다가 폭탄과 소주 등 '몇 발'을 하고 거나하게 취해 당사에 돌아와서는 기자실에 그대로 뻗어버렸다. 이를 두고 동료의원들은 "국회의원이 체신도 없이 낮부터 술을 마시고 꼴좋다."는 식으로 비아냥거렸다.

여기에 대해 박 대변인은 "대변인이 되면 기자들과 자주 어울려 술도 마시고 바람도 피워야 기사 한 줄이라도 잘 써주지, 그렇지 않으면 뭐가 예뻐 잘 써주겠느냐."고 맞받아 이후부터는 그런 말이 쑥 들어갔다 한다. 술과 대변인은 불가분의 관계에 있는 것이다.

대변인은 하루에도 여러 번 성명을 하는 바람에 성명 발표로 인한 불이익도 본다. 하순봉 대변인의 사례를 한번 들어보자. 하 대변인은 93년 말 대변인을 맡았다가 94년 4월 김대중 평민당 총재를 '까는' 바람에 4개월 만에 단명으로 물러나고, 후임으로 박범진 의원이 임명되었다. 대변인직을 물러난 후 하 대변인은 대변인의 어려움을 토로하기도 했다. 당시 민주당 대변인은 박지원 의원이었는데 워낙에 독설을 적재적소에 때맞춰 해대는 바람에 여당 대변인으로서 일일이 맞받아칠 수도 없고 대야공세의 수위를 조절하는 문제에 애로가 많았다고 했다.

하 대변인이 사표를 던지자 당 주변에서는 "김대중 아태재단이사장과 대적할 만큼 하 대변인도 정치 9단이 되었다."는 '격려성' 농담과 함께 "진주 출신답게 남강의 논개 역을 자임했다."는 평도 뒤따랐다.

2002년에 들어서는 한나라당과 민주당이 30대의 남경필 대변인과 동아일보 출신의 이낙연 대변인을 내세워 쌍방 한판 씨름을 벌이더니 대통령 선거를 앞두고는 한나라당 최초의 여성 대변인까지 임명하기도 했다. 예나 지금이나 정당의 대변인은 정책 못지않게 중요한 자리이다.

국회 본회의장 의석 배치도 서열이 있네

94년 말 기준으로 국회 본회의장 의석은 299석이었다. 정면 정중앙의 국회의장석을 중심으로 여야 의원들이 앉아 의정을 논한다. 그런데 이 자리에는 나름대로 배치규정이 있다. 아무 곳이나 앉는 것이 아니고 당직자나 중진 등 다선多選 위주로 배치된다. 때로는 이 자리배치를 두고 의원들 사이에 보이지 않는 실랑이도 벌어진다. 지역에서 힘들게 싸워 이겨 원내에 진출해도 이런 속사정이 있는 것이다.

국회의원 의석은 어떻게 정해지는가. 고정석과 다선 위주, 그리고 상임위별이다. 그리고 의장석을 중심으로 가운데 쪽은 여당이, 왼쪽은 야당이, 오른쪽은 무소속 등 군소 정당이다. 그래서 의장 정면은 민자당, 왼쪽은 민주당, 오른쪽은 신민당과 무소속이다.

고정석은 당 대표와 당4역(정책위의장, 사무총장, 원내총무, 정무장관), 국회부의장이다. 민자당의 당 4역은 김종필金鍾泌 대표와 이세기李世基 정책위의장, 문정수文正秀 사무총장, 이한동李漢東 원내총무, 서청원徐淸源 정무장관으로 이들의 자리는 맨 뒷줄이다.

그리고 부총무단도 사실상 고정자리다. 원만한 회의진행과 편의를 위해 당3역의 앞자리를 원칙으로 한다. 또한 당고문이나 전직 총리 등 중진들은 예우차원에서 맨 뒷줄이 관행이다. 대변인은 대표 바로 앞자리이다. 대변인의 옆자리는 대표비서실장이 앉는다. 대표의 지시 등을 신속히 전달하기 위함이다. 이외에 의원들은 일반적으로 상임위별로 묶어 앉는다.

이 기준에서 배열된 94년 11월 기준으로 국회 본회의장의 민자당 의원들의 자리는 의장석의 정중앙 통로 오른쪽 끝 첫째 자리가 김종필 대표석이다. 김 대표 오른쪽 옆으로는 이춘구李春九 부의장, 권익현權翊鉉 의원(前 당대표), 황인성黃寅性 의원(前 총리), 황명수黃明秀 의원(前 사무총장), 최형우崔炯佑 의원(前 사무총장, 現 내무장관), 정석모鄭石謨 의원과 김종호金宗鎬 의원(前 정책위의장) 순이다.

김 대표의 왼쪽으로는 권해옥權海玉 수석부총무, 이한동李漢東 원내총무, 문정수文正秀 사무총장, 이세기李世基 정책위의장, 서청원徐淸源 정무장관, 김윤환金潤煥 · 정재철鄭在哲 · 박준병朴俊炳 의원 등의 자리이다. 이른바 맨 뒷줄인 이곳에 민자당의 '거두'들이 집결되어 있는 셈이다.

두 번째 뒷줄은 김덕용金德龍 · 신상식申相式 · 김정수金正秀 · 노인환盧仁煥 의원이다. 다음 열은 이한동 총무 앞쪽으로 이곳은 박헌기朴憲基 · 박주천朴柱千 · 박희부朴熙富 · 허재홍許在弘 · 김해석金海碩 · 김기도金基道 · 오장섭吳長燮 · 정창현鄭昌鉉 의원 등 8명의 부총무단이 4명씩 2~3열에 걸쳐 앉아 있다.

다음은 김종필金鍾泌 대표 앞 열인데 김金 대표 바로 앞이 박범진朴範珍 대변인, 김길홍金吉弘 대표비서실장, 박명근朴命根 · 이승윤李承潤 의원 등이다. 전술했듯이 대변인과 대표비서실장은 대표 앞 열인 고정석이다. 국회 운영 중 긴급한 지시사항이나 운영상의 문제가 있 을 때 연락이 수월하도록 배치한 것이다.

민주당은 의장석 왼쪽에서 두 번째 통로 맨 뒷열 오른쪽 첫 번째가 이기택李基澤 대표자리이다. 다음으로 김원기金元基 · 유준상柳晙相 · 조세형趙世衡 · 권노갑權魯甲 · 한광옥韓光玉 · 신순범愼順範 · 이부영李富榮 최고위원과 홍영기洪英基 부의장 자리이다.

상임위별 배치는 인기와 비인기로 나누어진다. 상임위를 인기 비인기로 구분한다는 것 자체가 모순되는 것이지만 그렇게 구분되는 것이 현실이기도 하다. 인기상임위는 재무 · 건설 · 내무 · 교통위, 비인기상임위는 노동 · 체신과학 · 행정경제위 등이다. 이와 별도로 외무 · 국방 · 정보위는 구분대상에 들어가지 않는다. 이들 위원회는 대부분 3선 이상의 중진들로 구성된다.

법사위도 잘 구분되지 않는다. 법사위는 한때 '상원위원회'로 불리기도 했으나 지금은 그렇지 않다. 그런 발상 자체가 권위주의적이고 국민들 대표해 선거를 통해 선출된 국회의원들 사이에서는 무리라는 지적이기 때문이다. 아무튼 인기상임위는 의장석을 중심으로 앞쪽에, 비인기상임위는 뒤쪽에 배치된다.

그래서 의장석을 중심으로 앞쪽 오른편으로 교통·내무·건설·재무·보사·농수산·교육위가 자리하고 있다. 중간 쪽이 행정경제·체신과학·노동환경·문공체신·상공자원위이다. 뒤쪽은 법사·외무통일·국방위 등이다. 상임위 중에서는 위원장이나 간사가 뒤쪽으로 앉는다. 의원들이 선호하는 자리는 통로 옆이다. 특별한 이유가 있다기보다는 출입이 편리하기 때문이다. 본회의 중 나가야 하는 일이 생길 때 통로 옆이 돌아가는 불편이 적다는 것 정도가 이유라고나 할까.

반면 싫어하는 자리는 타당他黨과의 경계선 쪽이다. 예를 들면 의장석으로부터 정중앙 두 번째 줄의 첫째 좌석은 민주당과의 경계이다. 바로 옆이 민주당 의원이어서 은밀한 말도 못하고, 여야가 대립할 때는 맞고함을 지르기 어려워 의원들이 기피하는 자리이다.

의원들도 옆자리에 앉는 동료의원들과 잡담을 즐긴다. 뭐 그렇게 이야기가 많은지 본회의장에 들어오면 국회의원이라는 신분도 잊은 채 서로 의자를 돌려 앉아 얘기꽃을 피운다. 웃기도 하고 '시끄럽게' 떠든다.

의원들의 이런 모습을 위에 있는 기자석에서 보면 우스운 생각이 든다. 같은 당 의원들은 이런 얘기를 스스럼없이 할 수 있는데 야당 의원들과 앉으면 하기가 곤란해 의원들은 타 당 의원과는 자리에 앉기가 불편한 것이다. 어쨌든 이 줄에는 94년 11월 현재 신경식辛卿植 · 박종웅朴鍾雄 · 송광호宋光浩 · 구천서具千書 의원 등이 앉아 있다.

의원들도 출석을 매긴다. 출석표가 따로 있는 것은 아니지만 본회의장에 들어오면 국회 여직원들이 줄 뒤의 출석 명패를 푸른색에서 흰색으로 바꿔놓는다. 흰색이 출석을 표시하는 것이다. 의원들의 출결은 국회사무처에서도 챙기지만 민자당에서도 확인을 한다. 상임위별로 출석 여부를 확인해 상임위원장에게 제출, 원내총무가 보고 국회 의사과에 내는 형식이다. 출결 여부에 따라 의원들의 활동비도 지급된다. 부득이한 사정으로 출석이 어려울시 '청가서'를 내면 결석이 면해진다. 노령의 이종근李鍾根 의원 같은 경우는 꼭 청가서를 제출한다는 민자당 직원의 설명이다.

국회의장의 자리도 있다. 의장석 앞의 첫째 자리이다. 그래서 황낙주黃珞周 의장의 자리는 의장석에서 바로 내려다보이는 앞자리이다. 의장이 이 자리에 앉는 일은 아예 없지만 의장의 자리가 맨 뒷줄의 고정석이 아니고 맨 앞줄 첫째 자리인 것은 아이러니한 일이다.

　지역에서 치열한 경쟁을 벌여 국회에 입성해도 선수選數와 당직 등 서열로 자리가 다르니 연륜과 경륜이 없는 곳이 없고, 국민의 대표기관인 국회도 예외가 아닌 것이다. 세월이 흘러도 이러한 배치는 아마도 유지되고 있을 것이다.

국회의원 보좌관
알고 보니 석·박사 고급 인재

　나는 평소 국회의원에 대한 인식이 좋지 않았다. 그냥 놀고먹으면서 거액의 세비만 축내는 정치인으로 생각했었다. 국회의원이 이럴진대 국회의원을 보좌하는 보좌관은 말할 것도 없었다. 직장이 없어 의원들의 가방이나 들어주는 비서 역할을 하면서 적당히 즐기는 그런 부류의 사람들로 생각했었다.

　그러나 국회를 출입하면서 이런 관념이 완전히 바뀌었다. 보좌관을 비롯한 비서진들은 거의 국회의원을 움직이는 씽크탱크이자 국회의원 뒤에서 보이지 않게 노력하는 재사才士들이었다. 아무리 유능한 국회의원이라 할지라도 보좌관이나 비서관을 잘못 만나면 그로써 끝이었다.

93~94년 당시 국회의원 비서진은 4급 보좌관을 비롯, 5급 비서관, 6급 수행비서, 7급 운전기사, 9급 여비서 등 5명이었다. 이들의 급여는 국회예산에서 지급된다.

  이들의 급료는 예상보다 훨씬 많았다. 보좌관의 경우 매월 급료 이외에 체력단련비를 포함, 650%의 상여금을 받는다. 월급은 구체적으로 확인은 하지 않았지만 94년 기준으로 통상 170만 원 가량이다. 상여금과 합산하면 매월 수령액은 230만 원 가량이었다. 통상 연봉이 3천만 원선에 육박했다.

  보좌관 아래인 5급 비서관은 월 120만 원에서 130만 원 가량이었다. 이런 급료기준을 감안하면 의원 비서진들이 보기와는 달리 상당히 많은 급료를 받는 사실을 알 수 있었다.

  그러나 비서진들의 급료는 연수가 오래됐다고 해서 더 늘어나지는 않는다. 직급 승진도 되지 않는다. 예를 들어 보좌관이 4급에서 3급으로 진급되지는 않는다는 것이다. 비서관에서 보좌관으로는 승진할 수 있다. 보좌관을 비롯한 비서진의 채용과 해임, 직급 조정은 해당 국회의원에 달려 있다. 인사권이 국회의원에 있다는 말이다. 그래서 보좌관은 의원과 운명을 같이하고, 시한부이다.

  이런 부문을 감안하면 영구직장으로 안주할 수 없는 구조적인 문제점이 있다. 그러나 보좌관은 모시던 국회의원이 낙선하더라도 다른 의원과 함께 일을 할 수 있다. 보좌관의 능력은 4년 동안 나타나기 때문에 유능한 보좌관이라면 다른 의원들이 얼마든지 다시

기용할 수 있다.

옛날의 보좌관은 그야말로 구식이었다. 지역구에서 의원의 선거를 거드는 활동을 하다가 당선이 되면 보좌관이 되는 경우가 많았다. 그래서 국정감사 등 큰 행사가 있으면 의원과 함께 과시도 하고, 향응과 선물을 받기도 했다 한다.

그러나 그런 일은 정말 '호랑이 담배 피우던 시절' 이야기이고, 93년 당시 내가 만난 보좌관들은 한결같이 고급 학력의 소유자들이었다. 인텔리하고, 열심히 자료를 챙겨 의원이 정책을 개발하거나 시행하는데 실무와 자문을 하는 그런 사람들이었다. 석사 박사도 상당히 많았다. 박사도 국내박사가 아닌 외국박사도 많았다. 외국유학까지 갔다 왔다가 의원보좌관으로 일하는 풍토가 일반에게는 생소한 일면이기도 하지만 그만큼 국회가 전문화·지식화되어 가는 단면을 보여주는 것이라 하겠다.

고급 보좌관이 등장하게 된 것은 의원 활동이 갈수록 전문화되어가고 공부를 안 하면 지탱할 수 없기 때문에 유능한 보좌관을 구하지 않고는 배겨날 수 없기 때문이다.

이런 고급인력들이 보좌관으로 들어오는 이유 중 빠트릴 수 없는 것이 자신의 정치적 입지를 겨냥한 사전준비 과정이다. 정치를 배우는 가장 빠른 길이 보좌관이고, 국회의원을 모시면서 정치를 배워 나중에 출사표를 던지는 것이다.

보좌관들은 대부분 이런 꿈을 갖고 있다. 실제 민주당 대표를 역임한 한광옥 씨도 DJ 비서관 출신이며, YS나 DJ JP 등 거물정치인 아래에는 수많은 비서들이 있으며, 이들은 '거물' 아래에서 정치를 배우고, 또한 '주군'의 진로에 따라 자신의 정치적 운명이 하루아침에 천당과 지옥을 오가는 등 명암이 교차하기도 한다. 단순한 보좌관이나 비서가 아닌 것이다.

2003년 들어 10년 전 비서관을 하다 지금은 보좌관을 하는 후배에게 요즘의 보좌관 세계를 물어보았더니 학력과 경력은 더욱 고급화돼 석·박사가 아니면 아예 명암도 못 내민다고 사정을 전해 주었다. 비서관들도 대부분 석·박사이고, 학위도 명문대에서 취득한 사람들이 많다고 한다.

2000년 6월 16대 국회가 출범하면서 국회의원 1인당 비서관 숫자가 4급 보좌관 2명, 5급 비서관, 6급 비서, 7급 운전기사, 9급 여비서 등 6명으로 1명이 늘어났으며, 6·7·9급은 통칭 비서라고 부른다. 4급 보좌관의 경우 연봉은 5천만 원선이다.

90년대 초반에는 민자당 의원 소속 보좌관의 경우 '민보협'(민자당 보좌관협의회)를 구성했지만 지금 한나라당 소속 의원 보좌관들은 '한보협'으로 이름이 바꾸어 보좌관들의 권익과 총선과 당내 주요 사안들에 있어 목소리를 내고 있다.

그러나 보좌관들은 국회의원과 생명을 같이하는 관계로 영구적인 직장이 되지 못하고, 정치권이 지탄을 받으면 함께 받아야 하는 등의 문제가 있다. 또한 일반 사람들은 보좌관이라는 직업의 사람들을 잘 모르고, 알아주지도 않아 허무 할 때가 있다고 보좌관들은 말한다. 하지만 국회의원은 보좌관이 없으면 의원활동을 할 수 없고, 그것도 유능한 보좌관이 없으면 유능한 국회의원이 될 수 없다는 사실은 강조할 필요가 없는 상식이다. 국회의원과 보좌관은 한 배를 타고 운명을 같이한다. 훌륭한 보좌관이 훌륭한 국회의원을 만드는 것이다.

국회 의원회관 방도
명당(?) 있다

 국회에 들어가다 보면 전면에 크게 보이는 건물이 본관 의사당이고, 왼쪽의 흰 건물이 국회의원들의 집무실이 있는 의원회관이다. 의원회관에는 344개의 의원 방이 있다.

 일반적으로 국민들은 의원들이 국회의사당에 있다고 생각하지만 국회가 열릴 때는 의사당에 있고, 그렇지 않을 경우에는 모두 이곳 의원회관에 있다. 쉽게 말해 의원 사무실이다. 평소 국회의원들을 만나기 어렵지만 이곳에 가면 쉽게 만날 수 있다. 전국의 의원들이 모여 있기 때문이다.

 7대 국회 초까지도 의원들은 개별 사무실을 갖지 못했다. 이로 인해 일부 의원들은 자비로 사무실을 임차 사용하기도 했다. 국회는 이런 실정을 감안, 1968년도 예산에 의원회관 임차료를 반영해 서울시내 세운상가 '라'동의 6층부터 10층까지 (건물 평수 2천 516평)을 임차 사용했었다.

8대 국회 들어 의원 정수가 175명에서 204명으로 늘어남에 따라 24개의 의원 사무실을 증설했으나 의사당과 거리가 멀리 떨어져 있는 등 불편해 1972년 7월 태평로 의사당 옆 조선일보 사옥의 대지 위에 신축된 건물(현 코리아나호텔)로 옮겼다. 그러나 이 의원회관은 같은 해 10월 유신으로 국회가 해산되면서 폐쇄됐다.

국회의 여의도 이전 후에는 국회 맞은편에 아파트로 짓던 건물 5개 동을 라이프개발로부터 사들여, 1978년 3월 28일부터 사용했다. 그러나 이 건물은 아파트 건축 중인 건물을 설계변경해 사무실로 사용한 것이어서 각 사무실의 평형이 일정치 않을 뿐만 아니라 업무 특수성에 비춰볼 때 의원회관으로 사용하기는 부적합다는 의견이 많았다. 의사당 경내에 있지 않아 경호경비 등에도 문제가 있었다.

또한 81년 9월 서울시의 서강대교 건설계획이 발표되면서 의사당 전면 도로폭이 30m에서 50m로 늘어나 부득이 의원회관 1동과 2동이 철거되어야 할 형편이었다. 철거될 90개의 의원 사무실을 마련하는 대책으로 신축도서관의 4·5층을 의원 사무실로 사용할 수 있도록 설계변경을 하던 중 당시 이재영李載瀅 국회의장의 지시로 의원회관 신축방안을 재검토하기에 이르렀다.

그 결과 1986년 9월 15일 연 건평 1만 7천302평 규모의 지하 2층, 지상 8층의 건물로 실평수 25평의 의원사무실 344개 외에 회의실, 세미나실, 의원식당, 주차장 등의 의원회관 건립계획이 확정됐다. 이미 사용하던 의원회관은 매각, 대금은 국고에 편입하고 총 공사비 313억 원의 예산을 확보했다. 1987년 1월 30일 (주)동산토건이 공사에 들어가 착공 약 3년 만인 1989년 11월 30일 완공했다.

  의원회관의 연면적은 1만 7천302평, 건축면적은 2천350평이다. 건물높이는 38.8m, 건물폭은 88.4m, 건물길이는 140.8m이다. 의원실은 모두 344개, 각 25평이다. 이 중 의원전용실은 11.6평이며 화장실은 1평, 보좌진실은 11.1평이다. 지상1층에는 의원식당과 대회의실, 소회의실, 중정홀 등이 있다.

  지하 1층에는 방문객 대기홀과 직원식당, 은행 등이 있다. 본관 의사당과 연결하는 지하통로도 있으며, 비가 오거나 날씨가 궂을 때는 이 지하통로를 이용한다. 의원회관은 의사당 본관과 마찬가지로 가운데 부분이 비어 있고 사각형 모양으로 집무실이 배치되어 있다. 한때 보좌직원 등의 증가로 지난해 제2의원회관 건립추진설이 제기되자 비난여론이 비등, 무산되기도 했다.

  의원회관과 관련해 재미있는 사실은 방 배정을 두고 벌이는 신경전이다. 학생시절 며칠간의 수학여행을 가도 '내 방이 어디냐'며 친한 친구들과 함께 자기 위해 바꾸고 또 바꾸고 하는 게 우리네 습관이다. 그럴진대 국회의원들이야 오죽 할까, 좋은 자리의 방을 차지하기 위해 안간힘을 쓴다.

방 배정은 여야 당 고위층과 국회사무처가 협의해 배정하고 있지만 선수選手가 많은 의원들이 고층을 사용하고 있다. 국회의원도 초선, 다선 서열이 있는 것이다. 2003년 5월을 기준으로 한나라당의 경우 한때 5층이 '명당' 이라는 소문이 나돌았다. 5층 514~518호에 박희태 대표를 필두로 이규택 원내총무, 김영일 사무총장, 하순봉 최고위원, 나오연 재경위원장, 이강두 정무위원장 등 핵심 당직자들이 입주해 있다.

이들 집무실의 공통적인 특징은 국회의사당 중앙광장이나 본청 건물이 잘 보이는 쪽이라는 점이다. 더욱 눈길을 끄는 것은 대표와 원내총무 사무실이 같이 움직인다는 것이다. 박희태 대표(516호)와 이규택 총무(517호)가 이웃사촌이었고, 최병렬 대표(423호)와 홍사덕 총무(424호)도 이웃사촌이다. 따라서 한 번 자리 잡은 집무실이 괜찮다는 느낌일 경우 여간해서 자리를 옮기지 않는다. 이와 함께 의원들은 집무실 집기배치에도 여간 신경을 쓰는 것이 아니다. 일반적으로 책상과 소파 배치 등에서 풍수지리가의 조언을 구하는 의원도 다수라는 후문이다.

노무현 지지 철회
대선 자살골의 모험 정몽준

제16대 대통령 선거일인 2002년 12월 19일을 불과 8시간여 앞둔 2002년 12월 18일 밤 10시 30분께 TV에는 '정몽준 국민통합21 대표 노무현 후보 지지 철회'라는 긴급뉴스가 자막으로 흘러나왔다. 밤늦은 시각 TV를 보던 시청자들은 깜짝 놀라 "아니 무슨 이런 일이 있느냐?"며 어리둥절했다.

나는 그때 정치부장으로 신문사에서 19일 선거 당일 쓸 기사를 챙기고 집으로 돌아와 SBS의 드라마 '별을 쏘다'를 아내가 보는 바람에 어쩔 수 없이 보다 막 잠이 들었고, 얼마 안 있어 아내가 흔들어 깨워 눈을 떠보니 자막과 함께 국민통합21 김행 대변인이 곧 공식발표를 한다는 내용이 보도되고 있었다.

순간 잠이 확 달아나면서 "이거, 내일 1면 톱인데, 조간에서 먼저 낼까, 안 냈으면 좋겠는데. 노무현 후보 졌구나."하는 생각이 뇌리를 스쳐 지나갔다. 또한 내일 나갈 것으로 미리 써 편집까지 되어 있는 '이회창 - 노무현 예측불허 박빙의 승부' 칼럼을 다시 써야 할 것 같은 느낌도 들었다. "정말 난리 났네", 본래 잠퉁이인데 다시 잠이 오지 않아 새벽 2시까지 속보를 지켜보았다.

김 대변인의 발표내용을 정리하면 다음과 같다. 국민통합21 정몽준 대표는 민주당 노무현 후보에 대한 지지를 철회한다. 노 후보는 오늘 명동 유세에서 '미국과 북한이 싸우면 우리가 말린다' 는 표현을 썼고, 이 표현은 매우 부적절하고 양당 간 합의된 정책공조 정신에 어긋나는 발언이라고 판단된다. 미국은 우리를 도와주는 우방이며, 미국이 북한과 싸울 이유가 하나도 없다는 게 우리의 시각이다.

단일화 원칙의 큰 정신은 정책공조와 상호존중인데 오늘 유세에서 이 같은 원칙이 지켜지지 않을 것이라는 사실을 확인했다. 국민통합21은 끝까지 약속을 지켰으나 우리 정치에서 가장 나쁜 것은 배신과 변절이며, 이런 현상이 더 이상 반복되면 안된다. 각자 현명한 판단을 해주길 바란다.

발표내용은 다시 말해 미국과 북한은 싸울 수가 없는데 노 후보가 이를 가상했다면 민주당과 국민통합21간의 정책이 다르고, 결국 양당의 정책 공조를 노후보가 어겨 결국 공조자체를 파기하지 않을 수 없으니 정 대표를 지지하는 유권자들은 각자 판단해 표를 찍어라는 것이었다.

그러나 이 내용을 액면 그대로 믿는 사람은 거의 없었고, 나도 저런 이유가 과연 양당의 공조를 파기할 만한 이유가 되겠느냐며 배경이 궁금스러웠다. 공조파기의 진짜 이유는 나중에 설명하기로 하고, 발표 이후 긴박하게 돌아간 상황을 한번 보자.

가장 먼저 당황한 쪽은 민주당 노 후보 진영이었다. 노 후보는 밤 10시께 서울 동대문시장 거리유세를 마친 뒤 선거상황실 관계자들을 격려하기 위해 이동 중 국민통합21측이 지지철회를 위한 대책회의를 열고 있다는 급보를 받았다.

노 후보는 곧바로 민주당 후보 사무실로 직행, 한화갑 대표와 정대철 선대위위원장, 정동영·추미애 의원, 신계륜 후보비서실장 등 당직자들과 대책회의를 갖고 노 후보가 직접 정 대표를 만나 설득하기로 했다.

노 후보는 자정께 정 선대위원장 등과 함께 서울 평창동 정 대표 자택을 방문했다. 그러나 통합21측의 이인원 당무조정실장이 나와 "죄송하다. 결례인 줄 알면서도 지금 정 대표가 약주를 많이 하고 주무시고 있는 중."이라며 만나기 어렵다는 입장을 전달했다.

이달희 비서실장도 "만날 수 없는 상황이니 돌아가셔야겠다."고 했다. 이에 정대철 선대위원장이 "국사가 달려 있는 일이다. 깨워서라도 만나야 한다."고 간곡히 요청했지만 성사되지 못했다. 결국 노 후보는 문전박대당하고, 발길을 돌려 새벽에 당사에서 기자회견을 가졌다.

노 후보는 회견에서 "정 대표와의 공조합의는 국민에 대한 약속인 만큼 기분이 나쁘다고 금방 깨버리고 할 수 있는 단순한 문제가 아니다."며 "정 대표 측에서 문제 삼은 대북발언은 이틀 이상 해온 것이어서 문제가 없고, 왜 선거 막바지에 문제가 됐는지 이해할 수 없다."고 밝혔다.

노 후보는 이날 일찍 투표를 하고 곧바로 그의 정치 고향인 부산에 내려가 표심을 호소한 뒤 김해 진영의 선영에 참배할 예정이었으나 취소했다. 민주당 당사는 충격에 휩싸였고, 허탈해 했다. 노 후보 본인도 당황해 회견 도중 목소리가 잠겼으며, 나중에는 "하늘의 뜻에 맡겨야지."하고 참담해 했다.

그러나 오전 들어 별 영향이 없다는 판단 아래 노 후보는 다시 오후 1시 30분 비행기로 김해에 내려가 선영참배를 하고 밤에 서울로 돌아왔다. 이때까지만 해도 노 후보가 불리하다는 분위기 속에 한나라당은 "이미 예정된 결별이 아니냐, 박빙의 승부가 예상됐는데 이제 끝났다."고 했고, 전날 유세 도중 소식을 들은 이회창 후보도 "깨질 것이 깨진 것."이라고 말했다. 민주노동당은 "진짜 이유가 무엇이냐?"는 성명을 냈다.

그러나 세상일을 누가 알랴. 운명의 19일이 지나가고 투표는 끝났다. 오후 6시 각 방송사들은 예고한 대로 출구조사 발표를 했다.

결과 방송 3사 모두 1.5~2.3%의 노 후보의 우세를 발표했다. 민주당은 환호하고 한나라당은 침묵했다.

개표 방송이 시작됐다. 처음에는 이회창 후보가 앞서 나간 후 2시간 지난 밤 8시 40분께 개표율 34.9%에서 47.8%로 득표율이 같아졌고, 10분여 지나면서부터 노 후보가 간발의 차이로 추월한 후 리더를 끝까지 지켰다. SBS는 개표 64% 상태에서 노 후보 당선을 첫 보도했다. 상황 끝, 노 후보의 승리였다.

최종 개표 결과 노후보가 1천201만 4천277표(48.9%), 이 후보가 1천144만3천297표(46.6%)로 57만980표 차이(2.3%)였다. 이 후보는 97년 12월 15대 대선에서 국민회의 김대중 후보에게 진 후 두 번째 패배였으며, 노 후보는 민주당 경선과 정몽준 대표와의 후보 단일화 등 천신만고 끝의 첫 도전에 대권을 잡은 것이었다.

여기에서 우리는 세상사 한치 앞을 내다볼 수 없을 만큼 묘하다는 생각을 지울 수 없다. 정 대표가 끝까지 공조를 지켰더라면 그는 노무현 정부에서 충분한 지분을 확보, 역할을 할수 있고, 5년 후도 기약할 수 있었다. 그러나 상황은 돌변, 돌이킬 수 없는 나락의 세계로 추락해버렸다.

2002 월드컵 유치와 한국의 4강으로 전 국민의 스포트라이트를 받으며 화려하게 대선 후보로 등장한 정 대표는 이회창 노무현 3자간 대결 시 2위를 굳혔고, 부드러운 마스크와 엄청난 재력, 화려

한 학벌 경력 등으로 지지층이 많았다. 특별한 지역 색도 없어 지역대결도 없는 장점도 있었다.

노무현 후보와의 후보 단일화 과정에서도 좋은 모습을 보였다. 11월 1일 단일화 논의가 시작된 후 몇 차례의 곡절 끝에 여론조사라는 초유의 방법으로 후보 자리를 노무현 후보에게 내준 후 깨끗하게 승복, 아름다운 승복이라는 찬사를 받았다. 단일화 여론조사에서 진 후 설악산으로 가서 마음을 비웠다고 말하는 그의 모습에 국민들은 인간 정몽준에 대한 연민의 정을 느끼기도 했다.

하지만 선거가 끝나자마자 양당의 공조도 끝났으며, 정 대표도 갈 곳이 없어져 버렸다. 정치생명이 흔들리는 상황이 되어 버렸다. 그렇다면 정몽준은 왜 선거막판 불과 8시간여 앞두고 철회를 해버렸을까? 이 부문에 대해서는 여러 설이 있지만 선거 1주일이 지난 12월 25일 김행 대변인이 정리해 공개한 내용이 가장 현실성이 있을 듯하다. 내용은 다음과 같다.

정몽준 대표가 엄청난 실수를 저지른 것은 사실이고, 이에 대한 여론의 매는 맞아야 하지만 12월 18일의 명동유세는 정 대표가 배신감과 모욕감을 느끼기에 충분했다. 18일 오후 6시 30분 시작된 명동유세에서 당초 노, 정 두 분만 연단에 올라가기로 되어 있었는데 민주당 정동영·추미애 의원 등이 함께 등단했고, 통합21의 김흥국 문화예술특보는 경호원들에게 제지당했다.

노 후보는 또 정동영 의원을 '차세대 지도자'라고 소개한 반면 정 대표에 대해서는 "재벌계획을 하겠다. 도와 주실거죠."라고 말했다. 이런 사태로 나머지 일정이 취소되고, 밤 8시 40분께 종로4가의 음식점에서 김흥국 특보는 캔맥주를 마시며 울분을 토했다. 정 대표의 부인 김영명 씨는 눈물을 흘렸다. 정 대표의 마음이 흔들렸고, 철회 쪽으로 기울어 버렸다.

일각에서 제기되는 권력배분 요구가 문제됐다는 설, 지지율에서 노 후보가 떨어져 지지를 철회했다는 설 등은 전혀 근거 없고, 정 대표는 끝까지 노 후보를 밀었으며 돌발적인 사태에 따른 우발적인 행동이었다.

김 대변인은 이와 함께 당직자들도 모르는 상황에서 국민통합21 기자실에 도착, 회견문 내용을 알았으며, 그렇게 결정이 내려진 것은 땅을 치고 통곡할 일이었다고 안타까워했다. 이후 정 대표도 노 후보에게 경솔한 행동이었다는 성명을 발표하고 사과했다.

돌이켜보건대 정 대표의 지지철회는 당장에 노 후보 득표에 치명타를 가했지만 예상하지 못한 반작용도 불러일으켰고, 특히 20~30대 젊은 층의 위기의식을 불러일으켜 젊은 층에서 노 후보를 지지하는 기폭제 역할을 했다. 결과적으로 노 후보를 도와준 셈이 되었다.

정 대표는 노 후보를 후보 단일화로 도와주고, 막판 지지철회로 다시 한번 도와준 것이었다. 이런 결과를 어느 누가 짐작이나 했으랴. 순간의 선택이 운명을 좌우한 것이고, 정 대표는 2002년 한 해

동안 월드컵에서 천당에 승천했다 대통령 선거에서 지옥으로 떨어졌다. 그는 12월 26일 국민통합21의 당대표직도 사퇴했으며, 통합21도 유명무실한 당이 되어버렸다. 동서고금을 막론하고 적게는 한 개인에서 크게는 국가의 지도자까지 위기의 상태에서 내리는 판단이 얼마나 중요한 것인지를 말해주는 것이기도 하다. 정몽준은 대통령 선거를 두고 일생일대의 대도박과 대모험을 한 것이나 아깝게도 철저하게 실패하고 말았다. 개인으로 볼 때는 참으로 땅을 치고 통탄할 일이다.

천운에 승부사의 기적
노무현 불가사의

 2002년 1월 1일자 경남신문의 3면 정치특집에는 12월에 있을 제16대 대통령선거 특집기사와 예상후보들이 실렸다. 특집기사에는 한나라당 이회창 후보와 최병렬 의원을 비롯, 민주당의 이인제 한화갑 김근태 의원 등과 함께 같은 당 노무현도 소개됐다.

 그러나 특집에 나타난 노무현의 지지도는 7% 정도에 불과했으며, 민주당의 대권 후보는 사실상 이인제 구도였다. 이인제 독주현상을 의심하는 사람은 그렇게 많지 않았다. 이런 분석은 대부분의 신문에서 거의 비슷하게 나타났다. 하지만 노무현은 4월에 민주당의 대통령 후보가 된 후 12월 본선에서 한나라당 이회창 후보를 물리치고 대통령에 당선됐다.

대통령은 하늘이 내린다고 했지만 노무현의 대통령 당선은 그야말로 천운이라는 단어가 생각날 만큼 수많은 고비가 뒤따랐고, 그때마다 결과는 좋게 나타났다. 노무현 본인의 승부사적 기질로 시시각각 닥쳐온 난관을 정면 돌파, 최종승리를 낚았다. 아무도 예측 못 했던 노무현 당선의 불가사의, 그 내면의 세계로 들어가 보자.

노무현 불가사의는 2002년 3월 16일 광주에서 시작됐다. 집권 민주당의 대통령 후보는 후보들이 지역을 돌며 선거를 하는 국민경선 방식으로 치러졌으며, 민주당의 본산인 광주에서 노무현은 이인제와 한화갑을 물리치고 당당 1위를 해버렸다. 계보도, 지지 세력도 없는 열악한 당내 상황에서 일종의 기적이었다.

이에 앞서 3월 9일 열린 제주 경선에서 득표는 한화갑 이인제 노무현 순이었지만 광주에서의 1위라는 엄청난 파괴력으로 탄력을 붙여 파죽지세로 다른 지역을 석권해버렸다. 이인제 대세론이 무너지고 노무현 대세론이 탄생하는 순간이었다. 이른바 '노풍盧風', 결국 이인제는 도중하차하고, 민주당의 대통령 후보로 노무현이 확정됐다.

그러나 곧이어 6월 13일 치러진 4대 지방선거에서 민주당은 16개 광역단체장 중 광주 전남·북 등 호남 세 곳과 제주를 제외한 12곳을 한나라당에 내주었으며, 이로 인해 노풍이 사그라지는 것과 동시에 노무현은 궁지에 몰렸다. 또한 경선 도중 내건 약속에 시달렸다.

노무현 민주당 대통령 후보가 2002년 5월 3일 마산 진전에 있는 장인 묘소를 찾아 참배한 후 경남신문 정치부장이던 필자와 악수를 교환하고 있다. 가운데는 김성진 민주당 대통령 후보 특별보좌관, 사진은 전강용 기자(현 경남신문 사진부장)가 찍었다.

노 후보가 경남신문 정치부 이상목 기자의 취재에 답하고 있다.

약속은 "지방선거에서 영남지역 광역단체장 중 한 곳도 이기지 못하면 후보 재신임을 받겠다."는 것이었다. 8월 8일 실시된 재보선에서도 민주당은 참패, '노무현으로는 대선에서 이길 수 없다'는 논리의 '노무현 안된다'와 '노무현은 아니다'는 '반노反盧 비노非盧파'가 나오고, 한나라당과 정몽준의 국민통합21로 가는 탈당사태가 이어졌다.

전용학, 김원길, 김영배 등 많은 의원들의 탈당에 이어 김민석의 탈당은 충격이었다. 김민석은 386세대의 대표주자로 민주당의 서울시장 후보로 출마한 장래가 촉망되는 젊은 정치인이었으나 노풍이 시들자 가차 없이 민주당을 버리고 국민통합21로 가버렸다.

김민석의 탈당은 결과적으로 노무현에게 도움이 됐고, 김민석 본인에게는 '변절'이라는 오명이 붙었지만 이때쯤부터 11월 노무현과 정몽준의 단일화 시도 때까지가 민주당과 노무현에게는 시련기였다.

노무현과 정몽준의 후보단일화는 대한민국 정치사에 있어 인물과 정책이 판이한 두 후보와 두 정당이 '한배'를 탔다는 사실에서 전무후무한 일대 사건이었다. 세 사람이 후보로 나오는 가상대결에서 노무현은 정몽준보다 뒤처졌으며, 이회창은 부동의 1위였다. 노무현, 정몽준 두 사람이 각기 출마하면 결과는 필패必敗, 그 뻔한 공멸의 상황에서 후보단일화는 생성됐다.

노무현은 11월 3일 후보단일화를 전격 제안했다. 그로부터 12일 지난 15일 밤, 우여곡절 끝에 두 사람은 8개 항에 합의, 여의도 국회 앞 포장마차에서 어깨를 걸고 소주를 마시는 이른바 '러브샷'으로 우의를 다졌다. 그러나 실무협상안 유출공방으로 다시 깨지기 일보 직전까지 가는 어려움 끝에 협상이 재개됐다. 역선택 방지를 위해 '특정여론조사 회사에서 나온 이회창 후보 지지율이 최근 이 후보의 최저지지율 밑으로 떨어지면 무효화한다.', '두개 중 1개가 무효화돼도 1개만 유효하면 승부를 내는 것으로 한다.'는 통합21의 조건을 노무현 측에서 수용했다.

건곤일척의 여론조사가 11월 24일 실시됐으며, 이날 밤 라마다 르네상스 호텔에서 결과가 발표됐다. 긴장감으로는 도저히 설명할 수 없는 절체절명의 피 말리는 긴박감이 감도는 가운데 노무현 후보의 신계륜 비서실장이 리서치 앤 리서치의 조사결과 노 후보가 앞섰다고 밝혔고, 민창기 통합21유세위원장은 월드리서치 조사결과 노 후보가 조금 앞섰으나 무효화됐다고 말했다. 노무현의 승리였다. 양당의 희비가 엇갈렸고 눈물을 흘렸다. 민주당은 너무 힘든 게임을 이끌다 지쳐 울었고, 국민통합21은 아까워 초상집 분위기로 울었다.

당시 경남신문 정치부는 노, 정의 여론조사가 25일 실시돼 26일 결과가 발표되고, 27일 확정된 단일화후보가 등록할 것으로 예상하고, 이회창 노무현 정몽준에 대한 경남지역 여론조사를 22, 23일 이틀간 조사한 후 결과를 25일 월요일에 게재할 예정이었다. 그러나 24일 자정 단일후보가 전격 결정되는 바람에 경남여론조사를 아깝게 버리고 말았다. 노, 정 단일화는 이렇듯 일반의 예상을 깨고 전격진행돼 발표되어 버렸다.

그러나 세상일을 누가 알랴. 단일화 이후 선거운동이 시작돼도 정몽준 측에서는 "때가 이르지 않았다"며 미루다 12월 중순 공동유세에 나서고, 선거 8시간을 앞둔 18일 밤 또 전격적으로 지지 철회를 선언, 이로 인해 20~30대 젊은 층의 투표가 폭주해 노무현이 이회창을 누르고 당선되어 버렸으니 불가사의하다는 말로는 달리 표현할 말이 없다.

하지만 그 불가사의에 앞서 민주당의 국민경선, 지방선거 참패 시 후보 재신임, 기상천외의 후보단일화 등 수세에 몰릴 때마다 일련의 모험과 결단을 통해 정면 돌파, 승리로 이끌어 낸 노무현 본인의 승부사 기질을 강조하지 않을 수 없다. 불가사의도, 천운도 노력하는 사람들에게 일어난다고나 할까.

노무현 후보가 당선된 날 민주당 당직자들은 이런 말들을 했다고 한다. "사람이 한 선거라고는 믿어지지 않는, 천운이라고 말할 수밖에."

정치인의 덕목은 무엇인가?

 정치인의 덕목은 무엇인가. 나는 의리와 지조라고 생각한다. 물론 이것만으로 정치를 할 수 없고, 더욱이 성공한 정치인이 된다고 보장할 수 없지만 여러 조건 중에서 가장 중요한 한 가지를 선택하라면 주저 없이 의리를 택하고, 다음으로 지조를 말하겠다. 이는 나 자신도 이러한 가치를 중시하고, 그렇게 닮아가고 싶은 쪽이기에 가진 생각인지 모르겠다.
 세월이 흐르면서 정치도 변해 세상의 정치가 의리와 지조만으로는 곤란하고 전방위의 능력과 돈, 사람이 필요하다. 그렇지만 의리와 지조를 제1의 덕목으로 삼는 것은 변절과 부정부패, 그리고 권모술수가 난무하는 정치판에서 최소한 거짓말을 하지 않는다는 하나의 약속이기 때문이다.

  약속을 지킨다는 사실은 곧 거짓말을 하지 않겠다는 것이고, 거짓말을 하지 않는다면 서로 신뢰하고 배신이 없어지고, 따라서 자기보다 주민을 우선 생각하게 될 것으로 보기 때문이다.

  정치부 기자를 하면서 많은 정치인을 옆에서 지켜보고, 정치 관련 기사를 쓰고 보도하면서 느낀 감정이 이러해서 정치인은 의리를 지킬 때 좋아 보이고, 변절하지 않는 지조를 지킬 때 더욱 존경스러워 보인다.

  한국의 정치는 곧 계파정치, 한 사람의 보스 아래 다수의 정치인들이 따르는 구도이다. 50여 년의 짧은 한국 근현대정치사를 보면 의리와 지조가 변절되고, 십년지기가 하루아침에 정적이 되고, 아침저녁으로 당을 옮기는 철새정치인들이 많았던 사실을 알 수 있다.

  정치는 곧 권력, 권불십년 화무십일홍權不十年 花無十日紅이지만 자신은 예외라고 생각하고, 일순간에 입지를 바꾸며, 천년을 도모할 것인 양 꿈을 꾼다. 그래서 국민들은 권력이 바뀌고, 정치가 바뀔 때마다 수많은 이합집산을 보아왔다.

  그럴 때마다 정치는 살아 숨 쉬는 생물生物과도 같은 것, 상황에 따라 변하고 또 변할 수도 있다는 논리가 용인될 수 있다는 '말 바꾸기'라는 궤변의 논리가 성립한다는 것이다.

  정치인의 말 바꾸기의 대표적 사례는 김대중 전 대통령이다. 그는 92년 말 대선에서 김영삼 전 대통령에 패배한 후 눈물을 흘리며 정계 은퇴를 선언해놓고 몇 년 뒤 자신의 약속을 번복하여 복귀, 대통령에 당선되었다. 물론 대통령 재임 동안의 공과는 역사와 국민이 판단할 몫이지만, 모름지기 정치인은 약속을 지킬 때 그 가치가 빛난다고 본다.

김종필은 2004년 총선에서 자민련이 참패한 뒤 "국민의 선택은 조건 없이 수용해야 한다. 이제 완전히 전소돼 재가 되었는데 패장이 무슨 할 말이 있겠느냐."고 했다. '패장은 군사에 대해 말할 자격이 없다' 는 말을 빌리지 않더라도 43년간 몸담았던 정계를 담담히 떠나는 그런 모습이 좋아 보였다. 나아갈 때와 물러갈 때를 알고 행동하는 것은 비단 선비만이 아닌 정치인의 도리이기도 하다. 떠나는 마당에 말이 길어지면 오히려 구차하다.

그는 또한 2003년 말 자민련 소속 의원이 탈당했을 때 "은혜를 입은 사람일수록 고개를 돌리다가 가버린다. 돈과 바람에 휘둘리면 이미 정치인이 아니다."라고 했다.

의리와 지조에 관해서는 나는 다음의 이야기를 자주 인용한다. 중국 진晉나라의 예양豫讓이라는 사람은 자신을 국사國士로 대우해 준 지백智白의 휘하에 들어가 천하를 도모하게 된다. 그러나 지백의 군사가 조趙, 한漢, 위魏 연합군에 대패하고 지백도 조나라 왕 양자襄子의 칼에 죽게 되자 주군을 위해 3번이나 복수를 시도하나 실패에 그치고 만다.

붙잡힌 예양은 그 정신을 높이 사 살려주겠다는 조나라 왕 양자의 제의를 뿌리치고, "마지막으로 조나라 왕의 의복을 한번 베게 해 달라"고 요청하고는, 옷을 갖다 주니 세 번을 뛰어올라 옷을 베고는 자결하고 만다.

예양은 이때 "아무도 나를 거들떠보지 않았는데 지백만은 사람으로 예우해주었다."며 "남자는 자기를 알아주는 사람을 위해 목숨을 바치고[士爲知己者死], 여자는 자기를 사랑해주는 사람을 위해 얼굴을 가꾼다[女爲悅己者容]."고 했다. 예양의 죽음을 전해 들은 조나라 사람들도 눈물을 쏟으며 울었다. 예양과 지백은 비록 군신지간이지만 사나이의 의리와 신의를 생각나게 하는 대목이다.

지조에 관해서 조지훈은 그의 지조론에서 이렇게 말했다. 지조와 정조는 다 같이 절개에 속한다. 지조는 정신적인 것이고, 정조는 육체적인 것이라고 하지만 알고 보면 지조의 변절도 육체생활의 이욕에 매수된 것이요, 정조의 부정도 정신의 쾌락에 대한 방종에서 비롯된다. 오늘의 정치인의 무절제를 장사꾼적인 이욕의 계교와 음부淫婦적 환락의 탐혹耽惑이 합쳐서 놀아난 것이라면 과연 극언이 될 것인가?

신단재申丹齋(신채호) 선생은 망명생활 중 추운 겨울에 세수를 하는데 꼿꼿이 서서 두손으로 물을 움켜 얼굴을 씻기 때문에 찬물이 모두 소매 속으로 흘러 들어갔다고 한다. 제자가 그 까닭을 물으매, "내 동서남북 어느 곳에도 머리 숙일 곳이 없기 때문."이라고 했다는 일화가 있다.

오늘 우리가 지도자와 정치인에게 바라는 지조는 이토록 삼엄한 것은 아니다. 다만 당신들 뒤에는 주시하는 국민들이 있다는 것을 잊지 말고, 자신의 위의와 정치적 생명을 위하여 좀 더 어려운 것을 참고 견디라는 충고이다.

'한때의 적막을 받을지언정 만고에 처량한 이름이 되지 말라.'는 채근담의 구절을 보내고 싶은 심정이라는 것이다. 또한 우리가 지조를 생각하는 사람에게 주고 싶은 말은 다음의 한 구절이다.

'기녀妓女라도 늘그막에 남편을 쫓으면 한평생 분 냄새가 거리낌이 없을 것이요, 정부貞婦라도 머리털이 센 다음에 정조貞操를 잃고 보면 반생의 깨끗한 고절苦節이 아랑곳없으리라. 속담에 말하기를 사람을 보려면 다만 그 후반을 보라'고 하였으니 참으로 명언이다.

의리와 지조는 모두에게 중요하지만 정치인에게 있어서는 특히 그러하고, 아무리 강조해도 모자라지 않는다고 하겠다. 정치부 기자를 하면서 꼭 한 가지 피부로 느낀 게 있다면 모름지기 정치인은 의리와 지조를 숭상하고 '뱉은 말'은 지켜야 한다는 것이다.

Chapter 2

하숙으로 시작한 서울 특파원 지방지 기자들의 우정

지방지 기자들은 중앙사 기자들보다 단결이 훨씬 잘 되었고, 회사와 지역이 달라 그렇게 친하지는 않았지만 내심 동병상련의 정을 느끼면서 서로를 걱정하고 친밀한 관계를 유지했다. 모두들 소속 신문사에서는 서울 특파원으로 자부심을 갖고 올라왔으며, 개인적으로 기사를 열심히 썼고, 다음 날 당사(當社)로 배달되는 지방신문들을 보면 어김없이 동료기자들의 기사들이 주요 지면을 당당히 장식하고 있었다.

1995년 국회의사당 앞에서

이불 보따리 짊어지고 상경
서울 생활 시작하다

　서울로 발령이 나자 가장 급한 것이 숙소였다. 달리 방안이 없어 하숙을 하기로 하고 서울에 올라가자마자 하숙집을 구하러 나섰다. 구하기까지 1주일간은 영등포 사촌 형님 집에서 지냈다. 93년 4월 17일경이 아닌가 싶다. 민자당 당사가 여의도에 있어 여의도에서 먼저 찾아보기로 하고 이날 오후 점심을 먹고 나섰다. 드넓은 여의도광장을 가로질러 아파트 촌이 있는 KBS별관 쪽으로 가서 복덕방마다 들러 물어보았다.

　"혹 하숙집 없습니까?" 하고 어눌한 경상도 사투리로 물어보면 한결같이 "없어요." 하고 간단히 잘라 말했다. 여의도에는 아예 하숙집을 키우지 않는다는 눈치였다. 오후 내내 걸어보았지만 대답은 똑같았다. 오피스텔은 있었지만 전세금이 3천만 원이 넘고 식사를 자체 해결해야 하는 부담이 있어 곤란했다.

하는 수 없이 마포 방면으로 나서기로 했다. 여의도를 중간에 두고 양옆에는 영등포와 마포가 있는데 영등포는 공장지대여서 지저분한 것 같아 대학이 많이 있는 마포나 신촌에서 찾아보기로 했다. 직장인이 대학촌에서 하숙을 하는 게 맞지 않지만 하숙집이 그 곳에 많이 있었고, 빨리 구해야 한다는 강박감도 있었다.

다음 날 신촌로터리로 나갔다. 거의 10년 만에 온 신촌로터리 주변은 주점이 너무 많이 들어서 옛날의 모습은 찾기 어려웠다. 일찍 포기하고 인근의 서강대 쪽으로 가보았다. 이곳에는 하숙집이 즐비하게 늘어서 있었지만 값이 너무 비쌌다.

서강대에서 마포까지 걸어가 보았지만 결과는 비슷했다. 결국 이날도 허탕을 치고 말았다. 그러나 어쩌랴, 구할 것은 구해야 하기 때문에 다음 날 또 나갔다. 아무래도 마포 쪽이 나을 것 같아 전날 걸어오다 만 국민일보 주변의 주택가를 뒤지기 시작했다.

2시간 정도 훑었을까. 어느덧 마포대교 입구의 민주당 당사까지 오게 됐다. 당시의 민주당사는 '새정치국민회의'와 '구 민주당'이 합친 통합민주당이었고 이기택 씨가 대표였다. "이곳이 TV에서 보던 마포 민주당사구나."하고 구경을 하고 있는데, 저만치 한진부동산이라는 간판이 보였다. 가기 싫었지만 헛걸음 삼아 가서 똑같은 질문을 던졌는데 "있어요." 하는 반가운 소리가 들려왔다.

하도 반갑고 잘못 들은 게 아닌가 싶어 "깨끗하고 값도 괜찮습니까?"하고 재차 물어보니, "그래 괜찮아여, 가봐여." 하는 충청도 사투리가 들려왔다. 아저씨를 따라 방금 걸어온 길을 거슬러 올라간 지 20분여. 신수초등학교를 지나 신수시장 입구에서 왼쪽으로 들어가니 3층의 콘크리트 건물이 나왔다.

건물에는 조그만 방이 10개는 훨씬 넘어 보였다. 나는 한번 둘러보고 비교적 깨끗하다 싶어 2층의 방을 결정해 버렸다. 계약금 10만 원을 주고 마산 가서 짐을 갖고 오겠다고 했다. 나중에 알고 보니 이 건물은 의원을 하던 곳으로 의원이 인근에 새 건물을 지어 옮기고 특별이 쓸 용도가 없게 되자, 복덕방 아저씨가 임대하여 하숙을 쳐오고 있었다. 이 아저씨가 바로 하숙집 주인이었다.

옛 의원의 입원실이 내 하숙방이 된 것이었다. 주소는 서울 마포구 현석동 105-3 김부기 씨 집 206호였다. 나는 이곳에서 창원 본사로 내려올 때까지 2년간 한 번도 옮기지 않고 그대로 눌러앉아 지냈다. 나는 '마산 아저씨' '206호 아저씨'로 불렸으며 경남신문 기자로 불린 건 1년여가 지낸 뒤였다.

하숙은 창원 집에서 이불을 갖고 온 뒤부터 본격 시작됐다. 어머니와 아내가 이불과 담요, 베개를 겹겹이 접어 한일합섬 카시미론 대형 비닐봉투에 정성 들여 넣으니 2개의 보따리가 됐.

서울 가서 사도 되지만 집에 있는 것이고 남자가 잘 사지도 못하니 집에서 준비하는 것이 좋다는 생각에서였다. 비행기에 싣고 서울로 향했다. 대학시절인 70년대 초 처음으로 서울에서 하숙을 할 때도 이불보따리를 갖고 갔었는데 그때와 하나 달라진 게 없었고, 달라진 것이라면 운송수단이 기차에서 비행기로 발전한 것뿐이었다. 이불이 비행기를 탄 것이었다.

김포공항에 내리니 참으로 황당했다. 2개의 이불보따리를 한 손으로 움켜쥐고 또 한 손에는 옷가지가 들어 있는 가방을 들고 나오니 모습이 꼭 '촌닭'이었다. 기다리는 사람도 없는데다 타향이 주는 처량함이 별 춥지도 않은 날씨였지만 차갑게만 느껴졌다. 내리는 사람마다 바쁜 걸음으로 총총히 공항을 빠져나갔지만 나는 한참 동안 서 있었다. 하숙집까지 어떻게 가느냐 하는 문제로 고민을 해야 했다.

택시를 타려고 했지만 100여m나 길게 늘어서 있는 승강장 행렬에 부피가 큰 짐을 들고 들어서자니 어색한 기분이 들어 포기하고, 63번 좌석버스를 탔다. 마포의 서울가든 호텔 앞에서 버스를 내릴 때만 해도 괜찮았다. 그러나 이곳에서 하숙집을 가려면 또다시 마을버스나 택시를 타고 세 정거장을 가야 했다. 망설이다가 걷기로 했다. 택시 잡기도 귀찮고 버스도 또 타자니 모양이 초라해 그런 것 같았다.

그러나 나는 지금도 20분이나 되는 먼 길을 왜 걸었는가? 하고 의아하게 생각한다. 하여간 그때 나는 두 개의 이불보따리와 가방을 들고 걸었다. 양복에 넥타이를 매고 이불보따리를 어깨에 짊어지고 가방들 들고 가는 모습을 한번 상상해보라. 참으로 우스꽝스러운 행색이었다.

한참 동안을 이런 모양으로 걷다 보니 와이셔츠와 넥타이가 따로 놀았고, 명치 부분에 있던 양복 첫 단추가 위로 댕겨 가슴까지 올라왔다. 양복 상의가 1/3정도 위로 치켜 올라가 있는 기묘한 모습이었다.

이불 보따리는 얼굴과 눈을 가려 땅만 보고 걷다가 한 번씩 눈을 치켜떠 길을 보고 기억하고는 걸었다. 그러나 짐을 내릴 수가 없었다. 내릴 만한 장소도 마땅찮은데다 내려놓았다가는 자력으로 다시 짊어질 자신도 보장도 없었기 때문이었다.

그래서 짐이 기운 묘한 모습으로 한 번도 쉬지 않고 하숙집까지 20여 분간을 남이 보든 말든 줄창 걸었다. 아는 사람도 물론 없었다. 어쨌든 이불 보따리는 떨어질 듯 흔들거리면서 추락 일보 직전에 아슬아슬하게 안착했다. 도착하여 짐을 내려놓고 보니 이불보따리를 얼마나 세게 잡았는지 왼쪽 손이 잘 펴지지 않아, 오른 손으로 왼손가락 하나하나를 조심스럽게 폈으며, 그러고도 모자라 주무르고 팔도 털었다.

저녁을 먹고 방을 정리하고 누웠다. 집에서 가져온 이불과 요를 하나도 빠트리지 않고 차근차근 폈다. 이불 위에 있으니 가족의 고마움이 새삼스러웠다. 귀찮지만 이불을 가져온 게 나았다 하는 생각과 함께 창원 집과 아이들, 아내와 부모님, 회사가 눈앞을 가렸다.

  만감이 교차했다. 집을 떠나온 지 아주 오래된 것 같았고 나의 서울행을 울면서 걱정하던 회사 동료들이 먼 옛날의 친구들처럼, 다시 볼 수 없는 사람들처럼 아스라이 뇌리에서 멀어져 갔다.

  "왜 내가 여기에 와서 누워 있는가?" "나는 지금 무엇을 하고 있는가?"라는 질문을 나 자신에게 수없이 되뇌었다. 불 꺼진 캄캄한 하숙방의 외로움이 무섭게 엄습하면서 간단없이 나의 몸을 전율케 했다. 이불을 목까지 덮었지만 따뜻하다는 느낌이 들지 않았다.

  타향의 독방이 이렇듯 서글픈가. 잠을 이룰 수가 없었다. 몇 번을 뒤척이다가 잠들었고 잠이 깨자 아침이었다. 시끄러운 버스 소리가 귓전을 때리더니 밝은 아침이었다. 현실로 돌아온 듯 나는 부리나케 일어났다. 대학생의 낭만도, 20대의 청춘도 아닌 엄연한 현실의 세계로 돌아온 듯했다. 본능적인 생존 심리가 작용했다면 너무 과한 표현일까?

  하숙방에서 첫날을 지내보니 서울 사람이 되어야 했다. 속이 더부룩했지만 역시 '생존' 차원에서 1층으로 내려가 식사를 하고 여의도 민주자유당 당사로 향했다. 여의도로 갈 때는 걷지 않고 택시를 탔다. 타야 할 때는 안 타고 안 타도 될 때는 타고, 참 바보 같은 서울생활의 시작이었다.

  나는 2년의 서울 근무를 마치고 창원으로 내려올 때 하숙방과 이불 등 장비(?)를 서울 주재 후임기자인 박현오 기자(현 경남신문 상무이사)에게 모두 인계하고 내려왔다. 박 기자는 내가 신던 슬리퍼도 신을 것이다. 나는 하숙집이 생각나고 박 기자도 걱정돼 밤에 한번씩 전화를 했다. 그때마다 박 기자는 "조 선배, 요즘 방 뜨시오, 반찬도 좋아요."하고 말했다.

  이 하숙집은 박 기자와 다른 후배들, 그리고 다른 경남지역 언론사 기자들의 숙소로 활용될 만큼 나름대로 '경남 특파원들의 아지트' 역할을 하기도 했다.

서울 발령 못다 한 이야기들
노조와 퇴직금

　내가 서울 근무를 하게 된 것은 순전히 노조와 퇴직금 누진제 때문이었다. 나의 의사보다는 노조와 퇴직금 문제로 회사로부터 떠밀려 갑자기 서울로 발령 나 국회와 민자당을 출입하게 된 것이었다. 돌이켜보면 서울 근무가 오히려 견문을 넓히는 계기가 됐지만 발령 당시에는 '유배지'로 가는 상황이었다.

　서울 발령은 1993년 4월 10일 났다. 신문사의 인사 발령이 늘 토요일이듯이 이날도 예외없이 토요일이었다. 당시 나는 사회부 차장대우로 창원지법·지검을 출입, 창원지법 청사 내에 있는 법조 기자실에 있었는데 오전 10시 30분께 동기생인 윤경희 기자로부터 전화가 왔다.

윤경희는 "서울 정치부로 인사 난 것을 아느냐."고 물었다. 나는 "모른다."라고 했더니 "오늘 났다."고 했다. 나는 인사에 대해서는 별로 놀라지 않았지만 발령지가 서울인 것은 너무 뜻밖이었다. 회사에서 어떤 식으로든 불이익을 줄 것이라는 생각을 미리 하고 있었기 때문이었다.

서울로 발령 난 인사의 전후 사정을 정리해보면 이러하다. 93년 들면서 나는 후배 기자들과 88년 신문사 파업 이후 거의 활동이 끊겨 휴면休眠된 경남신문 노동조합의 부활 준비작업을 하고 있었다.

창원시청에 알아보니 노동조합은 살아 있는데 회비를 내지 않고 활동도 없어 휴면 노조라고 했다. 이를 폐지하고 다시 조합을 만들려면 조합원의 서명이 필요하다고 하여 신문사 5층 강당에 기자들을 모아놓고 현황 설명을 하고, 일일이 서명을 받았다.

또한 회사에서 퇴직금 누진제를 폐지하려는 계획에 대해 동기생들이 부당함을 설명하고, 누진제 폐지와 유지, 두 가지 방안에 대한 계산을 통해 폐지가 유지보다 사원 개개인에 돌아오는 손실이 크다는 사실을 분석했다.

퇴직금 누진제 분석은 윤경희가 맡았는데 그녀는 아무런 어려움 없이 금방 해치웠다. 당시 김동규 사장은 계산을 너무 빨리 하는 것을 보고 "오랫동안 치밀히 연구해 왔다."고 말하면서 회사 정책을 고의로 반대하기 위해 사전모의를 한 것인 양 이야기했지만, 윤경희는 전혀 그렇지 않았다. 그녀는 "퇴직금 관련 규정만 보고한 것인데 뭘 그리 어려우냐? 의심하는 사람들이 이상하다."고 말했다.

나는 이런 일련의 과정을 별로 숨기지도 않고, 나름대로 진행을 했는데 회사에서는 전혀 모르고 있다가 나중에 창원시청 출입기자의 '보고'로 안 것 같았다.

회사에서는 나의 처리문제를 두고 고민을 좀 한 것 같은데 직접적인 조치보다는 서울로 발령 내 멀리 보내자는 전략을 쓰기로 한 것으로 추정된다. 왜냐하면 일반적으로 서울 발령은 영전으로 인식하는 경우가 많기 때문이었다.

실제 인사발표 이후 "서울서 국회출입을 하게 됐다."며 축하한다는 인사를 받기도 했다. 그러나 서울 발령의 감춰진 이면에는 노조 부활과 퇴직금 누진제 폐지 반대를 차단하려는 의도가 담겨 있었다. 나는 회사가 이런 작업을 알고 난 후 나름대로 부산이나 울산지사로 옮겨 갈 것으로 예상하고, 가족들에게도 미리 얘기를 했었다. 아마도 내가 먼 곳으로 갈 것 같으니 그리 알고 있으라는 말이었다. 그런데 엉뚱하게 서울로 인사가 난 것이었다.

인사 당일 동기생인 김관훈 차장과 윤경희·도난실 기자 등 세 사람이 법원으로 찾아와 인근 식당에서 대책을 논의했다. 세 사람 모두 격분해서 회사에 항의하자고 했다. 도난실은 회사에 항의하겠다고 했으며, 김관훈도 그리 할 것이라고 했다. 도난실과 윤경희는 눈물을 글썽였다.

나는 "그러지 말고 담담하게 받아들이자."고 했지만 세 사람은 울분을 참지 못했다. 나중에 들은 얘기지만 세 사람은 경영진을 찾아가 나에 대한 선처를 '간곡히' 호소했다 한다.

나는 이미 각오한 바라 오히려 담담했지만 지켜본 동기생들은 자기들로 인해 내가 인사 불이익을 당한 것마냥 안쓰러워하고, 많은 걱정을 했다. 다른 선·후배들은 어떠한 생각을 가졌는지 정확히는 알 수 없지만 이영동 기자(경남신문 편집국장, 상무이사 역임. 현 창원대 교수)가 "선배, 올라가소. 내가 노조 다 해 놓을 테니까."라고 말한 기억이 난다.

또한 당시 수습기자를 막 뗀 김영만 기자(현 연합뉴스 부장)가 "선배님, 우리 동기들 내일부터 회사 나오지 말까요?"하고 말하길래, "무슨 소리, 너희들은 이제 막 입사했는데."하며 달랬다. 막내 후배들이 그런 걱정을 하며 스트라이크까지 한다고 하길래 참 고마웠다.

그로부터 6일이 지난 4월 16일 나는 서울정치부에 부임했다. 부임을 안 할 수 없어 일단 서울로 올라가 숙소를 구하기로 하고 마산 부림시장에서 산 '007 가방' 한 개를 달랑 들고 서울행 열차를 탔다. 하숙집을 구하고, 민자당과 국회에 신고를 하는 등 한 달여가 지난 후 창원에 내려올 때는 동기생들에게 알렸는데 공항에 김관훈과 윤경희가 나와 나를 기다렸던 모습이 지금도 눈에 선하다.

두 사람은 군대 간 후 첫 휴가 나온 친구를 보는 양 반갑게 맞았다. 내가 서울에서 밥도 제대로 먹지 못했을까봐 김해공항에서 진해국도를 거쳐 창원으로 오는 도중 식당에서 이른 저녁을 먹게 했다. 고마운 사람들이다.

나는 93년 발령 이후 만 2년 서울근무를 하고 95년 창원본사로 내려와 사회부로 복귀했다. 신문사 노조는 그로부터 7년이 지난 2000년 9월에 다시 결성돼 김영만 기자의 동기생인 이상규 기자(현 경남신문 정치부장 대우)가 초대 위원장을 맡았다.

그러나 이때 나는 부장대우로 승진해 이미 노조원 자격이 아니었으며, 노조 탄생에 대한 아무런 내용도 정보도 모르고 있다가 노조창립 발기인대회를 했다는 연락을 타사 기자로부터 듣고 알았다. 후배들이 선배가 못한 노조 부활이라는 어려운 일을 해냈다는 사실을 들었을 때 다소 멍하다는 생각이 들면서 착잡하고, 다행이라는 느낌이 교차했다.

발기인대회를 하면서 후배들이 감격에 겨워 눈물을 흘렸다는 얘기를 나중에 듣고 자책도 하였다. 워낙에 적은 박봉과 회사의 경직된 운영에 고생한 기자들이 눈물을 흘렸을 법하고, 그 눈물 속에는 경남신문이 안고 있는 갖은 고통이 함께했을 것이라는 생각이 들었다.

나의 서울 발령은 노조와 퇴직금 누진제 문제로 갑자기 결정되었으며, 그때 없어진 퇴직금 누진제는 봉급체계가 바뀌어 되살아나지 않은 것으로 알고 있다.

민자당 지방기자들의 25시
고향 지키는 파수꾼

민자당을 출입하는 지방기자는 94년 3월 24일, 45명 정도였다. 등록회사는 40개사로 되어 있었으나 기자가 나오지 않아 사실상 유명무실한 회사가 7개 정도 있었다. 회사를 보면 수도권은 경기·경인·기호일보, 중부·경기도민, 인천·새한·수도권일보 등이었다. 그러나 인천·새한·수도권일보는 기자가 거의 나오지 않았다.

부산권은 국제 부산매일 부산일보, 강원은 강원일보 강원도민, 충북은 동양 중부매일 충청일보, 충남·대전은 중도일보 대전매일 대전일보 충남일보 중원일보이었다. 전북은 전북도민과 전북일보였으나 기자가 잘 나오지 않았다.

전남은 광주매일 전남일보 광주일보 무등일보, 경북·대구는 경북일보 경북매일 대구일보 매일신문 영남일보 대동일보(포항), 경남은 경남신문 경남매일(마산, 지금의 경남매일이 아님) 신경남일보(진주) 동남일보(마산) 경상일보(울산), 제주는 제민일보와 제주신문이었으나 기자들이 잘 안 보였다.

여기에서 회사는 있으나 출입기자가 없는 것은 민자당의 출입기자 명단에 없다는 말이다. 지역별로 회사가 가장 많은 곳은 대구·경북으로 6개사였다. 1개사당 기자는 부산 국제 매일 영남이 각 3명이었고, 대전일보가 3명이었으나 한 사람이 최근 내려가고 보강이 안 된 상태였다. 나머지 회사들은 1~2명씩이었다.

그런데 이상한 것은 이때는 부산·경남지역이 민자당의 이른바 '실세'로 위세를 떨치고 있던 시기였는데 경남지역은 출입기자가 모두 1명으로 세勢에 걸맞지 않았다. 중앙 정치뉴스의 질과 양도 사실상 떨어졌다. 경남의 대외적 여건은 대통령을 배출한데다, 당직자들도 많아 좋은 편이었는데 경남지역 신문사들은 여기에 부응하지 못했다.

지방신문사들은 대부분 석간이어서 아침에 기사를 쓰느라 바빴다. 본래 석간이 '아침 장사'이고, 아침 장사를 하려다 보면 매우 바빴다. 그러나 출입기자들 중 매일 아침 정시에 출근하는 기자들은 30여 명이 채 안 되었다. 주로 상근하는 기자들은 영남권이고, 호남권 기자들은 출근율이 떨어져 건성이 아니냐 하는 느낌도 지울 수 없었다. 그도 그럴 것이 지방기자들은 지방의원을 취재하는 경우가 많아 자신의 지역 출신 의원들이 모여 있는 민주당을 더 우선하지 않을 수 없었고, 어쩌면 당연한 결과이기도 했다.

그러다 보니 민자당의 지방기자실은 경남, 부산, 경북, 대구 등지 신문사들의 기자들이 주류를 이루었다. 지방기자들은 아침 7시 30분에서 8시 사이에 나왔다. 마감은 회사에 따라 차이가 있으나 통상 10시 전후이고, 사안에 따라 더 늦어지기도 했다.

기자들은 아침 8시 30분~9시께 대변인 발표 등을 토대로 기사를 쓰고, 기본적인 데이터는 중앙지 조간과 연합뉴스를 참조했다. 조간지 2~3개의 필요한 부문을 복사하거나 신문을 통째로 갖다놓고 아침 상황을 보태 살을 붙이고, 여기에다 기자 본인이 취재한 내용을 가필해 작성을 했다.

연합뉴스는 많은 취재인력이 동원돼 속보로 송고하는 바람에 참고를 하지 않을 수 없었다. 연합은 중앙지 기자실 한 코너에 부스를 마련하고 당 발표와 거의 동시에 기사를 때려대니 지방기자들로서는 당해낼 재간이 없었다.

회사 데스크로서는 자사 기자의 기사도 중요하지만 깨끗하게 프린트돼 나오는 연합뉴스 기사에 손이 먼저 가는 것이 어쩔 수 없는 듯했다. 그러나 지방기자들로서는 연합의 기사를 그대로 베껴 쓸 수도 없어 신문사와 지역 사정에 맞게 정리해 송고를 했다. 어차피 연합은 '기사의 도매상' 격이므로 각사 사정에 맞게 골라 쓰는 게 당연한 이치였다.

그러나 어찌됐든 기사는 출입기자 본인들이 쓰는 것이므로 무엇을 어떻게 참조하든 모두가 취재의 일환이고, 민자당 내의 돌아가는 사정을 늘 지켜보면서 나름대로 감을 잡고 쓰는 것이기 때문에 독창적인 기사들이었다.

아무리 연합과 조간신문을 참고한다고 해도 시시각각 변하는 서울의 정치뉴스를 상시 출입하는 기자들이 아니면 기사를 써낼 수 없는 것이다. 그래서 지방기자들은 복잡다단한 중앙정치 사정을 지역에 맞게 지방 독자들이 알기 쉽도록 전하는 데 무진 애를 썼다. 내용이 구체적으로 확인되지 않을 때에는 나름대로 인맥과 학맥, 지맥을 모두 동원, 확인에 확인을 거쳤다.

중앙정치 기사라 할지라도 전국뉴스가 되는 것은 직접 취재를 하고, 국회가 열릴 때는 국회에서 바로바로 송고를 했다. 중앙사 기자들도 거의 성명이나 발표 자료에 의존하는 경우가 많았다.

국감 때에는 많은 국회의원들이 자료를 내놓는 바람에 마치 자료 전시실 같았고, 자료들은 중앙지나 지방지 구분 없이 누구나 활용할 수 있었다. 비치해 놓은 자료들을 가져가서 판단하여 쓰면 되는 것이었다. 국회에도 기자실(중앙, 지방기자실 따로따로)이 있었고, 국회의원들은 발표 자료나 성명서 등을 중앙, 지방 구별 없이 제공해 이런 류의 기사 작성에는 별반 어려움이 없었다.

민자당과 국회에서 지방과 연관되는 뉴스가 나오면 거의 매달려 기사를 썼다. 94년 행정구역 개편과 관련, 부산권 의원들이 경남 땅을 편입하기 위한 작업을 벌였을 때 경남 기자들이 '벌 떼' 처럼 달려들어 편입의 문제점을 집중적으로 부각했다.

연일 1면 톱과 3면 해설을 장식하고, 경남의원들의 대응을 촉구했으며, 이로 인해 경남도 내 행정관청과 시·군·도의회, 각급 단체에서 항의성 성명을 내고, 상경투쟁을 벌이기도 했다. 거의 범경남도민적 수호 차원에서 기사를 썼으며, 경남을 지키기 위한 파수꾼이자 독립군이 아닌가 하는 느낌이 들 정도였다.

마치 부산과 한판 전쟁을 치르는 듯했고, 정부 관련부처에서는 기사를 스크랩하여 실제 정책결정 과정에 반영했다. 국정감사가 실시되는 9월~10월에는 경남 관련 자료를 찾기 위해 의원들 방을 일일이 찾아다니면서 국감자료를 얻어 훑어나갔다.

일반적인 자료는 전술했듯이 국회기자실에 넉넉히 제공하지만 '특종'이 되는 자료들은 의원이나 의원보좌관이 갖고 있기 때문에 방문하지 않으면 입수가 곤란했다. 특히 상임위별로 나오는 두꺼운 자료집은 방문하지 않으면 얻기가 어려웠고, 의원실을 돌면서 500~600페이지가 넘는 자료집을 하루에 10여 권을 보고 나면 눈이 팽팽 돌 지경이었다.

하루 종일 자료집을 다 찾아도 경남 관련 기사가 한 건도 나오지 않을 때도 있었으며, 여러 건이 나와 송고를 어떻게 해야 할지 고민을 해야 할 때도 있었다. 자료집을 검색하느라 눈이 침침하기도 했으나 안 찾으면 낙종을 할지도 몰라 지방기자들끼리 경쟁을 해가면서 정말 열심히 찾았다. 비록 국감이 아닐지라도 서울에서 보내는 기사들은 정치 기사이고, 뉴스밸류가 높아 1면에 게재되는 경우가 많아 서울기자들은 1면 아니면 '상대'를 하지 않을 정도로 고품격, 고밸류의 기사를 공급했던것이 아닌가 하고 생각한다.

민자당 지방기자실의
그리운 얼굴들

민자당 지방기자실의 기자들은 대부분 30대의 나이였다. 필자가 39세로 출입할 당시에도 거의 원로 취급을 받았으니 전반적으로 연령층이 낮아진 게 아닌가 생각한다. 중앙지 반장급(차장 고참) 기자들이 40대 초반이었다.

지방지 기자들은 중앙사 기자들보다 단결이 훨씬 잘 되었고, 회사와 지역이 달라 그렇게 친하지는 않았지만 내심 동병상련의 정을 느끼면서 서로를 걱정하고 친밀한 관계를 유지했다.

모두들 소속 신문사에서는 서울 특파원으로 자부심을 갖고 올라왔으며, 개인적으로 어떻게 지내는지는 잘 몰라도 나름대로 기사를 열심히 썼고, 다음날 당사黨舍로 배달되는 지방신문들을 보면 어김없이 동료기자들의 기사들이 주요 지면을 당당히 장식하고 있었다. 말없이 자신들의 일을 묵묵히 하는 그런 유형의 성실한 사람들이었다.

본인들이 몸담고 있는 신문사에서도 인재이자 소속 신문사를 서울 중앙정가에 알리는 얼굴들이었다. 정치인들은 출입기자의 인품이나 스타일 등을 통해 소속 신문사를 연상하는 경우가 많고, 이러한 행태는 비단 서울만은 아니었다. 그래서 그런지 지방지 기자실의 기자들은 예의도 바르고 성정도 괜찮은 사람들이었다.

20년의 세월이 지난 지금, 그 얼굴들이 그리워진다. 소속사를 떠나 나를 선배로 부르고 깍듯이 예우를 해주었던 그 후배기자들이 보고 싶어 진다. 지금은 모두 최고 간부가 되었거나 은퇴했을 그 서울특파원들이다.

지역적 연고와 비슷한 연령대로 가까웠던 부산일보 김상식 차장은 부산 출신으로 중앙대 신방과를 나온 부산일보의 정치팀장이었다. 56년생인 김 차장은 큰 키에다 젊잖은 언행으로 후배들이 많이 따랐다. 기자실 공통의 문제가 있을 때는 당 대표나 사무총장, 총무, 대변인 등 당직자들을 찾아 해결하곤 한 기자실의 좌장이었다. 김 차장은 서울지사 정치부장을 거쳐 부산일보 서울지사장을 거쳤다. 부산일보는 김 차장 이외에 김대진 최봉진 기자와 여기자 한명이 있었다. 김대진 기자는 산을 잘 타 나를 도봉산 북한산 등지로 자주 안내했다.

국제신문에는 주용성 기자와 양의인·김경국 기자가 있었다. 주 기자는 말이 없는 편으로 나중에 연합통신(현 연합뉴스)로 옮겼다는 소리를 들었고, 양 기자는 이름자 중 의毅 자를 각殼 자로 잘못 알아, 양각인 기자로 부르기도 했다. 막내인 김경국 기자는 20대 총각에 얼굴도 예쁘게 생긴데다 중앙지 기자실의 브리핑 내용을 빨리 빨리 확인해와 귀여움을 받았다.

대구에 있는 매일신문의 팀장인 정 택수 차장은 나보다 한두 살 많은 것 같았고, 더욱 원로예우를 받았다. 기자실에는 아침 정시출근은 아니었지만 팀장답게 시간대에 관계없이 불쑥불쑥 나타나 "뭐쓰냐, 그냥 놀지."하곤 했다. 그는 매일신문 편집국장을 역임했다.

매일신문에는 이헌태 기자가 있었는데 재미있고 기자실 웃음을 자아내는 괴짜이자 인재였다. 정보도 빨랐고 특종기사도 많이 썼다. 2002년 들어 그가 민주당 김중권 의원의 보좌관으로 일한다는 얘기를 들었고, 실제 전화도 한번 왔었다.

나와 부산일보 김 차장, 매일신문 정 차장이 이른바 민자당 지방 기자실의 '원로 3인방'으로 힘(?)깨나 썼는데 민자당을 떠나 자주 만나자고 해놓고는 김 차장은 두 번 정도 만났으나 정차장은 전화만 한번 하는데 그쳤다. 정차장은 나중에 매일신문 계열사 사장을 맡았고, 한번씩 나에게 안부전화를 해왔다.

당시 부산매일(폐간)의 최원영 기자가 유독 생각난다. 59년생으

동료 기자들과 도봉산 정상에서
왼쪽부터 필자, 김응삼(경남일보), 김대진 · 김상식 · 최낙상(부산일보)
앞줄은 서명수(매일신문)

로 연세대 정외과를 나온 최 기자는 대학원을 마치고 29세에 사병으로 전역했는데, 그러다보니 채용 '데드라인Dead Line' 에 걸렸고, 연령을 피해 몇몇 회사와 평소 생각한 언론사에 응시했지만 고배를 마시고 말았다.

어느 날 누나로부터 소식을 전해 들은 '일요신문이 곧 일간지가 된다' 는 소문에 경쟁률이 셌으나 합격을 했고, 열심히 했지만 "있을 곳은 못 되겠다."는 생각에 나온 후 강원매일신문을 거쳐 새로 창간한 부산의 항도일보(나중에 부산매일로 이름을 바꿈)에 가게 됐다.

최 기자는 당초 대학원 졸업 후 장교로 입대할 예정이었으나 장교채용 관문인 특교대 시험에 떨어져 늦게 입대를 하게 됐고, 제대 후에는 나이가 꽉 차 시험을 못 치게 됐다. 최 기자는 그래서 한잔하면 이렇게 말하곤 했다. "조 선배, 특교대 시험이 내 인생 조졌소, 꼭 합격을 했어야 하는 건데."

최 기자는 바둑이 아마 1급으로 지방지 기자실 대표선수였고, 나는 9점을 놓고도 이기기 힘들었다. 노래를 잘 불러 '가는 세월' '그림자' 가 18번이었고, 부산매일 서울지사가 마포에 있는 관계로 필자를 자주 마포 하숙집까지 자동차로 태워줘 참 고마웠다.

영남일보에는 여기자인 조은희 기자가 있었는데 나중에 청와대 비서관으로 들어갔고, 2014년 서울 서초구청장이 되어 있어 깜짝 놀랐다. 나는 우연히 그녀의 인터넷 사진을 보고 긴가민가했는데,

그때 그 사람이 맞았다. 아마도 당시 민자당 출입 지방기자 중 유일한 선출직 단체장이 아닌가 싶다.

이외 대학 후배인 영남일보 송국건 기자, 경인일보에는 윤인수 기자가 있었다. 포항의 대동일보는 김좌열·김상식 기자가 있었는데, 김상식 기자는 머리가 '깍두기' 형이어서 조폭 같은 인상을 풍기기도 했으나 털털하고 선배들을 잘 모셨다.

경남지역은 경남매일 김진규 기자, 동남일보 이봉건 기자, 경남일보 김응삼 기자 등이었다. 김진규 기자는 영화배우같이 잘생긴 얼굴에 한량 스타일이어서 당내 여직원들에 인기가 많았으며, 춤도 잘 추고 노래도 잘 불렀다. 나의 고교 후배이기도 해 늘 함께 다녔다. 김 기자와 이 기자는 오래전 언론계를 떠났다.

김응삼 기자(현 경남일보 정치담당 국장)는 성격이 좋고 친화력이 뛰어났으며, 골프 입문 후 탁월한 실력을 보여 신동이라는 소리도 들었다. 당시 출입기자들 중 가장 출입경력이 오래된 기자에 속했다. 2015년 현재 새누리당에 출입하고 있으니 여당에 30년 가까이 출입하는 최장 출입기자이다. 옛날 동료나 후배들은 모두 편집국장이나 임원이 되고, 상당수 은퇴했는데 아직도 현장에서 뛰고 있는 김 기자가 참으로 가상스럽다.

동남일보 이봉건 기자는 강삼재 의원 비서관으로 있다가 기자로 전환했으며, 도내 국회의원들의 아픈 부문을 잘 긁는 근성을 가진 기자였다. 부산의 경남땅 잠식이 문제될 때 연일 '경남수호' 기사를 써 도민들의 분노를 불러일으키게 했다. 기자정신이 풍부한 사람이었다. 그때 민자당에서 열심히 기사를 쓰던 지방 출입기자들, 아마 지금도 소속 회사에서 능력 있는 사람으로 소속 언론사를 이끌고 있을 것으로 본다.

지방지 기자들의
단합되고 즐거웠던 시간들

　서울 생활은 창원 본사와 떨어져 있어 몸은 편했지만 취재의 주도권은 없었다. 취재영역은 민자당사를 말하는 것이고, 취재원은 민자당의 당직자와 국회, 정치 전반이었으나 지방지 기자들에게는 기회가 잘 주어지지 않았다. 주요 당직자들을 혼자 접근하기에는 어려움이 많았다. YS 시절이어서 주요 당직자들이 경남 부산 경북 대구 등 지역의 의원들이 많아 그나마 다행이었지만 전반적으로 취재에 애로가 많았다.

　당직자들의 방에 찾아가면 거절하는 곳은 거의 없었지만 지방지에 대한 인식이 낮았다. 그래서 지방지 기자들은 지역 출신 의원들에게 의존하는 경우가 많았고, 실제 지역의원들로부터 지역의 주요 정보가 나와 가까이 지냈다.

민자당사에는 지방지 기자실과 맞붙어 중앙지 기자실이 있어 거의 매일 얼굴을 마주쳤지만 나의 경우 중앙사 기자들과 얘기를 잘 하지 않았다. 당시 나이가 39~41세였고, 이 나이는 출입기자들 중 '고참'이어서 연배가 어린 중앙사 기자들과 굳이 친할 마음이 생기지 않았다. 또한 말을 걸어오지 않으면 내 쪽에서 먼저 인사를 하거나 말을 하지 않는 꼼꼼한 성격 탓도 있었을 것 같다. 솔직히 말해 자존심이 많이 상했다.

내가 보기에는 중앙사 기자들도 지방기자들과 별반 가까이하지 않았고, 그럴만한 이유도 없었다. 지방기자들은 안중에 없는 듯했다. 특별한 발표나 브리핑이 있을 때는 기자실 서무 아가씨나 대변인실에서 알려주어 중앙기자실에 가서 내용을 듣곤 했었다.

주요 발표는 중앙기자실이었다. 중앙기자실에서 당직자의 브리핑을 듣기 위해 수첩을 들고 서 있는 모습이 TV에 잡혀 창원에서 "TV에 나왔더라."는 전화가 걸려온 적도 있었다. TV 위력이 참 크구나 하는 생각이 들었다. 나는 옛날 일기장에서 지방지와 중앙지의 관계를 '물과 기름'이라고 표기해 놓았다. 되돌아보니 서로가 부탁할 것도 없고 신세질 것도 없고 해서 따로따로 논 것이 아닌가 하는 생각이다.

이런 와중에 지방·중앙지 기자가 모두 참여한 재미있는 행사가 있었다. 94년 7월 초순의 일이다. 양방兩房 출입기자들과 대변인실

직원 등 3개 팀이 각각 바둑(A, B) 장기(1팀)시합을 벌였고, 축구경기도 했다.

지방지 기자실에서는 바둑에 최원영(부산매일)·심평보(대구일보) 기자, 장기에 김웅삼(경남일보)·기자가 선수로 선발돼 출전했다. 바둑의 최 기자는 아마 1급 수준의 고수로 A조에서 붙었지만 실수로 중간에서 탈락하고 우승은 김동철(동아일보) 기자, 준우승은 이세강(KBS)기자가 차지했다. 심평보 기자는 B조에 출전, 우승을 했으나 우승 이야기가 재미있다. 심 기자와 상대한 중앙사 기자는 정확히 기억나지 않으나, 당시 심 기자는 한수를 두는데 일부러 10분 이상이나 걸리게 했다.

정직하게 두어서는 별반 이길 것 같지 않아 일단 시간을 끌면서 심리적 압박을 가하는 지연작전을 썼다. 왜냐하면 심 기자와 맞붙은 기자는 오후 5시가 넘어서면서 회사에 들어가야 했는데 심 기자는 이 점을 악용(?)하여 줄곧 시간을 끌었고, 이 바람에 상대 기자는 귀사시간에 신경 쓰다 그만 실수를 해 지고 말았다.

세 종목의 경기를 하루 만에 할 수 없어 며칠간에 걸쳐 주로 오후시간에 예선을 했고, 최종 결승은 7월 19일이었다. 바둑 결승전 날 지방지 기자들은 퇴근도 하지 않고 응원전을 펼쳤다. 심 기자 뒤편이나 옆에 병풍처럼 둘러서서 관심을 보냈다. 중앙지 기자들은 회사로 들어가 지방지 기자들이 압도적으로 많았다. 월드컵에서 한국이 12번째 선수인 붉은악마의 국민적 응원으로 4강 신화를 창조했지만 당시 지방지기자들의 응원도 이에 못지않았으며, 이심전심으로 한마음이었던 것으로 기억한다.

축구는 예선전 없이 토요일 오후 국회 본관 뒤편 운동장에서 맞붙었는데 지방 팀이 먼저 한 골을 넣어 다 이긴 게임이었으나 심판을 보는 대변인실 김병헌 씨가 중앙지 기자들의 '후환'을 우려한 탓인지 종료 휘슬을 불지 않아 시간이 지연되다 동점골을 허용하고 말았다.

항의하고 난리가 났지만 어찌하랴, 결국 서로 좋게 하고 말았다. 게임 이후 운동장 잔디에 앉아 막걸리와 음료를 하면서 모처럼 지방지 기자들 간의 화합의 시간을 가졌다. 지방기자들은 각기 시간이 바쁘고 특별한 이벤트가 없으면 전체가 모이는 일이 거의 없어 이날 축구경기는 지방지의 단합을 다진 시간이었다.

나는 본래 축구와는 별 인연이 없어 이날 다른 고참들과 함께 열심히 박수만 쳐댔다. 후배들이 '고문' '감독' 등의 이름을 붙여 주었지만 고함만 질러댔던 것 같다. 함께 응원을 한 당시 고참들로는 대구의 매일신문 정택수 차장(편집국장 역임), 부산일보 김상식 차장(서울지사장 역임), 지방지기자로는 처음으로 94년도 한국기자협회 회장을 역임한 대전일보 안재휘 차장 등이었다.

종목별 결기를 모두 마친 다음 날 황명수 사무총장이 시상을 해 종목별 1위에 100만 원, 2위 70만 원, 3위 50만 원의 시상금이 주어졌다. 중앙사 기자실에서 있은 시상식에서 황 총장은 특유의 언행으로 웃음을 자아냈으며, "이런 기회를 자주 갖겠다"고 말했다.

시상식 후 강재섭 대변인(2007년 5월 현재 한나라당 대표)이 내는 점심이 당사 주변 맨하탄호텔 한식 불고기집에서 있었다. 중앙지 지방지 기자들이 죽 늘어앉은 점심 자리에서 강 대변인은 "상금도 많이 주었는데 시야게(오찬)까지 한다."고 말하는 등 시종일관 재미있고 흐뭇한 분위기속에서 참석한 기자들이 많이 웃었다.

특히 강 대변인은 경상도 사투리로 재미있는 말을 많이 하면서 좌중을 이끌었는데 고기가 잘 배달되지 않자 '언니'을 외치며 재촉하기도 했다. 이날 메뉴는 불고기와 냉면이었고, 갑자기 사람이 너무 많이 와서 그런지 음식이 심하게 늦게나와 무려 1시간 30분이나 기다렸다. 기다리다 지쳐 먹지도 않고 간 사람도 있었다.

다음 날부터 상금을 받은 수상자들이 돌아가며 점심을 사는 바람에 불쌍한 지방지 기자들이 상당기간 점심 걱정을 하지 않고, 비교적 넉넉한 식사를 했다. 되돌아보니 즐거운 시간이었다. 요즘에는 그런 낭만이 있는지 모르겠다.

왕 초보 3명의
태릉골프장 나들이

서울 근무 중 골프를 쳤다면 의외로 생각할지 모르겠다. 나는 창원에서 법원·검찰을 출입할 당시인 92년 말 '법조출입기자는 판·검사와 접하면서 고급정보를 취득하자면 골프를 해야 한다'는 당위성(?)으로 입문을 했었다.

반송아파트 앞 가든연습장에서 2개월간 레슨을 받은 뒤 창원CC에서 친구들의 도움으로 머리를 올린 뒤 더 이상 가지 않고 있었는데 서울로 발령이 났다.

94년 중반 어느 땐가로 기억된다. 대변인실에서 부킹을 하고, 지방지 고참들을 초청한 적이 있었다. 중앙지 반장들이 심심찮게 골프를 치러 간다는 소리를 듣고 "지방지는 사람도 아니냐?"며 항의

한 끝에 대변인실에서 마련한 자리였다.

당시 지방기자실에서 골프를 하는 사람은 '머리만 올린'(필더 라운딩 첫 신고만 했다는 표현) 나와 연습장에 나가고 있는 매일신문 정택수 차장, 부산일보 김상식 차장, 울산 경상일보 기자 등이었다. 주선은 대변인실 한창희 실장이 했으며, 한 실장이 자신의 차로 왕초보 3명을 태워 태릉에 있는 육사골프장으로 데리고 갔다. 군인골프장이었지만 시설이 좋았고, 서울시내에 있는 2개의 골프장 중 하나로 웬만한 백그라운드가 없으면 부킹이 어려운 곳이었다. 설레는 마음을 억누르고 한 실장 차를 타고 골프장으로 향했다.

내가 비록 '머리'를 올렸다고 하지만 1년 이상 골프클럽도 안 잡아 처음 간 것이나 다름없었고, 나머지 두 사람은 진짜 처음이어서 3명 모두 왕 초보였다. 그때 나는 드라이브도 없어 티샷을 3번 우드로 한 것으로 기억한다.

드디어 1번홀. 구력 20년이 된 지금도 1번 홀은 긴장되는데 첫 경험을 하는 자리에서 긴장이 안 될 수 없었다. 다리가 후들후들 떨렸다. 더더욱 우리 바로 뒤 팀이 서청원 의원(현 새누리당 최고위원) 팀이고, 기다리는 팀이 2~3개나 되어 지켜보는 갤러리들이 많았다.

서 의원은 골프장에 도착해서야 만났다. 서 의원 팀에서 "긴장하지 말고 잘 쳐요." 하는 격려의 목소리가 들려왔지만 티 박스에 올라갈 때부터 아무것도 보이지도 않고 정신이 혼미했다.

어떻게 했는지 모르지만 클럽을 들어 공을 향해 내리쳤다. 그런데, 아니 이럴 수가, 분명히 3번 우드를 힘차게 휘둘렀는데 공이 그대로 있는 것이 아닌가. 앞으로 나가야 할 공이 꼼짝도 않고 그 자리에 있었다. 설명이 필요 없이 헛스윙을 한 것이었다.

얼굴이 화끈 달아오르고, 부끄러워 숨고 싶은 심정이었다. 내심 "공이 안 맞았으니 괜찮다."고 안도했지만 완전히 스윙을 한 것을 숨길 수도 없어 정말 당황스러웠다. 아무 생각도 나지 않고 이 순간을 빨리 탈출해야 한다는 일념에 부끄러움도 무릅쓰고 다시 휘둘렀더니 공은 오른쪽 숲으로 들어가 버렸다. 1번 홀에서 OB를 내고 만 것이었다. 체면은 구겨져 버렸다.

그러나 공이 맞은 것만 해도 어디인가. "괜찮아, 굿 샷" 하는 뒤 팀의 소리를 듣고 도망가듯이 1번 홀을 빠져나왔다. 2번 홀부터는 어떻게 쳤는지 하나도 기억나지 않는다. 도대체 제대로 맞아야 뭘 기억하든지 말든지 하지.

정 차장, 김 차장이 친 공은 앞으로는 나갔던 것으로 기억한다. 왕 초보 3명은 이날 '한 실장'을 모시고 18홀 내내 이리 뛰고 저리 뛰고 하면서 정신없는 신고식을 치렀다. 천신만고 끝에 18홀을 마치고 돌아오는 길에 상당히 유명한 곳으로 소문난 갈비집에서 갈비에 소주·맥주를 곁들였다.

공을 잘치고 못 미치고는 과거지사, 이날 왕 초보 3명은 태릉의 첫 무대를 분석하느라 열나게 목소리를 높였다. 예나 지금이나 골프 후 시원한 맥주 한잔은 골프 4락樂(롱 드라이브, 롱 퍼팅, 내기 배판에서 상대의 OB, 골프 후 맥주 한잔) 중의 하나이다. 맥주를 마시면서 18홀의 여정을 복귀하는 것이다. 그때도 공은 완전히 못 친 왕초보들이었지만 열심히 복귀를 하면서 앞으로 "앞으로 싱글이 될 거야."를 외쳐댔다.

20년이 지난 지금 되돌아보니 당시 골프실력이 싱글이었던 한 실장이 '어린 백성' 3명을 데리고 18홀을 도느라 얼마나 기가 차고 힘들었을까 하는 생각이 든다. 새벽부터 차에 태워 모시고 와서 공을 치고, 저녁까지 먹였으니 진탕 고생했을 것이다. 지금 돌아보니 정말 감사하다.

한 실장은 지난 2000년 16대 총선에서 한나라당 후보로 충북 충주에 출마했으나 민주당 이원성 후보에 지고, 한나라당지구당 위원장을 맡아 2004년의 4월의 17대 총선을 준비하다, 2006년 5월 31일 지방선거에서 한나라당 공천을 받아 충주시장에 출마, 당선됐다.

그러나 그는 충주시청 출입기자들에게 20만 원씩의 촌지를 돌린 혐의로 대법원에서 150만 원 벌금형이 확정되어 같은 해 9월 시장직을 잃었다. 고려대 정외과, 고대 학생회장 출신의 한 실장은 부드러운 얼굴에 유머감각도 뛰어났었다.

부산일보 김 차장은 퇴임 후 자기사업을 하고 있으며, 한번씩 나와 통화를 한다. 매일신문 정 차장은 편집국장과 임원을 거쳐 계열사의 대표를 맡고 있다. 그때 그 왕 초보들은 '옛 스승'을 한번 모셔야 하는데 지금껏 연락도 못 드리고 있으니 예의가 아니다.

    나는 2년간의 서울근무를 마치고 내려오면서 왕 초보 3명이 게임을 한번 하자고 약속을 했는데 20년이 지났는데도 약속을 못 지키고 있다. 서로 전화를 걸어 "요즘 칼 가요?" 하고 물어보고 만다. 옛날의 왕 초보들의 실력도 늘어 지금은 보기플레이어(핸디18) 정도를 친다고 한다. 서울에서의 골프는 이것이 처음이자 마지막이었다.

"칼국수 앞으로"
우리들의 점심

　서울생활 중 잊을 수 없는 것이 점심이다. 창원 본사에 있을 때는 홈그라운드이고, 기자실에 선배들도 있고, 출입처에서 초치하는 경우도 종종 있어 큰 어려움이 없었다. 그러나 서울은 상황이 달랐다. 낯선 곳에서 반드시 자체 해결하지 않으면 안됐다.

　93년 부임 초기에 가장 많이 먹은 음식은 칼국수였다. 김영삼 대통령이 문민시대를 맞아 청와대에서도 매일 먹기 때문만은 아니었고, 평소 내가 밀가루음식을 좋아하는데다 값이 싸기 때문이었다. 특히 당사 주변에는 칼국수를 잘하는 곳이 있어 애용했다.

　이름이 잘 생각나지 않는 그 칼국수 집은 KBS 건물(정확히 말해 옛날 의원 회관으로 쓰던 아파트 비슷한 곳) 맞은편 지하에 있었다. 밤에는 술을 팔고 낮에만 칼국수를 팔았는데 값이 3천 원으로 저렴했고, 맛도 멸치국물을 써 맛이 있었다.

이곳은 근방에서 소문도 많이 나 빨리 안 가면 자리가 없었다. 점심시간이 되기 전 11시 30분께 도착해야 자리를 잡을 수 있고, 조금 늦으면 최소 30분 이상 기다려야 했다. 대전일보 안재휘 기자(94년 한국기자협회 회장 당선)와 함께 갔을 때는 줄을 서서 1시간이나 기다려야 했다.

칸막이가 있어 언뜻 보기에는 맛있는 국수집 같지는 않으나 먹어보면 사실 맛이 있었다. 세 사람이 가도 1만 원이어서 큰 부담이 되지 않았다. 기자들은 맛도 맛이지만 값이 싸다 보니 자주 갔다. 일반 회사원들도 많이 오는 것을 볼 수 있었다.

또 자주 간 곳이 당사 옆 '항아리 수제비' 집이었다. 이곳은 2천 500원이었다. 역시 일찍 가지 않으면 기다려야 하는 상황은 마찬가지였다. 수제비를 사람 숫자에 맞춰 큰 항아리에 몇 인분씩 넣어주고 이를 국자로 떠먹게 했다. 공기밥도 주어서 일단 배불리 먹는데에는 이상이 없었다. 내가 밥을 많이 먹지 않는데다 가격도 싸 칼국수와 수제비는 즐겨 찾는 단골음식이었다.

이외에 당사 주변을 맴돌며 설렁탕 등 4천 원에서 5천 원까지의 식사를 했다. 간혹 도내의원들이 점심대접을 하곤 했다. 그때는 조금 좋은 식당을 찾았는데 주로 한식집이었다.

장기신용은행(경남은행 서여의도지점 지하) 근처의 '다원'은 상당히 비싼 한식집으로 1인당 3만 원 선으로 매우 비쌌다. 짧은 치마의 아가씨들이 서빙을 하고, 때로는 눈을 현혹시키기도 했다. 이곳은 밤에는 즉석요정으로 변해 1인당 5만 원으로 뛰었으며, 경남의원과 한번 갔을 때 식사 후 아가씨들과 인근 가라오케에 가서 노래와 춤을 추기도 했다.

이처럼 의원들이 식사를 낼 때는 메뉴가 괜찮았으나 우리들끼리 갈 때는 최고 설렁탕 수준을 벗어나지 못했다. 그러나 이 경우에도 3~4명이 가면 1만5천 원이나 2만 원이 되어서 섣불리 내기가 신경 쓰였다. 그런데도 내가 제일 고참이라 안 낼 수 없고, 낭패스러웠다.

이럴 수도 저럴 수도 없어 곤혹스러웠다. 그렇다고 식당에 들어갈 때부터 먼저 들어가 안쪽으로 앉을 수도 없고, 천천히 들어가 바깥쪽으로 앉아 있다가 부담하자니 형편이 따라주지 못하고 식사시간이 조금은 고역이었다. 얼굴이 두꺼우면 먼저 나오면서 오히려 뒤쪽으로 손짓을 할 수 있는데 도저히 그럴 수는 없었다.

나는 이런 고역을 피하기 위해 어떤 때는 "속이 불편하다"며 점심을 안 먹고 있다 나중에 혼자 가서 먹은 적도 있었다. 그래서 당사 지하식당을 이용하기도 했는데 이곳은 2천500원으로 쌌지만 4명이면 1만 원이어서 또한 만만하지가 않았다. 결코 싸지가 않았다.

1만 원을 갖고 그렇게 '짜게 했느냐'고 말할 수 있지만 당시 서울 주재수당이 20만 원이 채 안 되는 상황에서 서울 창원 두 집 살림을 하자니 정말 여유가 없었다. 하숙비가 30만 원이었다. 이런 이야기를 하기 민망스러운데 사실이 그랬다. 누구나 이런 경우가 있을 것 같고, 단지 말을 잘 안 할 뿐이 아닌가 싶다.

물론 점심 값 부담은 여러 동료 기자들이 돌아가며 했으며, 나 혼자 전담한 것은 전혀 아니다. 그렇지만 고참인 탓에 부담 여부와 관계없이 신경 쓰였다는 말이다. 팍팍 못내 미안했다는 말이기도 하다. 어려운 여건 속에서도 그나마 선배 국회의원들이 한 번씩 경비지원을 해주었다. 그땐 그러한 '정'이 통하는 시대였고, 솔직히 그런 문화가 있었다. 고향에서 올라온 후배들을 챙기는 마음이 아니었을까 생각한다.

국회 건너편 금산빌딩 지하의 부대찌개 집도 자주 갔다. 3천 원인데 맛이 있었다. 이 집은 연극배우 손숙 씨의 동생이 하는 집으로 알려져 꽤나 유명했다. 어쨌든 나는 점심 때문에 스트레스를 좀 받았다.

민자당에서도 당직자들이 한 번씩 점심을 냈다. 김종필 대표, 황명수 사무총장, 이한동 원내총무, 하순봉 대변인 등 당직자들은 취임이나 특별한 계기가 있을 때 점심을 제공했다. 오찬이 있으면 기자실 여직원이 알림판에 크게 적어 사실을 알리고, 기자들은 그 것을 보고 가거나 말거나 했다. 참석자는 적게는 30명에서 많게는 70명이나 됐다.

처음 서울에 올라와서 김종필 대표가 산 것은 당사 옆 '양지 설렁탕'으로 제각기 가서 빈곳에 앉아 미리 시켜놓은 수육과 소주 맥주 등을 몇 모금하고 설렁탕 한 그릇하는 것이 끝이었다. 언뜻 보면 너무 간단한 것 같지만 주최 측도 숫자가 너무 많아 별 뾰족한 방법이 없는 것이었다.

조금 잘나가면 영등포 '당산타운'으로 가 등심이나 갈비를 뜯었다. 대부분 중앙지 지방지와 함께 가는데 서로 특별한 교감도 없고 서먹서먹해 말도 잘하지 않았다. 그래서 지방지기자들은 잘 가지 않았다.

여러 이유로 나는 이 점심시간이 때때로 반갑지는 않았다. 하숙집에서 아침을 먹고 오기 때문에 배도 별 고프지도 않았고, 사정도 넉넉하지 않아서이다. 하지만 유쾌한 식사시간도 많았던 것도 기억한다.

하숙방에 등장한 전화 712-1178

　서울생활 동안 여러 가지 어려움이 많았지만 나의 힘을 가장 많이 뺀 것 중의 하나가 너무 빠른 마감시간이었다. "무슨 뚱딴지같은 소리를 하느냐?"고 의아해 하겠지만 20년 전 그때는 그랬다.
　회사의 마감시간이 워낙 빨라 기사를 전날 보내지 않으면 잘 안 들어갔고, 아침에 송고하면 거의 실리지 않았다. 회사에서 연합통신(현 연합뉴스) 기사는 잘 챙겨 넣어도 자사自社 서울 주재기자의 기사는 별 중요시하지 않아 맥이 빠지는 일이 한두 번이 아니었다.
　가뜩이나 박봉에 수당도 적어 서울생활이 어려운데 기사마저 잘 실어주지 않으니 남모르는 비애가 많았다. 물론 나의 기사가 부족한 이유도 있을 것이다.

93년 9월 16일의 일이었다. 이날은 민자당이 의원들의 재산공개와 관련, 문제 의원의 처벌을 최종확정한 날이었다. 나는 이날 아침 7시 40분께 여의도 민자당 당사에 도착, '민자당 재산공개 의원 처리 고심'이라는 제목의 해설기사를 오전 8시 50분에 마감했다.

팩스가 들어간 것이 이 시간이니 도정부장(부국장) 책상에 넘겨진 것은 9시 가량이 아닌가 싶다. 나는 이에 앞서 7시 50분께 8시 30분까지 기사마감을 하겠다는 메시지를 보냈다. 기사작성은 8시 30분께 다 했는데 팩스를 보내는데 종이가 잘 맞지 않아 15분이나 늦어져 버렸다. 나중에 회사에 알아보니 기사는 실리지 않았다.

아침 7시 전에 기사 마감을 하지 않으면 기사 넣기가 거의 힘들었다. 며칠 전에도 허승도 기자(현 경남신문 광고국장)에게 기사내용과 마감시간을 미리 알렸는데도 마찬가지였다.

오전 9시 전에 기사 마감을 하기 위해 당사에 7시 30분 전에는 도착해야 하고, 그러기 위해서는 오전 6시에는 일어나 하숙집 밥 일찍 챙겨먹고 택시 타고 가야 하는 형편이다. 그런데도 새벽에 쓰거나, 전날 송고하지 않은 기사는 잘 실리지 않았다.

93년 당시에는 노트북이 공급되지 않아 기자들마다 원고지에 기사를 써 팩스로 보냈다. 팩스는 민자당 당사밖에 없으니 당사로 가지 않으면 기사를 송고할 수 없었다. 경남신문사는 94년 들어 노트북을 공급했고, 공급 초창기에는 송수신이 잘 되지 않아 에러가 자주 발생했다. 어떤 날은 노트북으로 기사를 쓴 후 송고를 해도 잘 안돼 몇 번을 시도하다 결국 노트북에 쓴 기사를 다시 원고지에 옮겨 써 팩스로 보내기도 했는데 결국 시간이 늦어져 들어가지 않았을 때는 허망했다.

이럴 때 하루 종일 힘이 빠져, "다시는 아침 기사 안 쓴다."고 맹세했지만, 다음 날이 되면 또 나름대로 쓸려고 노력했으니 내가 봐도 참 가상(?)스러웠다. 당시 본사 편집국의 제작회의가 아침 7시 30~40분께였고, 이 시간 전에 기사를 보내지 않으면 들어가기 힘든 조금 안이한 제작시스템이었다. 돌아보면 그때는 좀 구식이었다. 지금의 경남신문사는 그런 모습은 찾을 수 없고, 담당 데스크들이 자리를 비워놓고 기사를 기다리는 상황이다.

중앙지 석간 출입기자들은 아침에 나와 다른 신문도 보고, 당과 국회의 전체 동정을 살펴본 후 오전 10시 넘어 마감하는 것이 수순이었다. 부산일보나 국제신문 매일신문도 같은 시간대를 유지했는데 우리 신문만 그러지 못했다. 경남매일과 동남일보도 사정은 별반 다를 게 없었으니 경남지역 전체의 문제로도 볼 수 있었다.

사정이 이러하다 보니 아침 일찍 당사에 나와도 할일이 없어 신문이나 보고 빈둥댈 수 밖에 없었다. 다른 신문사 기자들은 열심히 기사를 쓰고 있는데 나 혼자만 멍청하게 있자니 동료기자들 보기에도 민망스러웠다.

그래서 오전에 혼자 국회로 올라가기도 하고, 영 할일이 없으면 인근 현대탕에서 목욕을 하기도 하지만 쉬운 일이 아니었다. 다른 기자들은 모두 당사에 앉아 열심히 아침 기사를 보내고 있는데 나 혼자 돌아다니는 것이 모양이 좋지 않고, 마음도 편하지 않았다.

하도 궁한 통에 생각난 것이 전날 저녁 하숙집에서 PC로 언론연구원의 기사검색인 '카인즈'에 들어가 조간기사를 미리 참고한 후 다음 날 새벽 조선 동아 두 신문을 참고하여 하숙집에서 기사 송고를 하는 방식이었다.

그러다 보니 부득불 전화가 필요했고, 사비私費 25만 원의 '거금'을 들여 하숙방에 설치했다. 그때가 94년 5월 11일이었다. 전화번호는 712-1178번. 전화기 설치의 이유는 오직 한 가지, 기사 송고를 하기 위해서였다.

다행히 노트북의 회사 집진장치가 수리돼 전화선으로 기사를 전송하면 잘 들어갔다. 기사는 새벽에 작성했다. 아침 5시 30분께 일어나 전날 당과 국회에서 가져온 자료와 보고 들은 이야기, 그리고 하숙집에서 개인적으로 구독하는 조간신문 두 개를 보고, 종합하여 기사를 쓰면 7시 30분 가량 되었고, 최소 8시 정도까지는 송고를 마칠 수 있었다.

전화료가 신경 쓰였지만 달리 방법이 없었다. 새벽에 일어나 기사를 써야 하기 때문에 잠을 제대로 잘 수 없었다. 사서 고생을 한다는 말이 이런 경우를 두고 하는 말이 아닌가 싶다. 왜냐하면 서울서 구태여 힘들게 기사를 송고하지 않아도 나무랄 사람도 없었는데 혼자 끙끙대며 기사를 썼고, 거기에다 전화까지 놓고 새벽부터 난리를 쳤던 것이다. 아무도 알아주지 않았는데.

오늘은 94년 5월 18일, 전날 부산일보 김상식 차장 등과 술을 마시고 새벽 1시께 들어왔다 일어나니 새벽 5시. 더 자고 싶은데 일어나 억지로 신문을 보고 어제 당에서 가져온 자료들을 참고해 기사를 썼다. 기사작성을 마치고 송고를 완료하니 오전 7시 30분이었다.

사정이 이러하니 부산일보나 매일신문 기자들이 민자당 당사로 출근해 기사를 쓰기 시작할 때쯤이면 나는 이미 마감을 한다. 천천히 세면을 하고 출근을 하면 오전 9시 20분께이다. 다른 사람들은 "석간신문 정치부 기자가 이제 와서 무엇을 하겠느냐."고 비웃을지 모르겠지만 나는 속으로 "나도 이미 오늘 할 일은 하고 왔다." 하고 말한다.

전화기는 국회 구판장에서 대우 아반떼 이름이 붙은 전자식전화기를 1만5천 원을 주고 샀다. 집에서 창원 집에 첫 통화를 하고 혼자서 개통식을 가졌다. 평범한 전화기 한 대가 매우 신기해보였고, 하숙방에 전화기가 있다는 사실이 옛날 대학시절 하숙집과 비교해 보니 감개무량했다.

이 전화는 후임자인 박현오 기자가 받아 2002년 4월 본사로 내려올 때까지 사용했다. 박 기자는 창원전화국에서 이 전화를 해지했으나 '조용호' 명의로 되어 있어 해지 당시 본인 확인 차 내가 동행했다. 창원전화국에서 해지에 동의사인을 해줄 때 나는 "드디어 나의 전화가 명命을 다하는구나."하는 생각이 들어 내심 서운하기도 했다.

국정감사와
우리들의 기사 찾기

국회출입 지방지 기자들이 가장 바쁜 때를 들라면 매년 10월께 열리는 국정감사 시기이다. 20일간 열리는 국감 기간 동안 기자들은 수천·수만 쪽에 달하는 국감 보고서인 국정감사 자료를 읽어보고 나름대로 지방에 관련된 뉴스를 찾아내기에 바쁘다. 국감 보고서는 가만히 앉아서는 한 줄도 얻을 수 없고, 일일이 의원 방으로 뛰어다니면서 확보해야만 가능하다.

상임위만 해도 16개나 되고, 상임위별 보고서에다 의원 개개인별로 정부 해당 부처에 요구한 보고서도 많아 도저히 다 챙기기는 불가능하다. 그러나 아무리 보고 자료가 많다고 해도 중요한 내용들은 다 발췌해내는 것이 기자들의 임무였다.

그래서 국감이 열리면 지방지 기자들은 출신지역 국회의원들은 말할 것도 없고, 인맥이나 학맥, 혈맥 등 모든 연緣을 총동원해 기사거리가 될 만한 자료를 찾는데 열을 올린다. 혈안血眼이라는 표현이 적합하다.

중앙지 지방지 할 것 없이 국감 때에는 국감 자료로 지면을 채우는 실정이어서 뭐라도 찾아내지 않으면 무능한 기자로 낙인찍히고, 본사에서는 이때 쯤이면 아예 지면을 비워놓고 기다리는 형편이다.

제165회 정기국회 개회에 따른 국정감사가 94년 10월 4일부터 23일까지 20일간 실시되었다. 나는 창원에서 추석연휴를 보내고 10월 4일 서울로 올라가 이날 오후부터 곧바로 자료찾기에 들어갔다.

박희태 의원실에서 법사위 감사원 감사자료 3권(권당 1천200여 쪽)을 보고 50여 쪽을 복사했다. 자료가 너무 방대해서 줄여서 복사한 게 그 정도나 됐다.

또한 마산고 선배인 전국구 이현수 의원의 방에 가서 노동부 국감자료들을 열람했다. 이 의원은 언제 봐도 조용하고 점잖은 분으로 항상 따뜻하게 맞아주었다. 이 의원실의 노동부 자료는 너무 많고 복잡해 몇 권을 빌려 하숙집으로 가지고 와서 밤늦게까지 읽어본 후 기사를 썼다.

다음날 아침 일찍 택시를 타고 당사로 가서 송고를 했다. 이때 송고시간이 오전 7시 25분이었다. 회사의 마감시간이 워낙에 빨라 이렇듯 새벽에 마감을 하지 않으면 기사가 들어가지 않으니 어쩔 수 없는 일이었다. 내가 기사를 안 쓴다고 해서 별반 나무라는 사람도 없지만 그렇다고 마냥 놀 수만은 없었다.

이때의 국정감사 중 경남지역의 수감기관은 경남지방노동위원회, 한국중공업(현 두산중공업), 마산지방해운항만청, 경남교육청 등이었다. 나는 이들 기관이 소속해 있는 상임위 의원들의 방을 찾아 기사 찾기에 바빴다. 경남 출신 의원들이 해당 상임위에 없을 경우 모르는 타 지역 의원 방에도 들렀다. 미리 의원회관 보좌관에 전화를 하고 찾아가면 가능한 한 자료들을 내주었다. 그래서 사람도 사귀고 기사도 얻고 그랬다.

농수산위 자료를 위해 신재기 의원 방에 들어가서는 무려 1만여 쪽을 보았다. 1만 쪽은 자료집 7~8권에 해당하는 분량으로 그야말로 눈이 침침해질 때까지 읽어 내려갔다. 내가 찾는 것은 경남지역의 농수산 업무와 관련해 잘못된 감사 지적이나 향후 전개될 사업 현황 등이었다. 아무리 들쳐봐도 기사가 안 나오면 허탕을 칠 수밖에 없다.

정말 이런 어려움을 한마디로 표현한다면 '한강 백사장에서 잃어버린 반지를 찾는다' 고나 할까.

이렇듯 기자들마다 자료 찾기 경쟁을 하는 바람에 거의 매일 다른 내용의 기사들이 각 신문사 지면에 실리는데 때로는 같은 기사가 나오기도 하고, 영 다른 기사가 나오기도 한다. 그러나 이를 두고 특종이다 낙종이다 라고는 말하지 않는다. 왜냐하면 방대한 자료들 중 누가 먼저 좋은 자료를 찾아내는 것이냐 하는 것이어서 큰 의미를 둘 수 없기 때문이다.

또한 자료 채집의 시기가 오래전의 것도 많아 실제 자료를 바탕으로 기사화했을 경우 이미 종료된 것도 있었다. 예를 들면 3~4년 전 문제점이 지적되어서 1년 전 개선이 되었는데 자료에 문제점만 나오면 이를 본 기자는 문제점만 나열해 지금도 이런 문제가 상존하고 있는 것으로 기사화되고 만다. 이럴 경우 해당 부처 담당자들이 보면 "기자들 정말 뭐도 모르고 옛이야기하고 있네"라고 불평을 한다. 자료를 토대로 해당 부처에 확인을 해야 하는데 자료만 챙겨 기사를 쓰니 자연히 틀릴 수 밖에 없다.

지방에 대한 국감은 같은 상임위원회라도 지역이 넓어 몇개 반班으로 나뉘어 한다. 자세한 기억은 나지 않으나 반장이 하순봉 의원이어서 하 의원을 따라 부산을 방문한 적이 있다. 김응삼 기자(현 경남일보 정치담당 국장)가 하 의원과 친해 함께 가면서 나와 같이 가자고 해 간 것인데 부산교통공단, 부두 등이었다.

국감장에는 지방 기자인 우리 두 사람, '서울 기자' 2명의 자리가 마련되었고, 부산지역 기자들의 자리는 없었다. 그러다 보니 부산기자들은 우리들 눈치를 보며 어색해 했다. 부산 기자들이 주역인데 서울서 수행기자들이 오다보니 자리를 뺏기게 된 것인데 그들은 우리가 지방지 기자인 줄을 몰랐던 것 같다. 묘한 생각이 들었다.

부산에 함께 가지는 않았지만 김영일 의원(김해)은 부산시 국감에서 김해~부산 경전철 사업 진행과정을 묻곤 했다. 그때 국감에서 거론되었던 경전철이 2003년 사업자 선정이 끝나 착공했으니 세월이 빠르다는 말 이외는 달리 표현이 없다.

또한 지방자치시대로 접어들면서 지방에서는 중앙 위주의 국정감사 거부운동도 일어나고, 국감 의원들도 예전처럼 지방에 내려와 큰소리도 치지 못하는 상황이 되고 있다. 그 옛날 국감을 할 때 수감기관이 제공하는 접대를 받고, 마치고 갈 때는 별도의 차량을 준비해야 선물을 갖고 갈 수 있을 만큼 대단했다지만 세월이 흐르면서 바뀌고 있다. 20년 전 그때 국감만 해도 그런대로 괜찮았다는 생각이다.

기사를
열심히 써야 하는 이유

 오늘이 1994년 11월 28일이니 서울 정치부 국회출입기자로 근무한 지 1년을 훨씬 넘어 2년으로 가고 있는 시점이다. 오늘 이른 아침에도 나는 기사 송고를 했다. 송고 장소는 마포의 하숙방이다. 내 방의 전화선을 통해 노트북으로 전송했다. 내용은 '정국 파행 당분간 불가피'라는 것으로 12·12로 빚어진 민주당의 장외투쟁이다.
 민주당의 대표가 이 사건의 관련자들의 기소를 주장하며 보름 이상이나 국회 등원을 거부하며, 자신은 지난 25일 의원직을 사퇴, 여야의 대립이 현재로서는 해결이 어려우며 당분간 계속될 것이라는 내용이다.

나는 이 기사의 게재 여부는 잘 모른다. 취재기자는 취재하여 송고를 하면 나머지는 데스크의 몫이다. 안 들어갈 수도 있다. 그렇다면 왜 기사를 썼는가? 이 물음에 대한 답은 간단하다. 내가 하는 일이 기사를 쓰는 일이고, 많은 사람들이 그 기사를 읽기 때문이다. 언제부터인가 나의 기사를 읽는 사람들이 많다는 생각을 하게 됐다. 너무나 당연한 일이지만 직접 실감을 한 것 같다.

이런 당연하고도 '바보' 같은 생각을 나는 신문사 입사 10년이 훨씬 지나서야 하게 된 것이다. 지금까지는 쓰고 나면 누군가 읽어 보겠지 하는 안일한 생각이었을까? 아니면 나의 일은 기사를 쓰는 일이지, 그 후의 일에 대해서는 관여하지 않는다는 생각 때문일까? 아무튼 내가 쓴 기사를 많은 사람이 읽고, 기사에 대한 판단을 한다는 생각이 들었을 때, 긴장하지 않을 수 없었다.

누가 뭐라 하든 세상에서 최고의 베스트셀러는 신문이다. 어느 책이 하루 만에 몇만 부를 찍어내고, 수천, 수만 명의 독자들에게 읽힐 수 있겠는가? 신문에 대적할 어떤 베스트셀러도 없다. 아무리 방송매체가 발달하고, 인터넷이 세상을 지배한다고 해도 인쇄문명의 근본인 신문매체는 영원하고, 지식의 보고인 책과 동일시된다.

그래서 나는 이 부분에 대해서만큼은 항상 자부심을 갖고 있으며, 나름대로 무거운 책임을 느낀다. 내가 쓴 한 줄의 기사가 몇 시간도 못 돼 수많은 사람들이 읽고 판단한다는 사실을 생각하면 매우 기쁘고, 또 한편으로는 막중한 책임감을 느낀다. 이 책임감이란 '머리를 짜내는 듯한' 스트레스와도 연결될 것이다.

신문기자를 하면서 배운 것은 뉴스란 기자가 있기에 만들어진다는 논리였다. 뉴스는 뉴스 자체로서 생산되는 것이 아니고, 기자가 기사화함으로써 탄생한다. 다시 말해 기사를 작성해 보도함으로써 비로소 뉴스가 된다는 사실이다.

아무리 큰 사건이라도 기자가 기사화하지 않으면 뉴스로서 존재하지 않는다는 말이다. 세상에 뉴스거리는 즐비하나 그것을 기자가 선택하지 않으면 안 된다는 것이다. 그래서 미국의 기버Gieber라는 언론학자는 '기사란 기자에 의해 만들어지는 것'이라고 정의한 바 있다.

그러나 뉴스가 반드시 진실일 수는 없고, 단지 세상을 내다보는 하나의 창문으로 보면 될 것 같다. 사람들은 이 창문을 통해 자신을 배우고 남을 이해하게 되며, 그들 국가의 제도와 지도자, 그리고 사람들의 라이프스타일 등을 알게 되고 또한 다른 나라 사람들의 이 같은 생활도 보게 된다. 월트 리프만Walter Lippmann은 그의 고전 《여론》에서 "뉴스란 결코 진실일 수 없으며, 그것은 오직 기자가 본 어느 단편의 복사에 지나지 않는다."고 했다.

신문학 교과서에 제시되어 있는 한 사례를 보자. 월남전 때 '미라이 학살사건'이라는 충격적인 사건이 있었다. 미군 소위 한 명이 월남인 마을을 송두리째 초토화시켜 버린 비인도적인 사건이었다.

　AP통신을 비롯한 많은 미국 언론들의 종군기자들은 사실을 알았음에도 한 줄의 기사도 송고하지 않았다. 담합은 아니었지만 국익에 피해가 갈 것이라는 기자들의 독자적인 판단을 했기 때문이었다. 그러나 유럽의 조그만 통신사가 보도를 하는 바람에 할 수 없이 보도를 하게 되었다. 이처럼 기자가 기사를 쓰지 않으면 기사로서, 뉴스로서 존재할 수 없다. 기자가 기사를 쓰는 이유는 이처럼 엄정하고 하늘이 내린 사명 같은 것이다.

　언론과 기자의 사명이 본시 이러하니, 기자는 항상 언론 본연의 사명인 환경 감시와 고발의 기능에 몰두하지 않을 수 없다. 이런 기능에 충실하지 못한 언론은 그 존재가치가 없다. 사회기능이 분화돼 어느 것 하나만 없어도 당장에 불편이 따르지만 언론, 특히 신문이 없다면 참으로 곤란하고, 답답해진다. 문명의 이기가 없다면 단순한 육체적 불편에 그치지만 신문이 없다면 이는 정신적 불편이고, 사회적 불편이고, 국가적 불편이다.

　신문이 있다 하더라도 기능을 제대로 못하고, 오히려 역행할 경우 그 사회는 불편이 아닌 불구가 되고 만다. 신문의 기능과 역할은 이처럼 중요하다. 지역사회와 국가의 정상 여부가 신문에 달려 있다고 해도 과히 틀린 말이 아니라고 본다.

　그 기자에게 희열을 주는 것이 특종이고, 기자는 특종에 죽고 산다고도 한다. 특종과 낙종은 종이 한 장 차이라고 말하지만, 특종은 성실하고 꾸준한 노력 속에 나온다. 기자에게 특종은 참으로 중요하고, 특종은 세상을 바꾼다. 언론의 사명과도 같은 것이다.

미국의 명기자로 이름을 날린 R.Oppel이 말한 특종의 여덟 가지 비결을 소개해볼까 한다. 재미있고 고개가 끄덕거려 진다.

1. 꾸물거리지 말라. 뉴스감을 보면 독수리가 먹이를 낚아채듯 빨리 집어 넣어라.
2. 매일의 목표를 세워라. 오늘 최소한 몇 꼭지 뉴스 값을 찾고야 말겠는 야심을 가져라.
3. 새로운 뉴스원의 계발에 힘쓰라. 가장 큰 뉴스원은 사람이다.
4. 뉴스원과 인간적으로 친하라.
5. 취재원과 이야기를 나눌 때 전반적인 질문을 하라. 너무 세세한 것만 질문해서는 특종감을 긁어낼 수 없다.
6. 조심해서 듣고 주의 깊게 관찰하라. 바디 랭기지body language에 관심을 가지라는 것인데 자세히 보면 숨길 때 표정은 어딘가 달라도 표시가 난다.
7. 오리지널 기록을 체크하라. 보도자료에 숨겨진 자료를 가능한 한 접근, 손에 넣도록 하라.
8. 수시로 전화로 체크하고 취재원을 심심찮게 만나라. 때로는 집으로 찾아가 유대를 돈독히 하라.

40세 성인 하숙
낭만은 옛말이고 TV만 친구더라

　서울 마포의 하숙집을 자세히 소개하지 않을 수 없다. 어렵사리 구한데다 내가 만 2년 동안이나 있었던 곳이고, 후임인 박현오 기자(현 경남신문 상무이사)가 이어받아 경남신문으로서는 단순한 하숙집 이상의 '서울 숙소' 같은 의미를 갖고 있다.

　집은 3층 콘크리트 건물이다. 1, 2층은 하숙방으로 쓰고 3층은 건물 주인인 병원장이 살고 있다. 하숙집은 본래 의원 건물로 사용되어 오다 의원을 인근 도로변으로 새 건물을 지어 옮기고 전세 내자 김부기 씨라는 사람이 임대해 하숙을 치게 된 것이었다.

　김부기 씨는 나에게 자신의 전셋집을 하숙집으로 소개한 복덕방 주인으로 사람이 아주 좋았다. 나는 이 아저씨를 만난 덕에 소개료를 주지 않고 하숙집을 구했다. 하숙집 주인이 복덕방 주인이었으니 별로 소개료를 줄 이유도 없었다.

1, 2층의 하숙방은 13개였다. 방이 옛날의 입원실이어서 2평 정도로 적었지만 방문이 도어식으로 되어 있어 옆방과 차단되어 조용했으며, 제법 소규모 기숙사 같은 느낌도 들었다. 복도 양옆으로 방이 나란히 있었고 중간에는 공동화장실이 있었다. 한 켠에는 공동냉장고가 있어 하숙생들이 각자 자기의 물이나 음료수 등을 넣어두었다 꺼내 먹었다.

또한 세탁물을 말리는 옷걸이도 있어 자기 손으로 세탁을 하는 사람들은 이곳에 젖은 옷을 걸어두었으며 양말은 색깔이 비슷해 자주 바뀌었다. 조그만 하숙방에는 병원시절 썼던 간이캐비닛이 있어 하숙생들은 여기에 옷 등을 넣어두고 사용했다. 내 방의 물건은 간이캐비닛을 비롯, 소형책상, TV, 전화기, 이불(방바닥에서 접어놓았음)이 전부였고, 기사참조를 하기 위해 구독했던 2개 신문지(조선, 동아)들이 1주일만 지나면 수북이 쌓였다.

TV는 상경한 후 가장 먼저 산 생필품이었다. 하숙집을 정하자마자 곧바로 사러 나갔는데 청량리 8가였다. 이곳에는 TV는 물론, 냉장고, 선풍기 등 각종 중고 전자제품이 산더미처럼 쌓여 있어 싼 값으로 구입할 수 있었다. 혼자 가기 심심해 경남매일의 김진규 기자와 함께 갔다. 김 기자는 고교 후배로 서울생활 동안 여러모로 나를 도와주었다.

두서너 집 둘러보다 한곳에 들어가 13인치짜리 중고를 4만 원에 샀다. 갈 때는 버스를 타고 갔지만 올 때는 부득불 택시를 탔는데 청량리에서 마포까지 택시비가 1만 원 넘게 나왔다. 배보다 배꼽이 더 큰 셈이었다. 나중에 알고 보니 굳이 청량리까지 안 가도 집 근처의 전파상에서 5만 원이면 아주 훌륭한 것을 구입할 수 있었는데 무슨 큰 물건을 산다고 청량리까지 간 것이었다.

중고 TV는 "평생 고장은 없다."는 중고가게 아저씨의 말과는 달리 정확히 1년을 쓰고는 먹통이 되어버렸다. 다시 사려고 하는데 하숙집 아저씨가 "조금 있어 보라."고 하더니 복도에 있는 헌 TV를 가져왔다. 옆방의 아저씨가 새것을 구입하고 난 후 마땅히 버릴 데가 없어 놔둔 것인데 고치면 괜찮다고 해 동네 전파상에서 간단히 손을 본 후 내 방으로 가져와 썼는데 잘 나왔다. 전에 것은 수동이었지만 이것은 컬러 리모컨에 스테레오여서 훨씬 나았다. 누워서 이 방송 저 방송을 틀 수 있어 편리했다.

나는 이 TV를 박 기자에게 인계하고 왔다. TV는 하숙방의 재산목록 제1호이자 나에게는 없어서는 안 될 소중한 친구였다. 다음으로는 책상이다. 처음에는 없었으나 기사를 하나 쓰려고 해도 엎드려서는 할 수 없어 동네 파란들 가게에서 13만 원을 주고 책걸상 세트를 샀다. 적지만 컴퓨터 전용으로 서랍이 없는 반면 책상 상단이 들고 나가도록 되어 있고 조립식이어서 유용하게 썼다.

나는 검은색의 이 조그만 책상에서 많은 기사를 썼다. 94년 말

회사에서 PC를 공급해주어 책상에 앉아 기사를 쳤으며, 혹 문을 열어놓을 때 다른 하숙방 동료들이 책상 위에 있는 서류들과 컴퓨터, 그리고 자욱한 담배연기를 보고는 "참 공부 열심히 한다."고 말하곤 했다. 그때는 담배를 피웠고, 95년 10월께부터 끊었다. 이 책상은 창원에 내려올 때 해체해서 갖고 와 나와 아이들이 번갈아가며 쓰고 있다.

하숙집 동료들에 대해 좀 이야기를 해야겠다. 사람마다 사연이 많았다. 주로 직장인이었지만 집이 서울이면서도 멀고 귀찮아 하숙을 하고 있는 사람도 있었다. 내 방이 206호였고 201호는 노총각아저씨, 그리고 202호는 엉뚱하게 국회 김옥두 국회의원(전국구)의 보좌관 국종호 씨였다.

국 씨로 인해 나는 국정감사 자료를 받은 적이 있고, 이로 인해 자료 제공자로서 경남신문에 김옥두 의원의 이름이 나가기도 했다. 김 의원은 김대중 전 대통령의 비서 출신으로 가신이었다. 208호는 LG에 다니는 대학 후배, 205호는 사업가였다.

가수 양성을 하는 사람도 있었다. 그의 얘기를 빌자면 가수는 절로 태어나는 것이 아니고 만든다는 것이었다. 젊은 아이들을 데리고 와 먹이고 입히고 재우고 노래 가르쳐 가수를 만든다는 것이다. 말하자면 신인 발굴을 하는 것인데, 한번 히트해야 본전도 찾고 돈도 번다고 했다.

이 사람의 방에는 어린 여자 가수 지망생들이 종종 드나들었는데 '금녀의 집'인 성인하숙집에 신인 여자들이 들어오니 아연 긴장하기도 했으며, 화장실에 갈 때도 팬티 바람 대신에 바지를 입고 가야 하는 촌극이 벌어지기도 했다.

외국인 영어학원 강사도 있었다. 학원 측에서 숙소 구하기가 어렵자 하숙집을 숙소로 정해주었다 한다. 이 외국인은 인삼차를 좋아해 내가 한잔 끓여주었더니 매우 고마워했다. 외국인들은 인삼차를 정력제로도 생각하는 것 같았다.

부자父子 두 사람도 있었고, 내무부 산하 대한지방공제회 간부도 있었다. 그는 "공제회 회장이 경남지사를 역임한 김원석 씨이니 한번 방문해 달라."했다. 그래서 내가 실제 방문하여 김 전지사를 만나고 고향 이야기를 나누곤 했다. 이외 머리가 희끗한 40대 신한은행 차장도 있었다.

대학을 다닐 때 만난 하숙생들은 서로 모이는 기회가 많았고, 학교 축제 때가 되면 '오픈하우스'(하숙집에서 각자 여자 친구들을 초청하여 식사를 하는 행사)라는 명목으로 미팅도 하면서 우의를 다졌는데 성인이 되고 난 후의 하숙은 그렇지 못했다.

각기 생업의 일환으로 가정을 떠나 있거나 어쩔 수 없는 개인적인 사정으로 살기 위한 방편이었다. 젊은 시절 하숙의 낭만과는 구조적으로 거리가 멀었다. 결혼 후 39세 4월 말부터 41세 4월 말까지 정확히 2년간 객지 하숙에서 느낀 가장 정확한 사실은 성인하숙이 그렇게 만만하지 않다는 것이었고, 하숙생의 가장 친한 친구가 TV였다는 것이다.

  가장 가까운 사람들은 가족이지만 떨어져 있는 동안 늘 함께한 것은 TV였다. '바보상자', 이 기계가 없었더라면 하숙은 참 심심했을 것이다.

나는 서울 정가의
이름 없는 이방인

　대한민국 국회와 집권여당인 민자당을 2년간 출입하면서 느낀 것은 한국의 정치는 철저히 중앙언론에 의해 움직여진다는 사실이었다. 정치란 어차피, 명분과 권모술수가 공존하는 약육강식의 현장이다. 하지만 그 살벌한 생존의 현장에서 언론의 역할은 참으로 막강하다는 말 이외는 어떤 표현으로도 대신할 수 없다. 언론은 정치의 중심에 있고, 정치와 언론을 떼어놓고 생각해 볼 수도 없다.
　신문 독자 중 정치인보다 정치면을 열심히 꼼꼼히 챙겨보는 사람도 없고, 신문을 무시하는 그 어떤 정치인도 없다. 국회에서 졸다가도 TV카메라가 나타나면 벌떡 눈을 떠야 하고, 서로 멱살을 잡고 죽기 살기로 싸우다가도 카메라가 오면 미소를 지으면서 즐거운 표정을 지어야 한다. 왜 그러느냐? 질문이 필요 없이 그렇게 하지 않으면 '죽기' 때문이다.

언론을 활용·이용하는 의지와 열의에 있어서는 정치인을 당해 낼 그 어떤 사람도 없다. 다시 말해 정치는 언론에 의해 만들어지고, 고쳐지고, 바뀌어 지고, 심지어 조작될 수도 있다. 정치는 언론이고, 언론은 정치라는 등식이 성립한다.

기자는 불가근불가원不可近不可遠이라고 하지만 정치인은 기자와 가까이 지내기를 원한다. 그렇게 하지 않으면 클 수 없고, 알려질 수도 없다. 그러다 보니 거물 정치인은 자기가 키우는 기자도 있어 「○○장학생」이라는 말도 한때 나왔다.

그렇다면 언론 중 막강 중앙언론을 제외한 또 다른 축인 지방언론의 역할은 무엇인가. 구체적으로 말해 국회와 민자당을 출입하면서 이른바 서울정치를 커버하는 지방지 서울정치부 기자들은 무엇인가. 중앙지 정치부 기자들과 비교하면 어떠한가.

불행히도 이 질문에 대해 나는 긍정적인 대답을 할 수 없다. 나의 경험에 비쳐보건대 지방지의 정치부 기자들은 정치를 움직이는 능력에 있어 별반 힘을 내지 못하고, 중앙언론에 끌려간다고밖에 말을 할 수 없다. 최소한 내가 보고 듣고 느낀 지방지 정치부기자들은 정치를 리드하지 못하고, 리드할 수 있는 메카니즘이 되어 있지 않았다.

지방지를 탓하는 것은 전혀 아니고, 우리나라 정치가 서울에 집결되어 있고, 중앙언론이 전국을 지배하기 때문이다. 비단 정치만이 아니고, 경제 문화 등 사회 전분야가 중앙 집중적이어서 나타나는 현상이다. 민자당의 주요 취재원을 지방지 기자들이 단독으로 만나기란 쉽지 않다. 당직자 방을 찾아가면 되지만 인식의 정도가 중앙지에 비해 크게 뒤떨어진다. 취재원 쪽에서 보면 당연하다는 생각도 할 수 있지만 지방지 쪽에서 보면 서운하기 짝이 없다.

그러다 보니 당내의 기자실도 중앙지 기자실과 지방지 기자실, 그리고 사진기자 및 방송카메라 기자실 등 4개가 있고, 주요 브리핑이나 발표는 항상 중앙지 기자실이었다. 발표가 있을 경우 대변인실이나 기자실 여직원이 알려주면 우르르 옆방 중앙지 기자실로 가서 듣는 형식이었다. 상황이 이러하니 중앙정가의 무게중심은 처음부터 끝까지 중앙지에 있고, 지방지는 그 다음이거나, 없었다.

하지만 YS문민정부 출범 때였던 93년 그때, 경남·부산지역 기자들은 그래도 사정이 조금은 나았던 것 같다. YS가 청와대에서 칼국수를 먹고, 토사구팽兎死狗烹으로 대표되는 사정한파를 몰아치게 했지만 이른바 PK지역 기자들은 '실세지역 기자'로서 나름대로 대우를 조금 받았다. 왜냐하면 당시 민자당의 주요 당직을 PK에서 도맡았고, 이들 당직자들이 중앙정치를 관장하면서도 지역 기자들에 대한 신경을 썼기 때문이었다.

지방지 기자들도 지방 출신 당직자들의 방에 자주 출입했고, 한 번씩 비중 있는 기사들을 건졌다. 특히 지역에 관련되는 기사들은 거의 지방지 기자들이 먼저 알고 썼다. 당직자들도 지방기사를 중앙지에 주면 잘 반영되지 않아 지방기자들에게 주었고, 지방신문에서는 크게 반영되었다. 중앙정치도 중요하지만 지역구 구민들을 무시할 수는 없었고, 지역구민들에 직접적 영향을 미치는 지방기자들을 중시하지 않을 수 없었다.

지방지 기자들은 지역에 관한 기사는 매우 열심히 취재하고 열심히 썼다. 한 사례를 들자면 94년 당시 '경남 땅 지키기'이다. 당시 부산은 부산 출신 국회의원들을 내세워 양산·김해지역을 부산으로 편입시키려 했고, 이에 맞서 경남 기자들은 부산의 경남 땅 잠식 '음모'와 그에 따른 부당성을 거의 매일 서울발 기사로 송고했다. 지역에서도 기사를 쓸 수 있었지만 행정구역 개편의 수면 아래 작업이 서울에 있는 부산 국회의원들 사이에서 은밀히 진행돼 민자당 출입기자들이 쓰지 않을 수 없었다.

지방기자들이 연일 기사를 써대니 경남지역 국회의원들도 긴급회동을 갖고 대응책을 모색했으며, 김봉조 위원장과 해당지역 김영일·나오연 의원을 비롯, 강삼재·이강두 의원 등이 반대의사를 공개적으로 표명하고 나섰다. 이때 지방기자들은 거의 경남을 보호하는 지사志士적 성격으로 기사를 쓰지 않았나 싶다. 연일 1면 톱을 장식했던 기억이 새롭다.

거제와 부산을 연결하는 거가대교 건설 계획도 김봉조 의원(거제)으로부터 듣고 내가 가장 먼저 보도했으며, 이강두 의원이 발의

한 거창특별법도 집중보도를 했었다. 강삼재 의원은 마산의 3.15 의거가 중학교과서에 실리도록 실무 작업을 추진했으며, 이런 내용을 알려주어 특종을 할 수 있었다.

강 의원은 실제 3·15의 역사적 재조명을 하는 심포지엄을 서울 세종회관에서 개최, 재조명의 토대를 제공했다. 이처럼 지역의 주요 현안은 지방기자들이 거의 놓치지 않고 가장 먼저, 가장 깊이 보도를 할 수 있었다.

그러나 서두에 말했듯이 중앙정치에 관한한 지방기자들은 그 중심에서 멀어져 있었다. 중앙정치는 중앙기자들이 주도했고, 지방지는 따라가거나 모방하는 행태였다.

지방지 기자실의 아침 마감 표정을 보자. 대부분의 기자들이 조간지 2~3개를 노트북 양옆에 펴놓고 참고하면서 기사를 작성한다. 신문이 부족하면 필요한 부분을 복사해 이른바 '짜집기 형식'의 작업을 한다.

어차피 정치기사는 작문하는 것, 조간신문을 두루 참고하고, 여기에다 자신들이 보고 들은 내용들을 추가해 그럴싸하게 만들어내면 '훌륭한' 기사가 가능하다. 이런 과정도 민자당이라는 집권당 주변에서 늘상 지켜보고 느끼기 때문에 가능했다.

하지만 중앙정치에 관한 본질적인 기사는 단독 생산해내기가 어려웠다. 중앙지를 모방한다고 하면 너무 심한 표현인지 모르지만 그 범주를 크게 벗어날 수 없었다. 그래서 어느 날 JP는 사석에서

"지방지가 중앙지 베끼는 것도 좋지만 중앙지가 개인적 이유로 쓴 것까지 앞뒤 사정도 모르고 옮긴다."고 냉소적으로 말하기도 했다. 베끼더라도 사정을 잘 알고 옥석을 가려 베끼라는 것이다.

지방지 정치부 기자라고 해서 모두 나와 같은 기분이었다고는 말 할 수 없다. 나는 당시 나이가 40세로 적지 않은데다 말을 잘하는 성격도 못 돼 다른 지방지기자들처럼 중앙지 기자들과 잘 사귀지도 못했다. 그래서 늘상 지방 기자들과 어울렸고, 더 이상의 교제는 부족했다.

그래서 때때로 '나는 이곳 서울에 왜 왔는가?' 하고 스스로 물어보았다. '민자당과 국회를 출입한다는 명분 아래 나는 무엇을 하고 있는가, 제대로 정치부 기자 역을 해내고 있는가?' 라는 자문을 수없이 했다.

지방지라 할지라도 신문사의 재정과 규모에 따라 나와 같지 않은 생각을 하는 기자들이 많이 있을 것이다. 하지만 지방지라는 전체적 구도에서 본다면 나의 생각과 크게 틀리는 지방지 기자들은 없을 것으로 본다.

프랑스로 갔다가 남민전 사건으로 돌아오지 못하고 망명생활을 했던 홍세화 씨는 《나는 빠리의 택시운전사》라는 책 속의 '이방인'에서 이렇게 말했다. '에트랑제라는 말이 멋있게 들렸던 적도 있었다. 그러나 주인공이 아니라 엑스트라일 때의 이방인은 덧없는 외로움의 대명사에 지나지 않았다. 나는 내가 한때 멋모르고 따라 읊어대기도 했던 "저 구름, 저기 저 흘러가는 저 구름을 사랑하는" 보들레르 시에 나오는 여유만만한 이방인이 아니었다.

그리고 "강렬한 햇빛의 충동 때문에 한 아랍인을 쏘아 죽인" 알베르 까뮈의 이방인도 아니었다. 나는 그 주인공 뫼르쏘가 아니라 그의 총에 맞아 죽는 이름도 없는 아랍인의 처지게 가까웠다. 나는 이방인이되 엑스트라 이방인이었고, 또 삼중의 이방인이었다. 나는 프랑스 땅에 사는 외국인인 문자 그대로 이방인이었다. 그리고 한국인이면서 빠리의 한국인 사회에 낄 수 없는 이방인들 중에 이방인이었다.

한국인이면서 한국을 제외한 세계 모든 나라를 여행할 수 있으나, 한국행만 제한당한 홍세화 씨가 이국 프랑스 파리에서 느꼈던 그 이방인의 심정을 나 역시도 서울 정가 그곳에서 느꼈다. 파리는 이역만리 머나먼 곳, 국내의 서울과는 비교가 안되는 엄연히 다른 곳이지만 그때의 나의 가슴 한구석에는 이방인의 착잡한 느낌이 자리하고 있었다.

드넓은 서울 땅, 중앙 정치무대에서 거의 봐주지 않는 이방인, 중심으로 멀어져 소외된 이방인, 국회 출입기자라는 그럴듯한 명찰이 있어도 나는 서울 정가의 이름 없는 이방인이었다.

잊을 수 없는 나의 25기 입사 동기생들

나는 1983년 12월에 경남신문에 수습 공채기자로 입사했다. 신문사 처음으로 서울의 큰 신문사처럼 제대로 된 수습기자 채용규정에 맞춰 뽑았다고 했다. 시험 장소는 마산상고(지금의 용마고)이다. 몇 개 교실이 수험장으로 쓰일 만큼 많은 사람이 응시했다.

그래서 신문사 선배들은 "좋은 후배들이 들어올 것"이라며 기대를 많이 했다 한다. 관문을 통과하여 입사하고 보니 수습기자 25기로 모두 10명이었다. 10명은 김관훈 심수화 강진권 전수언 신영철 김한태 정인태 조용호 등 남자 8명에, 윤경희 도난실 등 여자 2명이었다. 입사 후 세월이 흘러 심수화는 연합뉴스, 김관훈은 교수, 강진권은 중앙일보, 김한태는 경향신문, 전수언은 공공기관으로 각각 흩어졌다. 신영철은 고인이 되었다. 도난실은 퇴임 후 경남도의회 부의장과 3·15아트센터 관장을 지냈으며, 윤경희는 가정으로 돌아갔다.

10명의 입사 동기생들은 각기 특징이 있었으나 참 잘 지냈다. 신문사에 대한 자부심과 긍지가 대단했던 것으로 기억한다. 그러나 한 사람씩 회사를 떠나고 오랜 기간 남아서 함께한 사람들은 나와 김관훈,

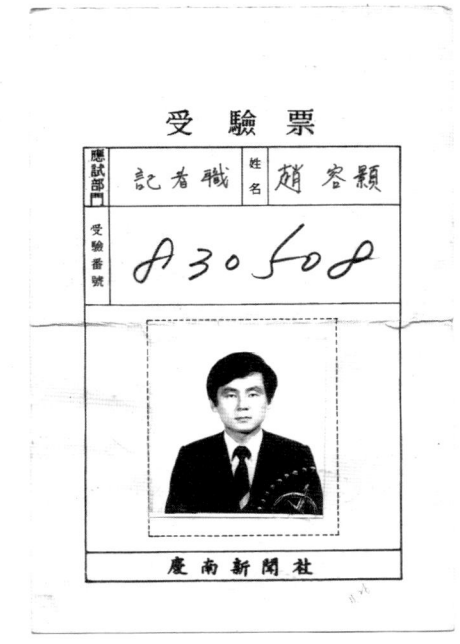

1983년 수습 공채기자 수험표

도난실, 윤경희 등 4명이었다. 남은 네 사람은 가까웠고, 우정이 깊었다.

경남신문사 입사 동기생들, 특히 남녀 가릴 것 없이 친하게 잘 지내는 것은 우리 동기들에게서 비롯됐다고 할 만큼 네 사람은 사이가 좋았다. 네 사람은 입사 초기 당시 MBC TV 드라마 '사랑과 진실'을 이야기하곤 했는데 나이가 들고 고참이 되어서도 이 이야기를 자주 했다.

얘기란 다름 아닌 당시 드라마의 주인공이었던 탤런트 이덕화, 원미경, 정애리를 말하는 것이다. 윤경희는 얼굴이 다소 납작하고 눈이 커 원미경 같았고, 도난실은 깨끗 참신하고, 지적인 분위기를 풍겨 정애리를 닮았다는 말이다.

드라마 중 원미경은 이덕화와 정애리를 이간하는 얄미운 역을 맡았으나 당시 드라마가 워낙에 공전의 히트를 기록하여 출연자들이 배역에 관계없이 인기를 끌었으며, 원미경과 정애리는 톱 탤런트의 반열에 올랐다. 네 사람 모두 결혼 이후에도 만나면 원미경 정애리 이야기를 하면서 웃곤 했다.

'원미경', 다시 말해 윤경희는 부산 태생으로 큰 키의 아름다운 얼굴에 차랑차랑한 직모의 좋은 머리결을 가진 사람이었다. 성격도 담대하고, 문장력도 뛰어난 재원이었다. 후배 기자들은 "우리 회사에 저런 사람이, 윤 선배가 미혼이라면 프로포즈할 건데."하며 아쉬워하기도 했다.

그녀는 문화부에서 근무하다 교열부로 옮겼고, 교열부 차장이던 98년 IMF 구조조정 당시 교열부가 통째로 없어지는 바람에 본인 의사와는 관계없이 회사를 떠나고 말았다. 그때 남자 동기생인 내가 아무런 힘이 되지 못한 게 너무 미안했다는 생각을 지금도 지울 수 없다.

그녀는 일본통으로 일본어를 잘했으며, 시사문제도 일가견이 있는 다재다능한 여성이었다. 80년대 당시 신문사 건물 내 편집국 맞은편 방에는 연합뉴스 창원지국이 있었고, 지국장이었던 안종배 국장과 가깝게 지내 저녁에는 세 사람이 마산에서 종종 만났다. 안 국장은 '가로등도 졸고 있네'라는 노래를 잘 불렀다.

'정애리' 도난실은 똑똑하고 학창시절 공부를 잘했단다. 입사 때부터 문화부장이 될 때까지 외길로 문화예술을 맡아 경남 문화예술계의 대모代母에 손색이 없었다. 속이 넓고 심지가 굳은 실력파로 여성계의 지지가 높았다.

아마도 여성계 대표로 출마하면 최소한 도의원은 따놓았고, 그 이상의 자리도 충분히 할 수 있는 사람이었다.(실제 그녀는 2006년 한나라당 비례대표 도의원으로 당선됐으며, 도의회 부의장을 역임했다. 3·15아트센트 관장도 역임했다). 그녀의 모교인 경남대 교수들이 신문사를 방문하면 도난실을 가장 먼저 찾는다. 대학시절 도서관에서 거의 살아 교수들이 도난실의 '명성'을 익히 들었다 한다.

도난실은 문화부 기자 시절 하도 많이 기사를 쓰는 바람에 다른 신문사 기자들이 곤욕을 치렀다는 얘기도 들을 만큼 매우 부지런하고 지혜롭다. 그녀를 잘 모르고 신문에서 기사와 이름만 보는 독자들은 도난실이라는 다소 특이한 이름의 사람이 누구인지 궁금하고, 나이가 많은 것으로 추정하다 실제 만나보면 젊어 놀랜다고 했다.

사학을 전공한 그녀는 오랜 문화부 생활로 경남지역 내 문화에

능통하고, 문화·예술계 및 여성계 인사와의 교류 폭이 넓다. 언젠가 도난실은 "한국일보의 장명수처럼 여성 편집국장이나 사장이 되고 싶고, 좋은 칼럼도 쓰고 싶다."고 말한 적이 있다. 능력만큼이나 포부도 크고 마음도 큰 그런 사람이다.

남자 김관훈(현 마산대 교수)은 이 시대 마지막 로맨티스트에 걸맞는 순수한 사람이다. 예나 지금이나 신문사는 봉급이 적어 생활하기 빠듯하고 여유가 전혀 없다. 그러나 김관훈은 봉급을 털어서도 후배들에게 술을 자주 사는 사람이고, 입사 초기 내가 술을 거의 못할 때 그는 후배들과 자주 술자리에 어울려 주머니를 다 털곤 했다.

이런 부문에 있어서는 나는 김관훈을 대적할 수 없다. 그는 후배 잘 챙기고 정이 많은, 부드러운 사람이다. 탁구, 축구 등 운동을 잘 하고, 춤도 잘 춘다. 동기생들이 노래방에 가면 나는 엉거주춤 발을 겨우 옮기며 서투른 스텝을 밟지만 김관훈은 상당히 날렵한 솜씨로 스탠드를 돌아가고, 폼도 잘 잡는다.

입사 4년차 정도로 기억하는데 김관훈 전수언 강진권과 1기수 후배인 26기 최일언(현 자기 사업) 기자 등 4명이 잠적한 사건이 발생했다. 아마도 회사의 제작 및 운영방식 등에 불만(?)을 품고 젊은 혈기에 말없이 회사에 나오지 않고 사라져 난리가 났는데 가족들도 행방을 몰랐다.

나는 잠적 전날 그들과 함께 있었는데 나에게는 아무런 말을 하지 않았다. 나중에 돌아와서 보니 섬으로 갔다고 했다. 회사에서는 젊은 기자들의 잠적을 탓하지 않았다. 나중에 "왜 나만 뺐느냐"고 물어보니 "일부러 빼준 것"이라고 말했다. 설령 그때 같이 가자고 해도 나는 가지 않고, 그들의 발목을 잡았을지도 모른다.

이런 4명의 동기생들은 93년 초 내가 노조 부활 활동이 문제되어 갑자기 서울로 발령났을 때 당시 경영진을 찾아 항의하고, 선처를 호소하곤 했다. 그들의 말에 따르면 "태어나서 처음으로 누구를 위해 빌어봤다."고 했다.

당시 나는 인사 당사자이고, 나름대로 각오를 한 터라 "가만 있자."고 했지만 '나이 든 동기생' 한 명을 서울 귀향 살이 보내는 그들의 심정은 매우 아팠던 것 같다. 김관훈은 그만큼 순수한 사람이고, 이름을 '김의리'라도 해도 무방할 것이다. 의리에 관한한 김관훈 뿐만 아니라 도난실, 윤경희 두 여성 모두 2등 가라면 서러워할 만큼 대가大家이다.

후배들 중 남녀 동기생들의 우애가 좋은 것이 신문사의 전통인데 이 전통은 동거동락, 의지해온 25기 동기생들이 원조일 것이다. 나는 96년 11월 신문사 선후배 기자들 30여 명이 제주도 산행을 가 한라산 정상에서 찍은 사진을 책상 위 유리판 아래에 오랫동안 붙여 놓았다. 이 사진에는 IMF와 여러 사정으로 회사를 떠난 옛날의 그리운 얼굴들이 있기 때문이었다.

세상일은 얄궂다. 2004년 말 김관훈과 도난실 두 사람 모두 회사를 떠났다. 청춘을 바친 회사를 떠난 마음이 오죽하랴만 그만큼 세상일이 쉽지 않았기 때문이었으리라. 그들이 떠날 때 나는 광고국장이었고, 두 사람은 문화부장과 경제부장이었는데 2004년이 지나가는 11월과 12월 어느 날 차례로 가버렸다. 결국 10명 중 나 혼자 남아 편집국장을 거쳐 부사장을 끝으로 2012년 회사를 떠났다. 지금도 4명은 자주 만나 친구처럼 지낸다.

Chapter
3

나의 기자 인생
남기고 싶은 이야기들

돌아보면 나의 기자생활, 기쁘고 보람 있고, 즐겁고, 한편으론 아쉬운 숱한 사연들이 교차했다. 하지만 슬픔보단 기쁨이 많았고, 회한보다 보람과 즐거움이 많았다. 지방신문사의 이름 없는 한 기자에 대해 신문사와 주변의 많은 사람들이 나의 역량보다 과분한 평가와 예우를 해주었다. 너무 감사하고 고맙게 생각한다. 이 모든 '언덕'이 경남신문사이다. 나의 영원한 친정 덕분이다.

1995년 11월 편집국 기자들과 가족들이 한라산을 찾았다.
백록담 앞에서 찍은 기념사진이다.

되돌아본 30년
나의 기자 인생

내 나이 우리 나이 기준으로 61세이니 회갑이다. 회갑이라는 용어를 도저히 수용할 수 없고, 나와는 아주 무관한 '먼나라'의 생소한 말로 들리지만 현실을 인정하지 않을 수 없다.

100세 시대라 하지만 엄연히 이른바 '6학년'의 진입이다. 이는 '퇴직'이라는 말이 성큼 생각나는 연령이기도 하다. 하지만 '새 출발'로도 충분히 해석할 수 있다.

퇴직이라는 영어 단어 Retire는 바퀴tire를 다시re 끼우는 것이다. 닳은 타이어를 새것으로 바꿔 다시 달린다는 말이다. 그렇다면 60이라 해서 겁낼 것도 없다. 재충전하여 인생 2막을 시작하면 되는 것이다. 신문사를 떠난 지금의 '군번'에서 되돌아본 나의 기자

인생은 어떤 것인가?

어떤 계기로 입문하여, 무슨 보람이 있었으며, 어떤 결실을 맺었는가? 후회는 없는가? 다시 태어나도 이 기자 인생을 선택할 것인가? 근 30년 동안 일하다 물러난 지금, 내 마음에 무엇이 남았는가? 왜 기자라는 직업을 선택했는가?

나는 이 문제를 나 자신에게 스스로 물어본다. 대답을 하기 전에 작가 김홍신의 예를 한번 들어보자. 그의 저서 《인생을 맛있게 사는 지혜》에서 김홍신은 사회 각계 대표들에게 "왜 사느냐."고 물어봤다. 답은 이러했다.

강론으로 소문난 신부는 "그걸 알면 이 지랄을 하고 살아 있겠습니까?" 토굴의 스님은 "그걸 알기 위해 부득부득 살아 있지요." 통 큰 목사님은 "그 어려운 걸 왜 나한테 묻는거요? 하나님한테 매일 그걸 물어보느라 이 고생인 걸." 열정적인 삶을 사는 할머니는 "그걸 묻는 사람이 바보지요. 그냥 살지요, 뭐."

대답은 천차만별, 딱 떨어지는 답은 없었다. 하여 작가는 스스로 답을 찾았다.

한마디로 "오늘보다 내일이 더 나을 거라는 가능성을 믿기 때문에 살아 있다는 것"이다. 이는 곧 '행복을 위해서'이다. 공부하고 돈 벌고 결혼하여 아이 낳고 승진하고 출세하고, 뼈빠지게 고생하는 것이 모두 행복해지기 위해서라는 말이다. 결국 "왜 인생을 사느냐?"라는 질문의 답은 "행복을 위해서"로 귀착되었다. 물론 작가 개인적 판단이다.

 나 역시도 즉답이 잘 안 나오지만, 그렇다고 나의 기자 인생을 남에게 물어볼 수도 없고, 어떻든 내가 대답을 해야 한다. 기자 입문은 아마도 대학의 전공이 신문방송이었으니 그리했을 터이다. 대학 졸업 후 중앙언론사로 가지 않은 것은 입사 관문 때문이고, 그렇다면 이왕에 언론사로 갈 것, 고향의 신문사로 가자고 해서 경남신문의 시험을 치렀고 입사한 것이다.

 30년 기자인생을 되돌아보니 "너무 좋았다."거나 "너무 안 좋았다."라는 느낌은 오지 않는다. 다만 "열심히 했고, 내 나름대로 바른 글을 쓰는 것이 좋았고, 하여 후회는 하지 않는다."는 답을 할 수 있다.

 "다시 태어나도 그 길을 가겠느냐."는 질문에는 반반이다. 기자가 아닌 다른 매력 있는 직업이 워낙에 많아 새로운 경험을 할 수 있어 그렇다. 기자가 세상사 다 아는 것 같지만, 기자 역시 직업인이라 때론 세상 물정에 어두운 '우물 안 개구리'이기도 하다.

 자식이 아버지의 길을 걷는다면 '얼씨구야' 하며, 떠밀지는 않을 것이다. 이미 아버지와는 다른 길로 들어서 그럴 수고도 필요 없지만 자식 세대까지 기자, 그것도 박봉의 지방지 기자를 나서 권하고 싶지는 않다.

 기자로서, 언론인의 보람이라면 상식선의 기사를 써 사회적 공감을 일궈내는 것이다. 나는 정론직필이나 지역 언론 문화 창달 등의 거창한 목표는 가져본 적이 없고, 원하지도 않는다. 그런 창대한 목표를 가졌다면 기자보다 정치 쪽으로 가야 할 것이다. 그저 일반 시민이 갖는 보편타당한 상식과 윤리, 관습 등을 감안한, 바르고 정확한 내용을 지면에 옮겨 독자들이 공감토록 하는데 보람을 느꼈다고 말할 수 있다. 나는 빠른 기사보다 정확한 기사를 더 중시한다.

또한 지방신문은 지방기사를 좀 더 많이, 좀 더 심층적으로 보도해야 한다. 그래서 내가 편집국장이 되고 난 후 부르짖은 제 일성이 '촌 신문' 제작이었다. 중앙 기사는 지방신문이 따라갈 수 없고, 따라가서도 안 된다.

다만 지방과 지역의 기사만큼은 지방신문이 우월성을 갖고 중앙 언론은 물론, 다른 신문이 따라올 수 없을 만큼 강한 경쟁력을 가져야 된다. 한마디로 경남에 관한 뉴스는 경남신문이 책임을 져야 한다는 논리이다. 경남지역의 다른 신문 측에서 생각한다면 그 신문이 책임져야 한다. 방송도 마찬가지이다. 그것이 지방신문, 나아가 지방언론의 책무이자 역할일 것이다.

나 스스로 나의 성향을 관찰한다면 아마도 기자라는 직업은 잘 안 맞을 것 같다. 교사나 교수, 교사, 군인, 법조인이 좀 맞지 않을까 생각한다. 이러한 직업들은 따로 요령이 없어도 원칙대로 하면 될 것 같기 때문이다. 그만큼 나는 기자로서 요령부득인데다, 덜 외향적이고, 죽기 살기로 물고 늘어지는 비판적 탐구정신에, 모험

심이 부족하지 않나 하는 말이기도 하다.

  기자는 교도소 담벼락을 타면서 민감한 기사를 써대는 그런 모험과 용기가 때론 필요하다. 독자들은 위험요소(리스크)가 많이 들어가는 기사를 좋아한다. 두루뭉술한 기사는 좋아하지 않는다. 생선회도 살아 펄펄 뛰는 싱싱한 횟감이 맛이 있지 않은가? 기사도 마찬가지이다.

  하나 적성에 맞춰 직업과 직장을 선택한 사람이 몇 사람이나 되랴? 그런 사람은 참으로 드물다. 적성을 직업 직장에 맞춰 적응해 나가는 것이 직업세계의 냉엄한 현실이다. 그런 면에서 나는 나의 기자직업이 나의 적성과 영 틀린 것은 아니라고 본다. 사실 어느 직업보다 원리원칙과 도덕과 양심이 요구되는 것이 기자직업이기도 하다.

  하여 최종적인 답을 낸다면 "나의 기자인생은 해볼 만한 것이었고, 직업인으로서 무난했고, 결코 후회하지 않는다."이다. 김홍신이 그러하듯 나 또한 순전히 자의적인 판단이다.

  일선을 떠난 지금도 나는 신문은 잘 본다. 그냥 보는 것이 아니라, 기사를 잘 썼나 못 썼나, 지면을 잘 꾸몄나 못 꾸몄나를 눈여겨보면서 읽는다. 후배의 좋은 기사나 칼럼이 나오면 전화를 하거나 문자로 안부를 전한다.

나의 영원한 친정 경남신문사
아름다운 추억들

　나는 1983년 경남신문에 수습 공채기자로 입사했다. 그때 당시 창원 신월동 신문사 주변은 도청과 도교육청밖에 없었고, 나머지는 허허벌판이었다. 대부분의 기자들이 출근했다가 다시 마산으로 취재하러 나갔고, 신문사에서는 오전 오후 한차례씩 셔틀버스를 운행하였다. 일반인이 마산에서 창원의 경남신문사로 찾아오려면 버스 편도 잘 없는데다 멀기도 하여 '물어 물어' 찾아와야 하는 그런 때였다. 창원의 식당도 아마도 경창상가가 거의 유일했다.
　나는 입사 후 부서별 수습교육을 받은 후 편집부로 배치되어 5년간 근무했다. 편집부 근무는 신문을 이해하고 배우는 계기가 되었다. 편집은 실제 신문이라는 완성품을 만들어 내는 과정이어서, 신문에 대해 눈을 뜨는 과정으로도 볼 수 있다.

당시 편집은 지금처럼 컴퓨터 편집이 아니었다. 신문지에 자를 대고 붉은색 연필로 선을 이리 긋고 저리 긋고 하면서, 그림(디자인)을 그리고, 기사의 제목을 단 뒤, 지면과 기사의 양을 맞추는 이른바 '신문지 편집'이었다.

이런 뒤 편집기자가 공무국으로 내려가 공무국 직원과 함께 실제 편집 쇠틀에 문선한 활자를 넣으면서 짜 맞추는 편집을 했다. 편집을 할 땐 활자와 기사가 거꾸로 된 상태에서 진행되어다. 고개를 이리저리 돌리면서 판을 짜야 했다.

문선부에서는 문선 직원들이 납 활자를 한 개 한 개 문선하여 30센티 전후의 나무통(일본말로 '게라')에 넣고, 이를 물에 적셔 공무국으로 넘겨주었다. 활자에 물을 묻히면 물로 인해 활자들이 잘 떨어지지 않고 접착되었다.

사정이 이러하니 원고양이 잘 맞지 않아 모자라거나 남는 경우가 많았다. 모자라면 다른 원고를 떼 와서 붙이고, 남으면 사정없이 잘려 나갔다. 이런 작업을 공무국 직원이 하다 보니 기사의 생사가 편집기자보다는 공무국 직원의 손에 좌우되는 경우가 많았고, 서로 의견이 맞지 않으면 편집기자와 공무국 직원이 싸우는 경우도 종종 있었다.

경험이 많은 편집기자는 원고지를 손으로 잡으면 양을 알아 거의 틀림이 없었고, 초보자는 한자 한자 헤아려도 잘 맞지 않았다.

이런 통에 편집과정에서 공무국 직원의 입김을 무시할 수 없었다. 호랑이 담배 먹던 시절의 편집이었다.

　기자는 외근(취재)기자와 내근(편집, 교열)기자가 있는데, 편집기자는 취재기자가 쓴 기사를 지면에 편집을 하는 기자이다. 편집기자를 하다보면 전체 신문 지면을 조망하는 눈이 뜨이고, 신문을 알게 되는 장점이 있다. 반면 취재는 할 수 없는 아쉬움이 있다. 교열은 원고를 최종 정리하는 업무이다.

　편집부 근무를 마치고 88년 사회부에서 마산경찰서를 출입하며 취재기자 생활을 시작했다. 당시는 석간신문이어서 새벽 일찍 경찰서로 나가 상황실과 유치장, 수사과 등을 돌아보며 정보를 챙긴 후 전화로 송고했다. 경찰서로 가기 전 관내 병원에도 들러 간밤에 발생한 사고소식도 발굴했다.

　교통사고나 유명인의 사고는 병원 응급실이 우선이어서 경찰보다 응급실의 간호사가 더 빨리 아는 경우가 많았다. 그래서 사건기자들은 응급실에 나름대로 선을 대놓고 정보를 챙겼다. 수간호사 한 사람을 잘 알면 남보다 '영양가' 있는 정보를 얻는 그런 시대였다. 그래서 수간호사에게 잘 보이기 위해 양말 같은 간단한 선물도 주곤 했다. 간호사와 친하게 지내다 결혼한 동료 기자도 있다.

　경남대 출입 당시인 1989년 12월에 박재규 총장의 후원으로 출입기자(장효익, 성창경, 김승두, 필자)와 대학원생 등 25명 정도가

1989년 말 소련을 방문한 후 얼마 되지 않아, 한국 방문팀을 맞아주었던 소련의 연구소 관계자들이 경남대를 답방하여 만난 것으로 기억된다. 왼쪽부터 김영치 교수, 필자, 소련 연구소 관계자, 박재규 총장, 소련 연구소 관계자, KBS 성창경 기자

소련을 방문하는 기회를 가졌다. 당시 소련은 미수교국으로 아무나 갈 수 없는 곳이었다. 소련에서는 '미스터 박'(박 총장을 말함)을 상당히 높게 보고 있었다. 덕분에 삼엄한 공항 수속도 생략되어 '프리 패스' 혜택을 받기도 했다. 나는 귀국 후 '동토, 소련 기행'이라는 제목의 기행시리즈를 연재했다.

이후 마산동부경찰서, 경남도경찰국을 거쳐 창원지법 창원지검을 출입하는 법조기자로 근무 중, 느닷없이 서울정치부로 발령 나, 국회 출입기자로 2년을 근무했다. 당시 휴면노조인 경남신문 노조를 부활하며 퇴직금 누진제 도입 등 작업을 동료·후배들과 하고 있었는데, 이것이 경영진에게 알려지면서 서울로 발령 난 것이었다.

그때는 서울이 오지로 분류되어 기자들이 기피하는 곳이었다. 쉽게 말해 나는 '물먹고' 서울로 간 것이었다. 그러나 실제 서울로 가보니, 기자라면, 아니 편집국장을 하려면, 꼭 와야 할 중요한 곳이었다. 전국의 언론사에서 우수한 대표급 기자들을 보내고 있었다. 경쟁도 치열했다.

그럼에도 회사 선·후배, 동료들은 서울로 가는 나를 많이 걱정해주었다. 특히 입사 동기생들의 걱정은 이만저만이 아니었다. 서울에서 나는 많은 정치인들을 알게 되었고, 중앙정치의 돌아가는 사정이나 생리를 알게 되었다. 기사도 열심히 썼다. 기사 이외에 별도 원고를 틈틈이 써두었으며, 20년 전 그때 써둔 원고들이 책으로 나오게 된 것이다.

서울 정치부 국회출입기자로서의 업무는 여러모로 나의 인맥과 안목을 키워주었다. 출입처는 국회와 당시 여당인 민주자유당이었다. 주로 민자당 당사로 출근하고 국회 회기 중에는 국회기자실로 갔다.

춘추관에서 중요 발표가 있을 때는 청와대로 가서 청와대 출입 선배기자를 도왔다. 자연히 국회의원들을 많이 알게 되었고, 이는 나의 인적 재산이 되었다. 그때 민자당 기자실에서 전화를 하면 거의 어디든 연결되었고, 설령 연결이 안 되도 나중에 콜이 올 만큼

'파워'가 있었다.

2년의 서울 근무를 마치고 창원 본사로 내려와 도교육청과 마산시청을 출입하였다. 마산시청 출입 당시인 1999년, 마산개항 100주년을 맞아 《마산개항 100년사》를 연재 집필하였다. 그때 마산 곳곳의 근대유적들을 찾아 보도하였는데, 30회 최종회를 마치면서 나는 '신마산 전체가 대형 야외 박물관'이라고 결론지었다.

마산은 향토사의 보고라 할 만큼 역사적 흔적이 많은 곳이다. 나는 마산시청 출입기자 본연의 업무를 하면서 틈틈이 마산의 근대유적을 찾아다니면서 연재 기사를 썼다. 근대사와 유적에 애착이 많아 '사이비 향토사학자'라는 자칭 타칭의 우스개 별명을 듣기도 했다.

그런데 마산의 그 역사적 흔적이 잘 보존되지 않고 사라지고 있어 너무 안타깝다. 마산은 창원에 통합되어 마산 이름도 사라졌고, 근대의 유적까지도 사라지는 것이다. 자치단체에서 깊은 관심을 가져야만 되는 일이라고 생각한다.

일선기자 시절 3·15의거에 관한 특집기사도 많이 생산했으며, 임원이 되어서도 3·15의거 50주년 및 국가기념일 제정에 대한 논문을 기념사업회 회지와 학술논문 총서에 수차 기고하였다.

지금 돌아보면 지역의 언론인은 일반기사뿐만 아니라 지역사회의 주요 이슈에 대해 자신과 신문사의 논지에 맞춰 의견과 주장, 소신을 펴는 게 맞다고 본다. 너무 겸손해 할 필요는 없으며, 목소리를 내는 게 당연할 것이다. 기자가 현장을 뛰며 기사를 쓰고 발표를 하고, 여론을 이끄는 시간은 그렇게 많지 않다. 시간은 빨리 흘러간다.

되돌아보니 취재기자 생활, 많은 사건사고들이 흘러갔다. 남보다 먼저 쓴 기사가 있고, 늦게 쓰거나 놓친 기사도 많았다. 특종과 낙종이 교차하는 것이다. 나 혼자 매일 좋은 기사만 쓸 수는 없는 것이다. '좀 더 열심히 기사 발굴을 할 것'을 하는 아쉬움이 남는다.

이후 경남도청 출입기자를 거쳐 사회부장 정치부장을 맡았다. 사회부장은 두 번 맡았는데, 2003년 경남신문 사회부가 한국기자상을 두 번 연이어 수상했다. 고속도로 순찰대 수뢰 협박을 다룬 기사로 한국기자협회의 지역취재보도상(김명현·이학수·권경훈·최선하 기자)을, 초대형 태풍 매미 후 마산매립지 안전비상 보도로 기획보도상(정오복·이학수·이정훈 기자)을 각각 수상했다.

정치부장을 마치고 광고국장으로 발령 났다. 편집국 기자 출신이 광고국장을 한 것은 내가 처음이었다. 2004년 4월이다. 당시 정치부장으로 편집국장 선거에 출마할 생각을 갖고 있었는데, 의외로 광고국장으로 가게 된 것이다.

놀라기도 했지만 마음을 다져먹고 휴일 날 아내와 함께 출근하여 광고국 사무실 청소부터 하였다. 집기나 팩스 등에 때가 많이 묻어 있었다. 회사에서는 광고국장 전용의 새 차(SM5)를 내려주고, 전용 기사도 배치해주었다. 사내에서 전용차는 대표이사 외에 광고국장이 유일했으니 특별 예우(?)를 받은 것이다. 나는 부지런히 차를 타고 영업에 나섰다.

이러한 조치는 당시 김상수 대표이사 회장의 구상이었다. 광고국장의 중요성을 인식하여 차량지원을 한 것이고, 이때쯤부터 신문사에는 경영마인드가 도입되기 시작했다. 전사적인 경영 체제라고 말할 수 있다.

그런데 2주 정도 지나니 방문할 업체가 마땅찮아 운전기사 아저씨의 눈치가 많이 보였다. 차는 광고국장을 태우고 열심히 영업을 하도록 해야 하는데 갈 곳이 많이 없었으니 말이다. 다행히(?) 얼마 안 돼 다른 차량 기사가 퇴사하는 바람에 아저씨가 그쪽으로 이동되어 내가 자가운전하게 되었다. '전용기사 차량' 편하기도 하지만 불편도 하다는 것을 알게 되었다.

광고국장 1년을 마치고 편집국장이 되었다. 편집국장 시절 평소 나의 소신대로 지방신문다운 '촌 신문'을 만드느라 애를 썼다. 경남신문은 경남의 뉴스를 책임지는 지방신문의 소임을 다해야 한다고 늘 생각했고, 이를 실천하느라 나름 노력하였다. 읽을거리, 볼거리 기사를 많이 만들기 위해 여러 지혜를 짜내는데 고심했다.

2년의 편집국장 후 논설위원, 논설실장을 거쳐 이사(영업담당)가 되었다. 이사 시절, 회사는 여름에 창원컨벤션센터(CECO) 야외 공터를 임대하여 풀장 사업을 하였다. 45일간 하는 이 사업은 날씨

2011년 필자가 경남신문 상무이사 당시 경남·울산기자상 시상식에서 수상자들과 함께

가 관건이었다. 비가 오지 않고 햇볕이 쨍쨍 내리쬐어야 어린이들이 많이 와 이익을 좀 낼 수 있었다.

그런데 이사 첫 해인 2009년 여름 왜 그리도 비가 많이 오던지. 매일 CECO에 나가 하늘만 쳐다보았다. 친구들도 걱정이 되어 나와 함께 날씨 걱정을 해주었다. 해군의 지원으로 군함을 타고 이순신 장군 승전지 바다를 탐방하는 이벤트를 기획한 것도 이때이다. 지금도 계속되고 있는 이 행사는 비교적 호응이 좋았다.

상무 때는 신문사 처음으로 선거홍보물 사업을 맡았다. 4대 지방선거에 나가는 후보자들의 선거홍보물과 각 정당의 인쇄물 등을 수주받아 납품하는 사업이었다. 처음인데다 수주가 만만찮고, 홍보물을 디자인하고 만드는 작업이 힘들었다. 조금이라도 잘못되면 후보자의 당락에 영향을 끼치는 관계로, 매우 조심스러웠다. 가슴도 많이 졸였지만, 결과는 나쁘지 않았다고 본다.

부사장 시절에도 업무는 별 달라진 게 없었다. 살아남기 위한 흑자경영을 위한 고민이었다. 종이 신문 산업이 TV에 이어 인터넷, 스마트폰에 밀려 이미 사양기에 접어들었고, 특히 지방신문은 설 자리가 없었다. 여러 어려운 점이 많았다.

경남신문은 비교적 선후배 간 우애가 좋은 신문사다. 평기자 시절 기자협회 경남신문 분회가 주최하는 사내 체육대회는 전 기자들이 참석하는 재미있는 행사였다. 축구 배구 달리기 등 체육행사에 소주 맥주 막걸리로 우정을 다졌다.

1988년 개최된 29기 수습기자 환영행사에서 선배기수인 필자가 환영인사를 하고 있다. 앞좌석은 이종구 기자(29기, 현 청와대 출입기자, 편집국장 역임), 이영배 당시 교열부장, 필자 옆은 김재익 기자(28기, 현 논설실장)

　수습기자가 입사하면 편집국 전체 환영회가 열렸다. 우리 25기 동기들의 환영식은 마산 오동동 요정에서 성대하게 거행되었다. 입사 선서도 하고, 술도 병째로 마시고, 노래도 부르고 하면서 신고식을 하였다. 수습기자 환영회는 직속 선배기자들이 마련했으며, 선배들이 금전적 지원을 해주었다. 이런 전통은 지금도 이어지고 있다.

　주 5일 근무가 아닌 주 6일 근무 당시, 공휴일에도 출근을 하였다. 이때는 신문 제작을 빨리 마치고 점심 때 성주사 입구 백숙집 등에 가서 식사를 하고, 화투나 훌라판도 벌였다. 돈을 따기 위해

화투를 치기보다는 남들 노는 날 출근하였으니 자투리 시간을 좀 재미있게 지내보자는 의미였다. 돈을 땄다면 나중에 돌려주었다.

95년 가을에는 30여 명의 기자들이 제주도 한라산 산행을 하였다. 승객 숫자는 많은데, 김해공항에 조금 늦게 도착하자 항공기가 기다려 주기도 했다. 제주 똥돼지도 먹고 등산도 하고, 좋은 경치 구경도 하고, 정말 다시 함께 하고 싶은 멋진 추억이다.

그때의 여행이 너무 좋아 편집국장 임기 말인 2007년 초에 20여 명의 기자들이 다시 제주행 비행기를 탔다. 제주는 언제 가도 좋은 국제적 관광지이지만 편집국 선후배들이 함께 가면 더욱 좋았다.

물론 이런 신문사 행사는 세월이 흐르면서, 옛날의 낭만이 사라지는 아쉬움도 있다. 하지만 다시 돌아가고 싶은 아름다운 추억이다. 나는 부사장을 끝으로 2012년 3월 27일 정든 회사를 떠났다. 1983년 12월에 입사하였으니 28년 4개월 만이다.

돌아보면 나의 기자생활, 기쁘고 보람 있고, 즐겁고, 한편으론 아쉬운 숱한 사연들이 교차했다. 하지만 슬픔보단 기쁨이 많았고, 회한보다 보람과 즐거움이 많았다. 지방신문사의 이름 없는 한 기자에 대해 신문사와 주변의 많은 사람들이 나의 역량보다 과분한 평가와 예우를 해주었다. 너무 감사하고 고맙게 생각한다. 이 모든 '언덕'이 경남신문사이다. 나의 영원한 친정 덕분이다.

편집국장의
권한과 책임에 대하여

기자에게 있어 편집국장은 무엇인가? 나는 '꽃'이라 했다. 다음은 본인이 2007년 4월 25일자 경남신문의 '편집국장의 편지'에서 쓴 구절이다.

'때로는 자리가 〈꽃〉에 비유되기도 합니다. 경찰의 꽃은 총경, 검찰의 꽃은 검사장, 군인의 꽃은 스타(장군) 등입니다. 기자는 무엇일까요. 편집국장일 것입니다.'

맞다. 기자의 꽃은 편집국장이다. 더러는 편집국장이라는 감투가 쓰기 싫어 마다하기도 한다지만, 기자들은 십중팔구 편집국장을 원한다. 기자라는 직업을 가진 사람이라면 편집국장을 목표로 둔다는 말이 크게 틀리지는 않을 것이다.

왜일까? 나는 이 물음에 있어 답을 한다면 어떤 사실적인 이유와 상징적인 이유 등 두 가지를 든다. 먼저 사실적이고 실제적인 이유로는 신문 제작 현장의 총지휘자이기 때문이다. 물론 편집국장 한 사람이 신문을 다 만드는 것은 아니고, 어차피 전체 제작 시스템의 의해 만들어지지만, 그 제작 현장의 총괄 지휘자가 편집국장인 것이다.

다시 말해 제작의 방침과 기사의 흐름, 그리고 기사의 생사 여탈권과 확대 및 축소의 권한이 편집국장에게 있다는 말이다. 해당 부서장(데스크)를 거치는 관문이 있지만, 최종의 권한은 편집국장에게 있다는 것이다. 한마디로 신문제작의 총지휘관을 편집국장으로 보면 무방하다.

그러나 이미 편집국장을 마치고, 임원을 거쳐 퇴임한 지금, 반드시 사실적인 이유만으로 편집국장을 원하지는 않을 것 같은 느낌이 든다. 그냥 편집국장이라는 그 상징성이 더 매력을 끈다는 편이 나을 것 같기도 하다.

신문사의 편집국장이라는 이 '괜찮은' 용어가 뭔가 기자의 마음을 끌고, 신문기자를 대표한다는 말없는, 육중한 무게가 기자의 가슴을 당긴다는 데 있다. 편집국은 신문사를 대표하는 중추부서이고, 그 지식집단 부서의 리더라는 의미를 굳이 사실적 이유를 통해 설명하고 인증받기에는 뭔가 사족을 다는 것 같은 생각이 든다는 것이다.

편집국장은 편집국장이라는 용어 한 마디로써 충분히 족하다. 이것이 사실적인 이유보다 상징적인 이유가 아닐까 생각한다. 사실 신문사 조직을 좀 더 따져보면 편집국장의 상위 그룹에 주필과 주간, 논설실장, 편집인, 발행인 등 경영진이 포진하고 있다. 경영진의 권한과 역할이 사실 더 중요하다. 신문사의 생존이 달렸으니 그렇다.

그럼에도 기자사회에 있어 편집국장의 이름은 신문제작의 현장 책임자라는 사실성과 뭔가 설명하기 곤란한 상징성으로 '꽃'으로 불리지 않을까? 매일의 지면에 발행인, 편집인, 주필(논설실장)과 더불어 하루도 빠지지 않고 나오는 이름이 바로 편집국장이다.

편집국장은 이러한 막강 권한이 있는 반면 상응하는 책임도 크다. 상황 판단을 잘못하여 제작방향을 잃거나 기사 처리를 잘못한다면 나락으로 추락하니 그 책임은 전적으로 편집국장에게 있다. "꿈에도 기사가 보인다"라고 말할 만큼 스트레스도 커 1년 이상 못한다는 이야기도 많이 나온다.

기자들의 '꽃'인 만큼 선출 방법도 거의 '총리'급이다. 경남신문사의 경우 회사 측이 편집국장의 자격 요건이 되는 한 사람을 후보로 임명하면 소명절차를 거쳐 전체 기자, 사원의 찬반투표를 통해 과반의 찬성을 얻어야만 최종임명이 가능하도록 되어 있다. 임기는 2년으로, 1년 후 같은 찬반 절차를 거쳐 1년 연임이 가능하다. 당사자로서는 만만찮은 절차로 볼 수 있다.

2006년 편집국장 당시 데스크들과 함께
왼쪽부터 김진현, 박현오, 필자, 정기홍, 김재익, 허충호, 심강보 부장

 어쨌든 나는 이러한 절차를 통해 2005년 4월 19일 경남신문 편집국장에 임명된 후 1년 후 연임을 하여 2년간 국장직을 수행하였다. 나는 편집국장 취임 일성으로 '촌 신문' 제작을 내걸었다. 경남신문은 지방신문인 만큼 중앙지를 흉내 내지 않고 '경남지역의 뉴스는 경남신문이 책임진다'는 생각으로 '알찬 촌신문'을 제작의 대전제로 내세웠다.
 나는 늘 '지방신문은 지방신문 다워야 한다'는 생각을 해왔다. 지방신문은 지방의 뉴스를 착실히 전달하고, 지방의 모든 이슈에 대한 객관적이고 상식적인 접근으로 공감대를 만들어 건전한 여론을 조성하는 역할을 해야 한다고 본다. 특히나 지방자치 이후 지방시대로 나아가는 상황이다.

중앙뉴스를 다룬다면 지방과 관련한 뉴스 안에서 가능은 할 것이다. 중앙뉴스는 중앙언론을 통하면 될 것이고, 중앙뉴스는 이미 TV나 인터넷 등 다양한 매체를 통해 우리의 눈과 귀에 상시 접하고 있다. 이런 상황에서 굳이 지방신문이 중앙뉴스에 특별한 지면을 할애하는 것은 맞지 않다. 그런 면에서 지방신문의 촌신문화는 너무나 당연하다고 본다.

지면 개선도 하였다. 그동안의 세로쓰기 지면을 가로쓰기 지면으로 바꾸고, 읽을거리, 볼거리 기사 생산에 많은 공을 들였다. 가뜩이나 신문 독자가 떨어져 나가는 상황에서 신문을 펴도 별 읽을거리가 없다면 자연히 독자들로부터 멀어지기 때문이다. 아무리 뉴스라 해도 '재미'가 있어야 한다고 생각한다.

그래서 나름 읽을거리를 만들어 매일 돌아가며 배치를 했다. '법창'(법원 검찰의 숨겨진 이야기), '청와대 이야기'(청와대와 대통령을 중심으로 한 이야기), 'CEO 25시'(도내 주요 기업 CEO들의 창업과 성공, 실패 등의 생생한 경험과 교훈), '사건 속으로'(사회부 사건기자들이 쓰는 사건에 얽힌 뒷이야기), '프리즘'(일반기사 뒤의 가십기사 모음), '생각해보는 기사'(어떤 사안을 두고 객관적으로 옳은지 그른지를 생각해보는 기사).

연재기사인 '이슈추적', 문화면의 '장터'(문화기획 '그 추억을 찾아'의 일환)와 '흔적', '테마경제', '명소', '테마문화'(풍경에세이), '우리 학과 최고' 등이다.

여기에다 '이런 삶'(말을 타고 출근하는 사람 등) '이런 직업'(창원 한마음병원 여성 코디네이터) '아! Zooma'(힘내라 아줌마, 경남신문 배달주부), '이슈 추적'(지역 주요 사업 진행과정 등). 또 한 가지는 한 면 전면이 만화였다. 만화는 신문사 대표이사 발행인의 아이디어였다.

'편집국장의 편지'라는 칼럼도 썼다. 사실 편집국장은 임기 동안 집필은 거의 하지 않는다. 워낙에 책임과 스트레스가 커 봐주는 것이다. 그럼에도 나는 그 정도는 해낼 수 있을 것 같아 7~8차례를 썼다. 마지막 '편지'를 쓴 게 임기 만료 며칠 전인 2007년 4월 25일로 제목은 '꽃이었습니다'였다.

편집국장이라는 막중한 자리와 권한에 상응하는 책임도 뒤따라 때로는 머리가 바늘로 찔리는 듯한 스트레스와 고통, 위장장애를 받았다고 했다. 실제 나는 편집국장의 임기를 마치고 병원에서 장내시경을 찍고, 용종 몇 개를 제거했다.

나는 취임보다 퇴임의 의미를 더 중요시한다. 취임 때는 가만 있어도 축하가 이어지지만, 퇴임 때는 그렇지 못하고 좀 쓸쓸하다. 떠나는 사람의 노고를 치하하며 박수치며 잘 보내주어야 한다. 어느 누구든 영원한 자리는 없고 때가 되면 떠난다. 남의 일이 아니고 바로 우리 모두에게 닥치는 일이어서 퇴임의 전통을 만들어야 한다고 생각했다.

당시 기자협회 경남신문지회장인 이상목 기자(현 경남신문 경제부장)와 의논했더니 조촐한 퇴임식이 마련되었다. 편집국 내에서 퇴임 인사말을 하고 감사패와 꽃을 받고 기념촬영을 하는 소박한 행사였다. 기념촬영 사진은 아직도 잘 보관하고 있다. 당시 퇴임식을 마련해준 후배들에게 감사의 인사를 전한다.

편집국장인 나에 관한 기사가 실린 문건이 하나 있다. 편집부 허철호 기자(현 편집부장)가 '골목통신'이라는 A4용지 한 장짜리 신문을 한 번씩 만들었다. 거기, '아하, 이 사람' 란에 편집국장 조용호가 실렸는데, 제목이 〈'100점 촌 신문'을 만든다〉이다.

그리고 기사는 이렇게 덧붙였다. '한양에서 대학도 다녔고 기자로도 서울살이를 했습니다. 짧지 않은 서울생활로 서울물이 제법 들었을 법한데 그런 느낌은 들지 않습니다. "서울이 좋다지만 나는야 싫어, 경남신문 지면 위 좋은 글 짓고" 노랫말을 우스꽝스럽게 엮었다.

이름 3행시도 만들었다. 조:조용호, 용:용감합니다. 호:호감입니다. 날짜가 표기되지 않았는데 아마도 편집국장 연임 후 얼마 되지 않은 2006년 5월께인 것 같다.

지방지 기자의
조건이라면

 기자의 조건은 무엇인가? 요즘 들어 기자를 희망하는 젊은이들이 얼마나 될지 잘 모르겠다. 예전보다 줄어든 게 아닌가 하는 생각을 해본다. 워낙에 직업이 많이 생기고, 24시간을 탐구하고 의문을 제기하며 문제의식을 가져야 하는 기자 생활이 좀 팍팍하지 않을까 해서이다.

 기자직에 대한 선호도와 관계없이 기자의 조건을 들라면 어떤 것일까? 나는 자주 이 문제에 대해 생각을 하곤 했다. 스스로 질문하여 스스로 답을 내기도 했다. 해서 세 가지의 조건을 생각해 보았다. 이 조건은 전체 기자직에 다 어울리는 것이기도 하지만, 다분히 지방지 기자에게 더 적합할 것이다.

그 세 가지 조건은 의지와 체력, 문장력이다. 첫 번째의 의지는 기자 본인의 나름대로의 철학과 소신, 프로정신을 말한다. 여러 어려운 여건과 경제적으로 넉넉하지 않은 보수 등 상황적 어려움을 잘 견뎌내면서 객관적이고 왕성한 취재를 통해 양질의 기사를 생산해 내는 능력을 말한다.

당연히 정직과 신뢰, 인품을 겸비해야 한다. 건전한 비판정신과 불의와 타협하지 않는 용기도 있어야 한다. 이 모든 요건을 한마디로 정리하면 '의지'가 될 것이고, 바로 프로 정신이라고 말할 수 있을 것이다.

쉽게 말해 좋은 기사를 생산해 내기 위한 열정, 노력, 투지 정도가 아니겠는가. 또한 의지는 과거 투사적 기자 정신으로 대변할 수 있다. 욕심을 좀 부린다면, 시대가 바뀌어도 모름지기 기자라 함은 '나라를 구한다'는 심정의 독립투사적 기질이 있어야 한다고 본다. 이런 것을 종합하면 의지라고 말할 수 있을 것이다.

두 번째로 체력이다. 아무리 능력 있고 인품이 있어도 체력이 받쳐주지 않으면 안 된다. 모든 직업이 다 그러하겠지만 기자직은 더욱 그러하다. 쉬운 말로 일주일 밤샘을 쳐도 끄떡없는 체력과 근성이 필요하다는 말이다. 탄탄한 체력에서 건강한 기사가 나오는 것은 너무 당연하다. 기사 한 줄을 만들어 보도하기 위해서는 10줄 이상은 취재를 해야 한다.

체력에는 주력酒力도 포함된다. 기자라 하면 소주 1~2병 정도는 마시는 게 좋지 않을까. 너무 맹물이면 낭만과 자긍심이 좀 부족하고, 어째 좀 서운한 것 같다. '창조는 낭만에서 나온다.'고도 한다. 열심히 일하고 한잔 맥주로 피로를 달래며 우정을 쌓는 게 멋있어 보인다. 비록 기자가 아닌 다른 직종일지라도, 술 한 잔 못 마시는 '술맹'보다는 '한잔 술'이 더 나아 보인다.

세 번째로 문장력이다. 기자는 글을 잘 써야 한다. 그것도 빨리, 알아보기 쉽게, 간단하게 잘 써야 한다. 독자가 한번 읽고 이해가 오지 않으면 잘못 쓴 기사로 보면 된다. 나는 편집국장 시절 기사가 마음에 들지 않으면, "부인에게 먼저 보여주고 한 번에 이해가 될 때 가져오라."며 퇴짜를 놓곤 했다.

상대가 무슨 말인지 알아보기 힘든 글을 쓰면 안 된다. 필력은 꾸준히 연습을 하면 는다지만 기왕에 기자 할 것이면 태생적으로 좀 잘 쓰는 사람이 낫다. 똑같은 소재를 두고 기사를 써도 뭔가 감동을 주는 기사가 있다.

《일본전산 이야기》라는 책으로 유명한 일본전산의 나가모리 시게노부(永守重信) 사장은 "사람을 움직이려면 마음을 전하는 말과 문장을 써야 한다. 일반적인 내용이 아니라 자신이 아니라면 누구도 쓸 수 없는 글을 써야 한다"고 말한다. 그것이 기업경영에도 도움이 된다고 한다.

만약 필력이 없다면 좋은 글을 좋아하고, 외워 자신의 글로 만들어내는 글 사랑 정신이 있어야 한다. 중견기자로 성장하여 이름을

편집국장 당시 편집국에서

걸고 칼럼을 쓴다면 정말 문장력의 차이가 난다. 그땐 정말 집필자의 철학과 소신과 사관史觀이 들어가야 한다.

이러한 조건을 다 갖춘 기자가 있을까? 아마도 없을 것이다. 그래도 나의 욕심이고 희망사항이다. 그런데 지방에서는 이보다 더 중요한 조건이 있다. 말하자면 '네 번째' 조건이다. 이는 순전히 나의 지방언론사 경험을 바탕으로 한 '지방지식' 조건이다.

한번 입사하면 안 나가는 기자가 제일 낫다. 공개채용하면서 서류전형에 입사시험에 면접까지 거쳐 뽑은 후, 현장 트레이닝까지 시켜 '사람 좀 만들어 놓으면' 나가버리는 것이다. 2~3년차가 많지 않나 생각한다. 어디로 가는 것일까? 불문가지不問可知, 물어보나 마나이다. 봉급 좀 더 많이 주고, 이름 있는, 조건이 나은 언론사로 간다.

그리되면 뽑아서 실컷 키운 회사는 시쳇말로 '닭 쫓던 개 지붕 쳐다보는' 격이 돼버린다. 뽑아도 나가버리면 기자의 세 가지 조건도 의미가 없어져 버린다. 능력은 좀 떨어져도 궁둥이를 무겁게 붙여 한 우물을 파는 그런 사람이 낫다는 말이다.

사실 기자도 하나의 직장인이다. 근로조건을 안 따질 수 없고, 마냥 의리와 낭만에 젖어 있을 수만은 없는 생활인의 한 부류이다. 그러니 조건이 나은 회사로 이직을 하는 것은 어찌 보면 당연도 하다. 하지만 왠지 아쉽고 서운하다.

그래서 나름대로 결론은 세 가지 조건을 충족시키며, 신문사를 안 나가며 성실하게 근무하는 것이 최선의 조건이다. 여기에다 언론사가 위치한 지역에서 출생하여 자라고, 그곳에 부모형제 가족들이 살고 있다면 금상첨화이다.

해서 경남신문이라면 마산 창원에서 태어나 학교를 마치고, 부모형제들도 이곳에 살고 있다면 좋을 것이다. 그러고 보면 나는 네 번째 조건은 충족시킨 셈이 된다. 앞서 진짜 세 가지의 조건을 갖췄는지 여부는 주변에서 판단할 일이다.

지방신문인가?
지역신문인가?

　지방신문인가, 아니면 지역신문인가? 어느 용어가 적합한 것인지 때론 모호하기도 하다.

　영어로 표기하면 둘 다 'Local Newspaper'이다. 지방이나 지역이라는 용어도 area, region, district, zone, province로 쓸 수 있다.

　왜 새삼스럽게 지방이냐 지역이냐를 묻는 것은 용어의 뉘앙스가 어째 같은 듯하면서도 조금 다르고, 지방신문이나 지역신문의 의미가 갈수록 중요해지기 때문이다. 두 용어의 개념정리가 조금은 모호하여 본인의 2009년 석사논문에서도 연구해 보았다.

　먼저 국어사전적 의미를 한번 보자. 지방地方은 '서울 이외의 지역, 중앙의 지도를 받는 아래 단위의 기구이자 조직을 중앙에 상대하여 이르는 말'이다. 이를 경우 province가 좀 맞다. 지역地域은 '전체 사회를 어떤 특징으로 나눈 일정한 공간영역, 일정하게 구획된 어느 범위의 토지'이다. 이 경우는 아무래도 region이 나을 것 같다.

전국지냐, 지방지냐 하는 구분에 대해 학자들은 두 가지 관점에서 접근을 하였다. 첫째 지방신문은 한 나라의 수도에서 발행되는 전국지(중앙지Nationwide Newspaper)에 대조되는 개념의 신문으로, 서울이 아닌 기타지역에서 발간되는 신문을 말한다. 두 번째는 신문의 보급대상 지역이 어떤 지역의 독자들을 대상으로 하느냐, 즉 전국의 모든 독자들을 대상으로 하느냐, 아니면 한 신문이 발행되는 한정된 지역의 독자들을 대상으로 하느냐에 따른다는 것이다.

다시 말해, 하나는 신문 발행지역이 한 나라의 수도인가 아닌가 하는 것이며, 다른 하나는 뉴스의 생산과 유통, 즉 신문현상의 커버리지coverage가 전국단위인가, 지역단위인가 하는 점과 상통한다. 물론 여기에는 발행주기가 일간이라는 사실을 전제로 하는 것이다.

이런 기준을 적용하면 지방신문은 서울을 제외한 시·도 등 광역자치단체의 관할 행정구역 내에 본사를 두고, 그 구역 내 커버리지를 갖는 신문사를 말하게 된다.

하지만 이런 해석에 대해 중앙의 종속성을 지적한다. '지방'은 이념적으로 어떤 위계적 의식을 내재하여 우리나라와 같은 중앙지향적인 국가에서 중앙과 상대되는 말로 사용되어, 서울에 대치되는 모든 것으로서 종속성과 격하의 의미가 내포되어 있다는 것이다. 이는 국어사전적 의미의 해석에서도 나타난다. 행정관청의 예를 들어도 경남지방경찰청 창원지방법원 등 '지방'을 붙인 이름이 많다.

반면 '지역'은 전국 국토를 평준화한 일정한 수평적 공간을 의미하는 것으로, 지역분권체제가 발달한 나라에서 전체에 대한 한 부분으로서의 개념으로 인식되어, 중앙에 종속되는 '지방'이라는 개념보다는 독자적인 의미를 내포하고 있다. 따라서 '지역'이라는 용어가 지역자치의 정신에 보다 부합된다고 할 수 있겠다.

그렇다면 서울 이외의 지역에서 발간되는 신문은 '지역신문', 그것이 일간지라면 '지역 일간지'라는 용어가 적합하다. 하지만 '지역신문'이라 하면 한마을이나 군·읍·면을 비롯한 중소도시 등 지역사회Community 모두를 대상으로 하는 신문을 일컬을 수 있으며, 주간 월간지까지 포함되어 버린다. 전국 주간 월간지가 8천여 개이다. 일간지 개념과는 다소 느낌이 맞지 않는 것이다.

따라서 전국지(중앙지)에 대립되는 개념으로서, 행정상 시도단위 지역이라는 권역지圈域紙의 개념으로는 비록 종속의 개념이 있다 해도 '지방지' '지방신문'이 적합하지 않을까 생각한다. 반면 읍·면·동 등의 조그만 규모의 지역소식지를 '지방신문' 또는

'지방지'로 호칭하기에는 정서가 맞지 않아, 이들 매체를 '지역신문'으로 보면 무방할 것이다.

물론 한국언론재단의 신문산업실태조사에서도 신문종류를 일간지의 경우, 전국종합일간신문, 지역종합일간신문으로 분류했다. 지방지의 줄인 이름이 지역종합일간지인 것이다. 하지만 전국 지역신문사 대표자들의 모임의 이름도 '한국지방신문협회' 또는 '전국지방신문협의회'이다. 사실상 '지방'과 '지역'의 혼용으로 볼 수 있다.

신문 등의 진흥에 관한 법률(신문법) 제2조는 신문을 '정치 경제 사회 문화 산업 과학 종교 교육 체육 등 전체 분야 또는 특정 분야에 관한 보도 논평 여론 및 정보 등을 전파하기 위해 같은 명칭으로 월 2회 이상 발행하는 간행물'로 정의한다고 되어 있다. 동법에 따라 신문은 일반일간신문, 특수일간신문, 일반주간신문, 특수주간신문으로 구분했다.

중앙이든 지방이든 구분은 없고, 모두가 일반일간신문이다. 결국 '지방'과 '지역'은 혼용될 수밖에 없고, 정확한 명칭은 '지역일간지', 전체적 개념 및 제목 표방은 '지방신문' 또는 '지방지'가 적절하다고 생각한다.

지방신문의 영원한 숙제
흑자 경영 생존

　지방시대에 있어 지방언론, 지역 언론의 중요성은 강조할 필요가 없다. 건강하고 특색 있는 지방시대는 바로 건강한 지방의 언론에 달려 있다. 특히 지방자치의 시대, 지방언론은 그 성공을 좌우한다.

　그러나 불행하게도 지방언론은 생존의 기로에 서 있다. 재정건전화와 재정자립이 어려워 존립이 위태롭다. 여기에서 지방언론이라 함은 아무래도 지방신문 쪽이다.

　나는 지방신문의 경영과 생존의 문제가 너무 절박하다 생각하여 대학원 논문을 이 주제로 선택했다. 경남대학교 대학원에서 2009년 55세에 받은 언론학 석사 학위 논문 제목은 '지방신문 생존전략 연구'(지도교수 김영주)이다. 이론적으로 공부를 해놓으면 나중에 신문사 경영에 도움이 될 것으로 판단했다.

이론에만 그치지 않고 실제 경영에 도움이 되어야 진정한 이론이라고 생각한다. 학술적 가치에만 의존하면 실제 소용이 없다. 논문은 그동안 나 혼자 보관하고 공개한 적이 없는 만큼 여러 사람이 공유하여, 조금이라도 도움이 되었으면 하는 심정이다. 하여 요지를 책에 소개해보는 것이다.

논문 집필에 앞서 각계 14명을 대상으로 심층인터뷰를 실시했다. 현재 지방언론을 경영하고 있는 현직 대표이사와 임원 등 2명, 편집 광고 판매국장을 역임한 현직 신문사 간부 4명, 지방일간지 노조위원장 1명, 신문방송을 전공한 교수 4명, 서울의 언론 유관 연구소 소장 1명, 지역신문 관련 위원회 1명, 지방의 시市 단위 자치단체 국장급 인사 1명 등이다. 언론 종사자 그룹과 언론 비종사 그룹 등 2개 그룹에 각 7명, 모두 14명이다.

설문은 '4개 부문, 이른바 경영 수익, 광고 판매, 편집 제작, 법규 제도 중 시급히 개선되어야 할 부문별 우선순위Priority와 부문별 개선방안이 무엇이냐' 하는 것이었다. 답변을 보면, 14명 중 절반인 7명이 "경영 수익부문이 시급히 개선되어야 한다."라고 답했다. 다음으로 광고 판매 4명(28.5%), 편집 제작 2명(14.2%), 법규 제도는 1명(7.1%)였다.

경영 수익과 광고 판매는 신문사 수익구조와 유동성과 직결됨으로, 사실상 11명(78.5%)이 경영 수익의 문제를 개선되어야 할 최우선 과제로 지목한 것이다.

소속 그룹별 조사에서도 언론종사자 그룹(7명 중 4명, 57.1%가 경영 수익, 1명 14.2%가 광고 판매)중 5명 71.3%가 경영수익(광고 판매 포함)을 최우선 과제로 들었다. 언론 비종사자 그룹에서 도 두 부문의 우선순위가 무려 7명 중 6명, 85.7%에 달했다.

설문 대상자의 압도다수가 경영 수익 개선을 시급한 과제로 꼽은 것이다. 이유는 확연하다. 아무리 좋은 신문이라도 경영 안정이 안 된다면 신문을 제대로 낼 수 없고, 종사원의 '삶 터'로서 역할을 할 수 없기 때문이다.

하여 경영수익을 비롯한 4개 부문의 개선방안이 무엇인지, 제시된 그 실행적 방안을 한번 살펴보았다. 4개 부문에 대한 설문 대상자 14명의 답변은 유익한 내용들이 많았다. 때문에 다소 양이 많더라도 필요한 곳에서는 다소나마 도움이 될 것 같아 답변 요지를 충분히 옮기고, 최종 연구결과를 정리해보기로 한다.

경영수익 개선안의 내용

수익구조의 다각화로 다양한 수익모델을 찾아야 한다. 광고와 판매에만 의존해서는 경영 수익을 개선할 수 없다. 신문업계 전체의 균형발전이 이뤄지지 않고 현재의 법제도가 개선되지 않는 이상 지방신문이 광고와 판매에서 수지를 맞추기는 현실적으로 어렵다.

 수익구조 다각화는 자칫 신문의 공공성을 훼손할 우려가 크기 때문에 지적정보산업과의 결합이 바람직하다. 지역개발연구소나 사회조사여론연구소, 공공포럼, 문화재단 등의 수익화 모델을 지역 내 지적집단(대학, 연구소) 등과 함께 추진하는 것이 좋다.

 수익성을 지나치게 강조할 경우 그만큼 이미지 손실이 있으므로, 지역사회 발전이나 공공성 프로그램에 주력하면 시너지 효과를 거둘 수 있다. 지도층 인사를 중심으로 한 '리더스포럼'이나 성인교육 강좌, 지역문화연구소 운영, 각종 간행물 출간, 심포지엄, 역사문화 축전 등을 마련한다.

 '가장 지역적인 것이 가장 세계적인 것'이라는 기치를 내걸고 지역의 인적 물적 자원의 홍보에 힘쓰며 외연확대에 나선다. 행정만족도 및 각종 행정 여론조사, 무형문화재 진흥사업, 선거홍보물 디자인사업도 할 수 있다.

 지역의 주요 신문이 전략적 제휴를 맺어 공동으로 문화 체육 오락 등의 사업을 운영하면 비용은 줄이면서 지역에 문화혜택을 주고, 신문사도 수익을 올릴 수 있을 것이다.

 중고재활용 물품사업을 해보는 게 좋겠다. 중고 자전거를 구입하려 해도 거래되는 곳이 없다. 어쩔 수 없이 새 자전거를 사야 한다. 이런 중고물품 거래를 할 필요성이 대두되지만 온라인에서도 수요를 충족시키지 못한다.

주말 지면을 이용해 자동차나 자전거, 가구 등을 직거래할 수 있는 장터를 마련하여, '딜러 거래'가 아닌 '개인 간 거래'로 연결시키고, 수수료를 수익화하면 좋을 것이다.

신문은 팔면 팔수록 밑지는 적자구조이다. 단기적으로는 광고개발이고, 장기적으로는 인터넷을 통한 수익을 늘리는 것이다. 온라인을 통한 정보판매 사업이다. 전국의 출향 인사들에게 필요한 정보를 제공하면 될 것이다.

뉴스콘텐츠가 수익의 기본이다. 이를 방송사나 인터넷 신문들에 판매하는 방안을 강구해야 한다. 인터넷은 지방신문과 함께 할 충분한 가치가 있다. 신문기사의 재가공과 분류를 통해 지역별 콘텐츠를 만들면 언젠가는 수익구조가 될 수 있다. 그러나 지방신문이 사업 주체가 되지 못할 경우 신문이 이들의 보조기능 역할로 전락할 수 있다. 지역케이블TV와는 공동수익사업을 전개할 수 있다.

늘어나는 다문화 가정을 대상으로 한 사업검토도 필요하다. 역사가 오래된 신문은 DB작업을 통해 각종 정보에 대한 저작권 수익 사업을 펼쳐야 한다. 본사와 주재기자가 합작하여 지역사회의 각종 이벤트 주최, 주관 후원을 통해 이미지를 높이고 마케팅을 연계한다.

반면 언론이라는 태생적 한계로 수익다각화가 쉽지 않다. 공공성이 있어야 하고 사업영역에 대한 사회적 합의가 있어야 한다. 신문도 방송처럼 광고공사 제도 도입이 필요하다. 경영전략부서(전략기획실)를 만들어 권한을 주고 집중 지원하는 것이 필요하다.

우선 신문사는 자선단체가 아니라 돈이 없으면 망하는 기업이라는 인식전환이 필요하다. 지방신문의 가장 큰 애로는 자금부족이다. 신문사 구성원들이 경영 전반에 대해 알아야 한다.

또한 경영수익 개선안 중 시급한 현안은 경영을 누가 하느냐의 문제와 소유구조이다. 지역신문은 소유구조가 너무 취약하여 대주주나 소유구조가 경영과 편집에 미치는 영향이 크다. 방송의 경우와 같이 경영층에 대한 자격검증과 더불어 공공성과 자율성 확보가 가능한 수준의 주주구조, 신문사 출신의 경험 많은 전문경영인 선출, 우리 사주 확대 등을 통한 안정적 경영기반 조성이 바람직하다.

소유구조 개선, 경영전략부서 설치, 대기업 전직 임원 발탁, 중견기업 공동 출자로 건전한 재정확충, 고객중심의 영업마인드 전략수립, 언론인 출신들의 고착된 대인관계 탈피, 우호적 인간관계 확장, 지역 언론에 대한 호감 동기 부여가 중요하다.

지역신문의 생존을 어렵게 하는 또 하나의 이유는 시장에 비해 신문이 너무 많다는 것이다. 어떠한 행태로든 적정 규모의 신문사가 존재해야 한다. 시기가 온다면 광역단체 별로 1~2개로 묶어 합병하는 것도 바람직하다. 일간지 기준으로 전국의 100여 개 신문사 중 30개 이내로 정리, 인수 합병되지 않고서는 경영의 안정을 기대할 수 없다.

광고 개선안의 내용

사람을 광고하는 인적광고를 적극 개발한다. 개인의 영전 당선 합격 취업 개업 취임 훈장포상 표창 학위 생일 혼사 가족잔치 등을 매일 새로운 소재로 게재하고, 건당 10~20만 원의 광고료를 받는데 제주도에서는 이미 활성화되어 있다. 지역신문의 블루칩이라고 생각한다. 대형광고에만 치중하지 말고 하향화를 통해 실제광고를 게재한다.

편집, 판매, 광고부서 책임자가 정례회동, 정보공유를 통해 미국신문처럼 토탈 경영체제를 운용한다면 부서단위의 광고공략 한계를 극복할 수 있을 것이다.

생활정보지, 전단지 등 조그만 광고시장이 예상외로 커지고 있는데, 지방신문사도 이를 도입해야 한다. 어떤 신문의 경우 1주일에 건당 1만 원 하는 것이 1년을 모으니 3,000~4,000만 원이 되었다고 한다.

지역의 광고수요는 많지만 광고전문 매체(벼룩시장, 교차로)에 집중되고 있다. 지역신문은 이 비중을 늘려야 한다. 생활정보지 광고는 생활정보지를 인수하든지, 경쟁을 통해 시장을 빼앗든지 해야 한다. 지역신문으로서 지역의 생활광고를 빼앗긴다면 수익원으로 발굴할 게 거의 없을 것이다.

본지 중심의 비탄력적 광고매체를 탈피하여 타블로이드판을 발간한다. 전광판, 이슈 등을 타깃으로 하여, 편집국과 연계공조하는 기동광고팀을 추진하는 것이 필요하다.

 지역밀착 광고의 개발이 관건이다. 지역신문을 외면하는 광고시장이 아직도 많다. 의료업계, 변호사업계, 특산품 기업, 첨단산업체 등은 신문 구독조차 잘 하지 않는다. 전문마케터(퇴직공무원, 보험업계 유경험자)를 활용한다.

 주민관심도가 높은 대형국책사업이나 국제대회 유치 현안이 있을 경우 이를 소재로 한 공익캠페인을 유치하여, 지역특산물 홍보 등과 함께 게재한다. 출향인사를 대상으로 한 고향사랑 캠페인도 효과적이다.

 종이신문 광고를 고집하지 말고 인터넷의 배너와 팝업, 팝다운 광고를 이용하고, 컬러와 디자인, 카피내용도 향상되어야 한다. 5단광고의 경우 '기사가 저고리이고, 광고는 치마' 로서 한 사람의 패션을 이루고 있다. 기사와 조화되지 않는 광고는 신문의 위상을 손상시킨다.

 공기업 및 대기업 CEO 와의 인터뷰 등 네트워킹을 강화하여 광고를 유치한다. 광고 영업사원의 교육을 강화하고, 생활정보란에 이벤트 광고 시 '오려오면 할인' 과 같은 쿠폰제를 도입하면 광고 주목 효과가 높아질 것 같다. 쿠폰 소지자에 대해서는 할인이나 교양강좌 혜택을 주도록 한다.

 광고마일리지 도입, 광고단가 합리화, 광고효과 데이터 제공 등 과학적인 방법으로 신뢰를 회복해야 한다. 독자수용도 조사도 병

행한다. 인터넷과 IPTV을 연계한 광고 상품 개발이 요구된다. 종이신문과 뉴미디어(인터넷, IPTV, 케이블TV)를 어떻게 결합하느냐가 많은 연구 과제를 남기고 있다.

판매부문 개선안의 내용

우선 지역신문의 존재가치에 대한 인식과 이해가 전제되어야 한다. 지역신문은 거의 판매전략이 없다. 사원확장에만 의존하고 있다. 지역의 오피니언 리더들에게 서한문을 보내 지역신문의 구독 필요성을 일깨우고, 기관 단체와 단체구독 협약 및 뉴스공조 협력을 도모한다. 각종 행사장과 버스터미널, 역 등 다중 집합장소에의 지역신문 비치 및 홍보도 강화되어야 한다. 전국지의 경품공세에 고발로 대응하고, 전국지의 지방뉴스 취약을 알려야 한다.

지방자치단체나 의회, 기관 등이 지역신문을 외면하는 것은 신문의 경쟁력을 잃을 수 있기 때문에 이들 기관을 상대로 한 지역신문 구독 캠페인을 벌이거나, 예산 지원을 통해 지역신문의 건전육성에 일조를 할 책무가 있도록 한다.

전국지의 경품공세에 고발로 대응한다. 노인일자리 창출 차원에서 경로당과 협약을 맺어 구독을 확장토록 하고, 수당을 지급한다.

24시간 독자를 관리하는 독자관리 전문시스템과 유통 구조 개선, 공동판매 및 공동배달제 도입이 시급하다. 정부와 지자체, 기관 단체 차원의 지방신문 구독지원이 이뤄져야 하고, 절차와 방식이 공정하고 투명성이 담보된다면 집단보급운동도 정책적으로 필요하다.

비싼 판촉비를 들여 독자확장을 하는 것보다 기존의 독자를 유지하는 게 비용이 적게 들 것 같다. 절독자가 나오면 곧바로 권유자에게 연락하여 복구를 시키는 독자관리시스템을 구축해야 한다. 기 확보된 독자를 잘 관리하고 유지하는 것이 중요하다. 독자를 늘려도 관리를 제대로 하지 못해 빠져나가는 독자가 많다. 소비자에 대해 AS를 가장 안하는 게 신문이다.

'지방신문 보는 이유는 길흉사와 지역 대소사를 알기 위해서'라 한다. 부음 화촉 인사 등 보통사람의 동정을 잘 실어주어야 한다. 지역밀착 정보를 많이 게재한다. 지방신문을 본 사람이 보지 않는 사람보다 지역정보를 더 많이 알 수 있도록 해야 하고, 그들의 이야기를 많이 실어야 한다.

매일 정확한 시간에 배달하는 것도 신문의 신뢰를 준다. 대규모 아파트 단지임에도 구독자가 소수에 그칠 경우 별도 인력을 활용해야 할 형편이다. 유통판매구조의 확립이 절실하다. 평생 독자, 5년 구독, 3년 구독 등 장기구독자를 우대한다. 공동판매 공동배달제를 늘린다.

향후 마케팅은 아웃소싱할 가능성이 높다. 여러 신문사와 제휴하여 배달을 단일화하고, 비용을 줄이는 것이 가능하다. 필요하다면 우유배달까지 함께하는 배달전문회사를 만드는 것도 한 방법이다.

대학이 구독비용을 대고 신문을 구독하여 학생들이 보도록 한다. 지역신문의 인터넷 온라인 뉴스제공을 현재의 무료서비스에서 유료화하는 방안이 시급히 강구되어야 한다.

편집 제작 부문 개선안 내용

편집제작 부문에 있어서는 '지역신문의 존재가치는 지역성'이라는 사실이 우선되어야 한다. 바로 지역밀착형 신문 제작이다. 대학과 연구소 등 지역의 지적 전문가 집단을 객원기자, 해설위원, 자문위원 등으로 활용하고, 문화전문가, 스포츠 전문가도 활용하여 전문성과 참여성을 제고해야 한다. 행정과 공조하여 기후환경 협약사업을, 대학병원과는 헬스케어사업을 맺어 지면을 보강한다. 지역주민의 시민기자도 필요하다.

신문의 존재가치는 워치 독watch dog(감시기능) 개념이다. 비판성이 살아있지 못한 신문은 생명력을 잃은 신문이어서 비판성을 살리기 위한 노력이 강화되어야 한다. 이제는 병독지 개념을 탈피하여 완전한 로컬신문을 만들어야 한다. 스포츠도 역외뉴스가 아닌 지역의 세세한 체육행사까지 다뤄 독자와의 고리 맺기를 해야 한다. 국제뉴스는 과감히 차단해야 한다.

신문시장의 80%이상을 전국지에 내주고 있는 상황에서 지역신문의 살길은 완전 로컬화에 있다. 지역주간지에 침식당하고 있는 시군 단위의 기사욕구를 충족시키기 위해 지역판을 상세하게 구분해 블록지면을 보다 확대하는 노력이 필요하다.

뉴스의 신속성은 방송에 따라갈 수 없는 만큼, 사건의 발생과 예방책 등 궁금한 사항을 확실히 털어주는 제작방향이 되어야 한다. 편집국의 슬림화가 필요하다. 기자가 기사 작성과 편집을 동시에 하는 자기조판제도가 정착되어야 한다.

신문과 인터넷, 인터넷을 통한 영상을 통합하는 통합 데스크룸을 준비해야 한다. 원소스 멀티 유즈One source multi use이다. 하나의 콘텐츠를 영화나 음반, 애니매이션, 캐릭터 상품, 출판 등 다양한 방식으로 판매해 부가가치를 높이는 방식이다. 신문에서는 한 건의 기사를 신문과 방송, 인터넷, TV용 등 기사로 송출하면 부가가치가 높아져 효율을 증대할 수 있다.

지방신문을 본 사람이 보지 않은 사람보다 더 많은 지역정보를 알도록 해야 한다. 주민의 이름과 사진, 이야기를 많이 실어야 한다. 주변의 시시콜콜한 이야기를 많이 실어야 한다.

'다른 사람의 다리 부서지는 아픔' 보다 '내 손가락에 박힌 가시가 더 아프다' 는 자세로 접근하여 주민의 소리를 지면에 반영해야 한다. 독자 참여형 신문 제작이다. 재미있는 연성기사도 많이 실어야 한다.

공공저널리즘 탐사보도의 역할(특종기사, 민원해결기사)을 한 사례로 하여, 그것을 PR하고 스타기자나 브랜드 가치를 높이는 전략으로, "이런 기사 때문에 이 신문을 본다."는 말을 듣도록 한다. 지역의 중요한 아젠다를 발굴하여 지속적인 보도로 지역사회의 변화를 유도한다.

시민기자를 활용하고 신문사 소속 기자는 소수 인력으로 줄이고, 특정 기사생산에 주력하는, 편집과 유통의 기능에 초점을 맞춘다. 중앙지와 차별화하여 정치 경제 기사는 단신으로 하고, 지역의 쟁점과 미담을 발굴해야 한다. 여러 개 지역판을 신설하고, 심층해설 분석보도를 강화한다. 특색 있는 신문의 얼굴이 필요하다. 핫이슈 반응을 싣고, 화제의 인물, 보통시민의 일상, 장기보유자 소개를 한다.

법규 제도 부문의 개선안 내용

지역신문발전특별법의 시한연장이나 한시법이 아닌 지속적인 상시법으로 운영되어 지원되어야 한다. 우선지원대상사에 정부광고와 지자체 광고를 배정하여 학습효과를 주어야 하며, 이를 수용하지 못할 경우 퇴출시키는 정책으로 잡아야 한다.

신문사의 난립구조를 개선할 수 있는 근원적인 대책이 필요하다. 지역신문 설립 요건을 강화하여 허가제로 바꾸고 경영진의 자격요건 강화, 소유구조의 건전성 확보가 요구된다. 동종 신문사의 인수합병에 정부가 지원해주는 방안을 검토해야 한다.

신문도 방송처럼 광고공사 제도 도입이 필요하다. 지발위법은 선택과 집중이다. 건전한 신문은 살리기 위해 불건전한 신문은 퇴출한다는 정책강화가 필요하다.

  한국지방신문협회와 전국지방신문협회를 통합하고, 우선지원대상신문사 연대모임을 만들어, 한국신문협회와 한국신문방송편집인협회 등에서의 지역신문 위상을 강화하고 세력화를 해야 한다.

  신문사 등록과 신문사업을 영위할 수 있는 적정 시설이나 자금 규모는 정해야 한다. 현재는 사무실 구할 돈만 있으면 신문사 등록이 가능하다. 윤전기 정도는 보유하는 선으로 법령개정이 필요하다. 중앙지의 경품공세는 엄단하고, 신문고시는 폐지되어서는 안 된다. 정부광고, 공익광고는 지방신문에 더 많이 할애해야 한다. 지방신문 할당제가 요구된다.

  지발위 우선선정 대상사에 중앙정부 및 지자체 광고 공고를 배정하여, 신문사 난립을 못하도록 해야 한다. 지역신문 지원기금은 존속해야 하고, 신문사간 합병, 구조조정에도 지원될 수 있도록 해야 한다.

흑자경영 생존 방안은 다양, 중요 과제는 실행하는 것이다

  심층인터뷰의 결과를 3가지로 요약하면, ① 경영(광고 판매 포함) 활성화 및 수익다각화 ② 편집제작의 지역 밀착화, 비판기능 강화 ③ 정책의 지방 지원, 신문사 난립 방지, 소유구조 개선 등이었다.

경영의 문제에 있어서는 다양한 수익모델을 개발하여 실행에 옮기되, 신문사의 특성에 맞는 지적정보사업과의 결합이 바람직하다. 소유구조의 공공성과 자율성 확보, 전문경영인제 도입, 경영전략부서의 신설이 요구되었다.

광고는 광고의 다각화와 하향화, 지역밀착 광고를 표방하고, 인적(사람)광고와 생활정보지, 전단지 광고 유입이 시급했다. 판매는 24시간 독자관리시스템 확보와 유통구조 개선, 정부 지자체 등 단체 구독, 길흉사 동정을 많이 싣기 등이었다.

편집제작은 완전한 로컬뉴스에, 지역밀착 뉴스, 정당한 비판과 감시가 있는 제작이 필요했다. 법규제도는 신문사 등록을 허가제로 강화하고, 전국의 100여개의 난립한 신문사를 30여개로 줄여, 광역자치단체별로 1~2개로 하고, 동종 신문사의 인수합병에 정부 지원, 지발위법의 상시법화, 정부 및 지자체 광고 공고의 지방신문 우선 배정 등이었다.

지금까지 거론된 내용은 필자의 석사논문의 심층인터뷰에 응해준 14명의 설문대상자의 응답내용을 분석 정리한 것이다. 유익한 내용들이 있다고 본다. 이제 다양한 아이디어 중에서 자사의 특성에 맞는 방안을 선택하여 실행에 옮기면 될 일이다. 아무리 좋은 아이디어라 할 지라도 실행하지 않으면 아무 소용이 없다. 변화는 실행이다.

미국의 미디어 뉴스그룹의 부회장인 윌리엄 딘 싱글턴은 "미래에는 살아남는 신문과 죽은 신문 두 가지가 있는데, 죽은 신문에 대한 애틋한 기억이 아무런 사회적 의미를 갖지 못한다."고 했다. 생존을 위한 발버둥이 얼마나 중요한 대목인지 말하는 것이다.

싱글턴의 말대로 살아남는 신문이 되기 위해서는 그만한 '머리가 터져 나갈 정도'의 눈물겨운 노력을 해야 하며, 그 노력의 결과에 따라 흑자경영의 생과 사가 엇갈릴 것이다.

지방신문 산업
경영실태 분석해보니

앞서 '지방신문 흑자경영 생존방안'에서 지방지들이 어떻게 살아남을 것인가? 하는 방법들을 제시해 보았다. 해당 언론사의 CEO와 종사원들이 한마음으로 힘을 합쳐 일사불란하게 대처한다면 생존에는 큰 어려움이 없다고 본다.

지방신문 산업의 경영실태는 노출이 잘 되지 않는다. 적정 규모가 되지 않는 언론사들은 기업공시 대상이 아니어서 자료 확인이 만만찮다. 때문에 언론계 전체의 경영상태와 재무구조를 알기 위해서는 언론재단이나 특별한 연구집단이 조사보고한 자료가 아니면 확인이 쉽지 않다.

한국언론진흥재단에서 2011년을 기준으로 한 '2012 신문산업

실태조사'를 하여 발표한 바 있다. 3년 전 자료이지만, 이 실태조사 결과를 통해 언론계 전반의, 특히 지방신문 산업 업계의 실태를 파악할 수 있다.

이 조사에 따르면 2011년 현재 국내 신문산업 전체 매출액은 3조 9,987억 원, 종사자는 3만 6,344명, 기자직 종사자는 2만1,482명이다. 전체 매출액은 종이신문 매출액 3조 4,332억 원과 인터넷신문 5,655억 원이 합산된 금액이다. 종이신문이 85.9%, 인터넷신문이 14.1%를 차지했다.

일간신문 중 가장 큰 매출액을 기록한 사업체는 11개에 달하는 전국종합일간1으로, 이들 11개 신문의 매출액이 1조6,050억 원(40.1%)이다. 다음으로는 경제일간 (6,114억 원, 15.3%), 지역종합일간 (4,672억 원, 11.7%) 순이다. 주간신문의 매출액은 4,259억 원(10.7%)이다. 인터넷신문의 매출액은 5,655억 원이며, 전체 신문산업 매출액의 14.1%이다.

여기에서 말하는 전국종합일간1은 우리들이 흔히 잘 알고 있는 서울 소재 전국 신문 11곳을 말한다. 경향신문, 국민일보, 내일신문, 동아일보, 문화일보, 서울신문, 세계일보, 조선일보, 중앙일보, 한겨레신문, 한국일보이다. 이들 11개 신문사의 매출액이 우리나라 신문 산업 전체 매출액의 40.1%를 차지하고 있다는 말이다. 이들 외 전국종합일간 2가 12곳이 있지만 이들 회사는 적정 요건을 채우지 못하고, 재무분석 대상 금감원 공시 신문사가 아니다. 매출

총액은 136억 원에 불과하다.

지역종합일간 4,672억 원은 전국 111개 지역종합일간지의 총 매출액을 말하며, 이 금액이 우리나라 신문 산업 전체 매출액의 11.7%를 차지한다는 말이다. 111개사의 전체 비중이 12% 남짓한 것이다. 이 중 금감원 공시 신문사 11곳의 매출이 2,333억 원으로 절반 정도를 차지한다. 11곳은 강원일보, 경남신문, 경인일보, 광주일보, 국제신문, 대전일보, 매일신문, 부산일보, 영남일보, 전남일보, 제주일보이다. 나머지 2,339억 원은 100개 지역종합일간지의 매출합계이며, 이들 신문사는 금감원 공시 대상이 아니다.

신문 산업 실태조사에 따른 2011년 공시대상 신문사는 종이신문 34개사, 인터넷신문 6개사 등 모두 40개사이다.

이 실태조사를 토대로 연구진들이 다음과 같은 경영실태 분석을 했다. 11개 지역종합일간지는 전년대비 3.46% 증가한 2,333억 원의 총매출을 기록했다. 2011년의 성적표만 놓고 평가한다면 국제신문과 경인일보의 경영성과가 탁월했다.(285쪽 도표 참조)

국제신문은 9.94%의 매출액 신장에 당기순이익 증가율은 무려 1,461%(액수는 6억 원에 불과하지만)를 기록했다. 경인일보는 전년대비 19.8%의 매출액 신장을 기록하면서 당기순이익도 기존의 적자 기조에서 흑자로 돌아섰다.

부산일보는 7.26%의 매출액 증가에 당기순이익도 흑자기조로 돌아서 상대적으로 경영실적이 개선되었다. 강원일보와 영남일보

표 5-9 지역종합일간지의 매출액 추이와 증가율 [단위 : 백만 원]

	매출액					전년대비 매출액 증가율(%)		
	2007년	2008년	2009년	2010년	2011년	2009년	2010년	2011년
강원일보	17,435	18,554	19,954	22,830	23,502	7.54	14.41	2.94
경남신문	10,039	10,846	10,719	11,313	11,802	-1.18	5.54	4.32
경인일보	19,551	20,127	20,211	21,936	26,279	0.41	8.53	19.80
광주일보	17,740	16,085	18,617	18,377	16,460	15.74	-1.29	-10.43
국제신문	22,493	22,423	21,086	20,768	22,833	-5.96	-1.51	9.94
대전일보	9,837	10,393	11,085	11,519	11,312	6.66	3.92	-1.80
매일신문	38,327	34,021	29,341	33,175	32,794	-13.76	13.07	-1.15
부산일보	53,365	48,871	44,364	44,525	47,758	-9.22	0.36	7.26
영남일보	17,584	17,951	17,613	19,959	20,219	-1.88	13.32	1.30
전남일보	9,224	8,612	7,580	8,453	8,000	-11.99	11.52	-5.36
제주일보	11,040	10,880	11,848	12,619	12,317	8.89	6.51	-2.39
합계	226,635	218,763	212,418	225,473	233,276	-2.90	6.15	3.46

표 5-10 지역종합일간지의 당기순이익 추이와 증가율 [단위 : 백만 원]

	당기순이익					전년대비 당기순이익 증가율(%)		
	2007년	2008년	2009년	2010년	2011년	2009년	2010년	2011년
강원일보	67	87	109	1,368	491	25.12	1,158.99	-64.12
경남신문	-1,511	79	182	664	351	130.90	265.60	-47.10
경인일보	-1,558	-936	-892	-7,095	156	적자감소	적자증가	흑자전환
광주일보	-611	-4,392	-1,849	-2,645	-4,950	적자감소	적자증가	적자증가
국제신문	11,503	-1,341	243	43	664	흑자전환	-82.52	1,461.12
대전일보	-565	99	270	103	145	172.82	-61.71	40.10
매일신문	195	-7,203	12,489	-808	148	흑자전환	적자전환	흑자전환
부산일보	-5,956	-1,967	-924	-5,755	1,597	적자감소	적자증가	흑자전환
영남일보	269	45	95	156	347	111.22	65.17	121.86
전남일보	-976	-2,166	-690	332	-3,525	적자감소	흑자전환	적자전환
제주일보	-999	-1,093	-2,414	-281	8,888	적자증가	적자감소	흑자전환
합계	-143	-19,559	6,617	-13,918	4,312	흑자전환	적자전환	흑자전환

도표 출처 : 〈한국언론진흥재단 2012 신문산업 실태조사〉

는 최근 매출액 신장이 다소 주춤하고 있지만 지난 5년간 꾸준히 흑자를 기록하고 있다. 경남신문과 대전일보는 2007년을 제외하고 4년 연속 흑자를 기록하여 나름의 경영모델을 찾은 것으로 보인다.

반면 광주일보는 5년 내리 적자를 기록하고 있을 뿐 아니라 2009년 최대의 매출을 달성한 이후 매출액 규모도 마이너스 성장을 하고 있어 특단의 조치가 필요한 것으로 나타났다.

경영안정성을 나타내는 재무지표를 살펴 보았을 때 지역종합일간지의 상태는 참혹하다는 표현이 과하지 않을 정도이다. 11개 사 중에서 5개사(광주일보 국제신문 매일신문 전남일보 제주일보)가 자본잠식 상태이다. 대전일보도 부채율이 1,700%를 넘고 자기자본도 자산에 묶여 있어 고정비율이 높고 유동비율은 낮은 상태이다. 강원일보와 경인일보는 자본의 유동성이 낮고 부채비율은 높은 편이다.

안정적인 상태를 유지하고 있는 신문사는 경남신문 부산일보 영남일보 등 3개사 정도로 말할 수 있다. 특히 경남신문은 누적 부채 총계가 2011년 28억 원에 불과했다. 이는 전체 비교대상 34개 신문사 중에서 가장 낮은 액수이다. 경남신문은 신문사업(59.3%)외에 행사(24.9%), 인쇄(11.2%), 도서(3.7%), 임대(0.9%) 등의 다양한 수익사업을 펼치고 있는 것으로 나타났다. 이러한 경영모델을 여타의 지역신문이 벤치마킹할 필요가 있지 않을까 한다.

그렇다면 11개 지역종합일간지의 신문사별 매출액은 어떻게 될까? 2011년 기준으로 부산일보 477억 원, 매일신문 327억 원, 경인일보 262억 원, 강원일보 235억 원, 국제신문 228억 원, 영남일보 202억 원, 광주일보 164억 원, 제주일보 123억 원, 경남신문 118억 원, 대전일보 113억 원, 전남일보 80억 원 순이다. 평균 212억 원이다.

영남 광주 경남 대전 전남 제주 등이 평균매출액에 밑도는 것이다. 경남은 인구가 330만 명으로 전국 4위이나 신문매출액은 인구를 뒤따르지 못해, 매출 증대가 과제이라 하겠다. 경영실태 분석에 부연하여 설명을 한다면, 당기 순이익의 경우 강원일보와 영남일보가 2007년부터 2011년까지 5년 연속 흑자를 냈다.

경남신문과 대전일보는 2008년부터 2011년까지 4년 연속 흑자를 냈다. 반면 경인일보, 부산일보, 제주일보는 2007년부터 2010년까지 4년 연속 적자를 기록하다 2011년에 흑자를 냈다. 아마도 각고의 노력이 있었을 것으로 짐작된다.

경남신문은 2010년의 흑자가 6억6천만 원으로, 2008년 이후 흑자 폭이 가장 컸는데, 거기에는 2010년도 지방선거와 관련한 선거 홍보물 사업이 나름 역할을 한 것으로 보인다. 필자는 당시 경남신문사 상무이사로 선거홍보물 사업을 맡았는데, 여러 가지 애로가 많았다.

그때 어려움을 극복하고 편집국과 사업국의 팀원들이 헌신적으로 일해 주었다. 신문의 날 등 휴무도 반납하고 출근하여 온갖 궂은일을 다 한 이대승 부장, 생전 처음 하는 사업, 갖가지 지혜를 짜낸 박길태 부장을 비롯한 여러분들이 많은 고생을 한 것이 아직도 기억에 생생하다. 감사를 드린다.

  이상의 경영실태 분석 자료에서 보듯, 중앙과 지방의 어떤 신문사라도 흑자경영에 심혈을 기울이지 않으면 도태되고 만다. 흑자경영의 키가 우선 수익 다각화에 달려 있지만 반드시 수익만은 아니다. 앞서 '지방신문 흑자경영 생존방안'에서 밝혔지만 자사의 사정에 따라 빨리 모델을 찾아 실행을 해야 한다고 본다.

평생 기자가 경험한
출연 기관장 2년

나는 평생 기자이면서 도 단위 출연기관장을 2년간 역임하였다. 경남신문사를 나온 후 1년 뒤인 2013년 3월 12일이다. 이날 나는 경남로봇산업진흥재단(현 경남로봇랜드재단) 원장에 취임하여 2년의 임기를 마치고, 2015년 3월 퇴임했다.

이 재단은 경상남도의 출자출연기관으로 도내 로봇산업의 발전과 진흥, SW 및 IT 개발을 관장하고, 마산 구산면에 7,000억 원의 예산이 들어가는 마산로봇랜드를 건설하는 재단법인체로 사실상 행정기관이었다.

나는 경남도가 실시한 첫 인터넷 도민검증의 절차를 밟아 임명된 출연기관장이었다. 공모와 면접, 경남도의 내부검증을 거친 후,

나에 관한 모든 신상 자료를 경상남도의 인터넷에 올려 도민의 검증을 받는 절차이다. 첫 도민검증 절차에다 언론인 출신이어서 임명 당시 신문에도 상세히 보도되었다.

재단 원장의 업무는 만만찮았다. 취임 첫날 저녁 8시에 퇴근을 하였다. 취임하자마자 울트라건설 컨소시엄의 950억 원 대출약정서가 기다리고 있었다. 울트라가 596억 원에 달하는 토목공사 도급계약을 위해서는 950억 원의 대출약정이 필요한데 이것을 제출하지 못하고 있으며, 이로 인해 도급계약이 늦어져 결국 전체 로봇랜드 공사가 늦어지고 있었다.

대출약정 문제가 중요하다고 하여 취임 첫날부터 파악에 나서다 퇴근이 늦어진 것이다. 이후부터 울트라건설과의 협약 줄 당기기가 시작되어 10월 31일 계약체결을 할 때까지 계속되었다. 이날 체결이 안 됐다면 4일 후인 11월 4일 사업이 취소되는 어려운 상황이었다.

울트라 건설은 실시협약상의 여러 가지 수정 요구를 수없이 해왔지만, 2013년 4~5월 당시의 요구는 두 가지였다. 공사로 인한 어업보상과 현장민원(해강마을)을 사업민원으로 간주하여 재단이 문서로써 책임을 져 달라는 것이었다. 그러나 나로서는 도저히 수용할 수 없는 문제여서, 쌍방 간에 50여 차례의 협상을 하다가 5월 들어 취소하고 말았다.

돈이 많게는 수백억 원 들어가고 행정이 책임을 지는 사안이어서 원장 독단으로 결정할 수 없는 문제였다. 그런데도 처음에 나는 잘 몰라 거의 들어주는 방향으로 갔으나 울트라는 자신들의 요구를 모두 욕심내다 결렬되고 말았다.

그때 울트라 건설이 나의 조건을 수용하였으면 그들은 훨씬 유리했을 것이고, 나는 아주 곤경에 처했을 것이다. 그 후 울트라 건설은 다음해 10월 부도나 법정관리에 들어감으로써 결국 로봇랜드 공사에서 손을 떼게 되었다.

나는 2년간의 재직기간 동안 4번의 감사를 경험했다. 경남도 감사 3차례와 감사원 감사였다. 수감자는 원장이 아닌 직원들이었지만 심적으로 부담스러웠다. 취임 2주일이 안돼 경남도의 특정감사를 받았는데 채용과 수당 등의 문제가 지적되었으며, 이는 사실상 조직 정비와 구조조정으로 가는 수순이 아니었나 싶다.

감사반장은 도청 출입기자 시절 만난 적이 있어 반갑게 인사를 나누었다. 그는 예의를 갖추고 친절하였지만 분위기는 만만찮았고, 수감 경험이 없는 나로서는 신경이 쓰였다. 이로부터 3개월 뒤인 7월에는 3월 특정감사에 대한 실행 여부를 점검하는 확인감사를 받았다.

취임하자마자 감사를 받고, 외부용역까지 받아 조직개편 준비를 하였으니 직원들과의 소통은 잘하기 어려웠다. 조직개편이라는 '삭풍'이 부는데 직원들의 얼굴을 가까이하며 정을 붙이기가 민망했다. 하여 당시 재단의 분위기는 상당히 경직되었을 것으로 생각한다. 2013년 7월 1일부로 조직개편을 한 결과, 당시 8개 팀에서 5개 팀으로 조정되었고, 인원도 좀 줄게 되었다.

그런데 또 감사가 있었다. 해가 바뀌어 2014년 4월 말에 감사원 감사 통보를 받고, 재단은 본 감사에 대비한 사전 서류 제출로 바빴다. 나는 부서마다 예상 질의답변을 만들어 업무내용을 숙지하는 등 감사 준비를 잘 하도록 회의를 통해 강조했다. 본 감사는 6월 16일부터 2주간으로 주말을 빼면 10일이었다.

나는 여러 생각이 들었다. 경남로봇산업진흥재단이라는 지방의 크지 않은 기관이 대한민국 최고의 감사기관인 감사원의 감사 대상이 되는 것인지? 그렇다면 재단이 뭘 크게 잘못한 것은 아닌지?. 심란하면서 궁금하고 긴장되었다. 감사는 정책적인 부문이 많았고, 조직 중복 문제에 대한 질의가 다수 있었다. 돌이켜 생각하니 재단 조직과 업무 중복의 문제가 포인트가 아니었나 하는 싶다.

감사원 감사를 마친 후, 8월 18일부터 5일간 경남도의 감사가 있었다. 이때는 다른 출연기관도 함께 받았다. 감사 결과는 9월 4일 추석 연후 직전에 통보받았는데 개편의 폭이 커 놀랐다.

당시 재단은 경영지원실과 로봇랜드사업본부, 로봇산업본부 등 3개 본부로 되어 있었다. 이중 경영지원실장 직제를 폐지하고, 2개 본부 중 로봇산업본부를 경남테크노파크로 이관하고, 창원시 독거노인 위탁사업도 폐지토록 했다. 잔류하는 로봇랜드사업본부도 본부를 없애고 3개 팀으로 축소하도록 했다.

이로 인해 당시 총원 37명 중 18명의 이관인원을 포함한 22명이 이관·조정되어야 하는 상황이었다. 그때 개편으로 2015년부터 경남로봇산업진흥재단이라는 이름은 경남로봇랜드재단으로 바뀌고, 관장업무도 마산로봇랜드 조성이라는 단일 사업으로 축소되었다.

2013년 조직개편에 이어 한 해 걸러 또 하려니 쉽지 않았다. 사내 분위기는 침울하고 불안했다. 나는 당장에 답을 찾기 어려워 "원장이 먼저 나가야겠다."는 생각도 하였다. 하지만 나갈 때 나가더라도 슬기롭게 마무리를 하고, 원장으로서 책임질 것은 책임져야 한다는 생각에 해결 방안을 찾는데 골몰했다.

세상에 못할 일이 구조조정이다. 크게 볼 땐 전체 조직과 그 조직의 생존을 위한 슬림화로서는 명분도 충분하고 필요도 하다. 그렇지만 대상자로서는 생사의 문제이다. 처자식과 가족을 부양하는 '생명 줄'이 날아가는데 가만히 앉아 있을 사람은 없는 것이다. 거듭된 고민으로 잠을 제대로 이루지 못했다. 힘들게 그 과정이 지나갔다.

고백하건대, 나는 출연기관장 자리 봉급이나 받고 편히 지내는 자리인 줄 알았다. 하지만 그렇지 않았다. 기본적으로 업무 능력과 인품을 갖춰야 하고, 조직을 움직이는 리더십과 소통 등 겸비해야 할 능력과 덕목이 많았다. 권한에 따른 책임감과 사명감도 중요했다.

감히 미래의 수많은 출연기관장 후보들에게 한 말씀 전한다면 "편안하게 놀며 일할 요량이면 기관장 안 하는 게 낫고, 능력 없이 했다간 배겨나기 힘들다."는 것이다. 대한민국 행정도 이미 선진국 수준에 도달하여, 적당히 놀고 일하는 것은 용납되지 않는다고 보는 것이 나의 체험이다.

힘든 과정 속에서도 로봇랜드 토목공사가 착공되고, 1,283억 원에 달하는 로봇비즈니스벨트 사업 예타가 통과되어 정말 다행스러웠다. 로봇산업 발전을 위한 SW 신규사업도 잇달아 유치되었다.

실적 여부를 떠나 원장으로서 2년 재임 동안 한눈팔지 않고 업무에 전념했으며, 노심초사했다는 말을 하고 싶다. 특히 언론 출신인 나로서는 언론계에 누가 되어서는 안된다는 생각을 자주 하며, "잘해야 한다."는 각오를 다졌다.

로봇비즈니스 벨트 예타를 통과시키기 위해 재단은 TF팀을 꾸려 전담했으며, 직원들은 거의 주말, 휴일을 반납한 채 열심히 일했다. 3년여 동안 회의를 연 것만도 수십 차례는 될 것이다.

예타 타당성 용역 조사를 하는 KISTEP(한국과학기술기획평가원)이라는 기획재정부의 출연기관에는 직원들이 거의 '신발이 닳도록' 방문을 하였다. 나 또한 세종 청사를 여러 차례 방문하였고, 마침 기재부에 있던 고교 후배국장이 여러 도움을 주었다.

감사라면, 도의회의 행정사무감사도 빠트릴 수 없다. 원장으로 부임하여 처음 행정사무감사를 받은 게 2013년 11월이다. 미리 예상문제를 만들어 열심히 업무 공부를 하였다.

그런데 첫 질문자로 나선 김정자 의원이 무슨 로봇산업과 관련한 질문을 하였는데 예상하지 못한 문제였다. 거짓말이라도 해야 하는데 솔직히 답한다며 "잘 모르겠다."고 했다. 그때부터 꼬이기 시작하여 많이 헤매 버렸다.

김 의원은 공무원 고교 동기생의 부인으로 "잘 봐주기"로 했는데 첫 질문을 하면서 나를 매우 난처하게 만들어 버렸다. 그 이후 우연히 만난 자리에서 감사 이야기를 하면서 서로 파안대소했다.

첫 번째 행정사무감사를 경험삼아 2014년 감사 때는 조금 요령을 익혀 비교적 무난하게 마칠 수 있었다. 행정사무감사로 인해 나는 도의원이 엄청 높아보였다. "도의원 한번 해보고 싶다."는 생각도 들었다.

원장 2년간의 재임 동안 보람과 추억도 많다. 나는 비록 완전한 공무원은 아니지만 사실상의 임기제 '공무원'으로서 로봇재단에 근무했다는 사실을 좋은 경력과 경험으로 생각한다. 부친도 공무원을 하시다 자식들 공부시키러 사직하고 조그만 사업을 하셨으니, 아들도 부친의 영역에 잠시나마 발을 디딘 것이다.

마산의 여러 지인들은 원장 부임 시 "조 원장이 로봇랜드를 잘 조성하여 마산 경제 발전에 보탬이 되라."며 격려를 하곤 했다. 로봇랜드와 로봇비지니스벨트 사업이 잘 되기를 진심으로 기원한다. 향후 로봇산업은 무한한 발전가능성을 갖고 있는 '블루칩'이다.

선진국에 뒤떨어지지 않으려면 부지런히 관심을 갖고 노력해야 하며, 마산이 그 중심이 되었으면 한다.

재단 직원들과 입주업체 사람들이 함께 연간 한번 실시한 내서 화개산 등산이 기억에 새롭다. 합천 대장경 축제에 참가차 해인사 소리 길을 방문했을 때 단풍이 매우 고왔다. 즐거운 시간이었다. 평일 점심 후 재단 근처 광려천을 혼자 산책하며 맑은 공기를 마시며 물소리를 듣곤 했다.

나는 기자 시절 공무원에 대해 잘 몰랐다. 그땐 모두 양순해보였다. 출연기관장으로 가서 보니 평소 내가 생각했던 것보다 똑똑하고, 꼼꼼하고, 기강도 셌다. 물론 원만하고 넉넉한 사람도 많이 있었다. 비교적 다 열심이고, 직위가 높을수록 더 열심히 일하는 것 같았다. 여느 조직과 다를 바 없는 '사람 사는 곳'이었다. 또한 "나라와 국민을 위해서는 공무원의 역할이 정말 중요하구나." 하는 생각도 갖게 되었다.

경쟁도 치열했다. 경쟁이란 바로 승진 경쟁, 능력 경쟁이다. "출근길이 경쟁의 '전장터'로 가는 기분"이라는 우스갯소리도 듣곤 했다. 그래서 주무계, 차무계, 말무계라는 재미있는(?) 이름을 들었다. 승진을 위해서는 우선 주무계로 가야 한다고 했다. 근무평점을 잘 받는 선임부서로 이해하면 될 것 같다. 차무계는 주무계 다음이고, 상대적으로 말무계는 꼴찌이다. 승진과는 아직 거리가 멀다. 승진에 앞서 주무계로 가기 위한 경쟁이 치열하다. 주무과, 주무계로 가면 승진은 거의 '따 놓은 당상'이라 했다.

공무원이든 일반 직장인이든 그 누구든 중요한 것은 인품과 능력이다. 나는 이 두 가지를 매우 높게 친다. 최종 한 가지를 택일하라면 인품이다. 공무원 사회에도 두 가지를 겸비한 사람들이 적잖이 있었다.

나는 그 누구라도 좋은 인연을 맺었다면 오래도록 간직하는 쪽이다. 기자 생활 중 사귄 공무원 친구가 여럿 있다. 2년간의 원장 생활은 나에게는 소중한 인연이다. 그 모든 인연들에게 감사드린다. 이제는 공무원 또는 공직자라는 이름이 나에게도 영 남은 아니다. 내가 그곳에서 일했으니 말이다.

임기 중 로봇재단에 긍정적인 기사를 많이 써준 언론계 선후배들에게도 진심으로 감사드린다. 또한 조직개편과 구조조정의 '격랑'으로 재단을 떠났거나 마음을 다친 재단 가족들이 있다면 송구하다는 말씀을 드린다. 부디 건강하시고 행운이 깃드시길 기원한다. 재임기간 내가 만난 모든 공직자 공무원들에게도 안부를 전하고 안녕을 기원한다. 세상사, 지나고 보면 모두가 아름다운 추억이 된다.

나와 퇴임 후
인생 인연과 하충식

누구나 살아가며 많은 사람을 만난다. 만나는 사람이 그 사람의 인생이라고도 한다. 하충식 한마음병원 이사장을 책에서 거론하는 것은 나의 신문사 퇴임 후 인생에서 그와 맺어진 '인연' 때문이다. 회사를 나온 어려운 상황에서 많은 도움을 주었다. 또한 지인知人으로서 그의 삶의 신념과 사회적 공헌이 소개할 가치가 있다고 생각했다. 상호 인연에 대해서는 뒤로 미루고 먼저 그를 말하고자 한다.

그는 의사로서 현재 창원 한마음병원 이사장이다. 사회공헌 사업을 많이 하고, 특히 20억 원의 교복지원으로 잘 알려져 있다. 소외계층 아이들을 95년 병원 개원 때부터 시작하여, 20년째 한 해도 빠지지 않고 초청하여 봄나들이 행사를 해주는 주인공이다.

역시 20년째 병원 주변의 아침 청소를 하여 한국기록원의 최장수 자원봉사 인증을 받았으며, 2011년 정부포상 국민추천제 포상 유공자이기도 하다.

그는 또한 창원지역의 의료환경을 개선하기 위한 대규모 병원 프로젝트를 추진하고 있다. 최근에는 1천억에 달하는 창원 풀만 호텔을 인수하였다. 이젠 의사 반열을 떠나 지역의 주요한 의료인이자, 의료관광 사업가, 사회공헌가로 인식을 넓혀가고 있다.

그는 1960년 함양에서 태어나 진주고를 거쳐 조선대 의대를 졸업한 후, 동아대병원에서 산부인과 과장을 지내다 창원 봉곡동 고려병원 내에서 산부인과를 개원했다. 이 병원을 1995년 인수하여 한마음병원으로 개칭 운영했고, 2001년 현재의 창원시 상남동에 한마음병원을 신축 이전하였다. 한마음병원은 2010년 이후부터는 한양대의료원과 협약을 맺어 임상수련 및 교육을 하고 있다.

이 정도면 이미 크게 성공한 의사이다. 그럼에도 그는 늘 꿈을 말한다. 대한민국과 경남을 대표하는 좋은 의료 환경을 마련하겠다는 꿈이다. 사실 그의 오랜 꿈은 한마음 의대와 대학 부속병원 설립이었다. 그러나 여러 문제를 검토하여 방향을 바꾸었다.

창원 중앙 역세권 부지 8천여 평에 850병상의 규모의 초대형 병원을 짓고, 여기에 한양대 의대의 우수한 의료진을 대거 영입하여, 사실상의 한양대 의대 창원 한마음병원으로 정착시킨다는 계획이다. 장기이식센터와 뇌·심장센터, 암센터 등 특화센터를 갖춰 중증환자들을 치료하는 아시아 허브 병원으로 도약한다는 플랜이다.

그렇게 되면 타 지역에 비해 상대적으로 빈약한 경남과 창원의 의료 환경이 개선되어 환자들이 서울 부산으로 나갈 필요가 없게 된다. 기존의 상남동 병원과 합치면 1200병상 규모이다.

새 병원 예정지에서는 멀리 비음산 팔각정이 보이고 맑은 공기와 바람, 정병산 계곡의 물소리도 들을 수 있어 임상치료에 앞서 자연치유가 우선할 수 있을 것 같았다. 그는 이러한 꿈을 이루기 위해 20년을 한결같이 달려왔다고 말한다.

어디에서 이런 추진의 원동력이 나오는 것일까? 그는 다음의 세 가지로 말한다. 사글세와 성실·근검절약, 베풂이다. 사글세란 큰 돈 들이지 않고 공간을 사용할 수 있으니 돈을 아끼는 것이다. 그는 한마음병원 건립 전 병원건물을 매입하지 않고 사글세로 빌려 운영했다. 또한 성실과 근검절약, 베풂은 자신에게는 아끼고, 남에게 베푸는 것이다. 이 세 가지가 나름 성공의 비결(?)이라고 말한다.

내가 볼 때 그는 '적선지가 필유여경積善之家 必有餘慶'이라는 말을 실천하려는, 최소한 그러한 신념을 가진 사람이다. '선한 일, 좋은 일을 많이 하면 집안에 경사가 넘친다.'는 이 말은, 한마디로 "베풀라"는 의미이다. 많이 베풀고 좋은 일을 많이 하면 당대에 집안에 발복發福하고, 아니면 2대, 3대에 걸쳐 복이 온다는 것이다.

물론 복을 받기 위한 이유만으로 베풀지는 않을 것이다. 두루두루 나누어 잘 되자는 말이다. 하여 '적선積善'이라는 두 글자가 중요하다.

재물이 없어도 베풀 수 있는 '무재칠시無財七施'도 있다. 부드러운 얼굴, 따뜻한 말, 착한 마음, 부드러운 눈길, 몸으로 봉사, 다른 사람에게 자리 양보, 상대의 마음을 헤아리기 등이다. 그는 이런 적선과 베풂을 말하곤 한다. 경주 최부잣집 얘기도 종종 한다. '흉년기에는 땅을 늘리지 마라.' '시집온 며느리들은 3년간 무명옷을 입게 하라.' 등의 교훈이다.

그는 "눈 뜨고 잔다."고 말할 만큼 부지런하고, 아낀다. 교복 지원금 20억 원도 우연히 병원 직원이 추위를 막기 위해 택배 포장용 에어캡(일명 뽁뽁이)을 창문에 붙이는 것을 보고 아이디어를 얻어 절약한 난방비로 마련했다 한다.

'사람의 몸은 심장이 멎을 때 죽지만, 사람의 영혼은 꿈을 잃을 때 죽는다.'는 말이 있다. 전술前述했듯이 그는 늘 꿈을 말하며, 그 꿈을 향해 달려간다. 그는 "지방대 의대 출신으로 지방에서 병원을 해도 열심히 하면 성공하는 모습을 보여주고 싶다."고 말한다.

그와 나의 만남은 20년 전으로 거슬러 올라간다. 창원 봉곡동에서 작은 병원을 운영하며, 아침마다 주변청소를 하는 것을 보고 '감동' 먹어 기사를 잘 썼던 게 첫 인연이다. 그로부터 서로 존중하며 잘 지내왔다. 그의 아침 청소는 한마음병원을 비롯, 풀만호텔에서도 진행되고 있으며, 좋은 봉사라고 생각한다.

    그는 내가 2012년 신문사를 나오게 되었을 때 병원 관련 회사에 '대표' 자리를 마련해 주었으며, 로봇재단 원장 임기 후에도 이전처럼 배려하여 주었다. 늘 감사하게 생각하며, 잊지 않으려 한다.

세상사
인연 따라 흘러간다

공자는 60세를 이순耳順이라 했다. '귀가 순해져 사사로운 감정에 얽매이지 않고 모든 말을 객관적으로 듣고 이해할 수 있는 때'이다. 정말 귀가 순해졌는지 여부는 아직은 잘 모르겠다. 그 정도의 내공을 쌓은 것은 아닌 것 같다. 욕심은 여전하고, 욕 들으면 성나고, 칭찬받으면 기분 좋다. 사소한 일에 일희일비하고, 귀도 얇아, 하루에 열두 번도 더 마음이 변하는 것 같다.

요즘 세태에 이순은 젊다고도 늙었다고도 할 수 없는 시간대이다. 미국에서는 은퇴 뒤의 삶은 시작하는 신노인들을 '2Y2R' too young to retire라 부른단다. 은퇴하기에는 너무 젊은 세대라는 말이다.

그럼에도 어김없이 세월은 간다. 흘러가는 세월을 붙잡을 수 없고, 마냥 보낼 뿐이다. 인간은 세월의 흐름을 따라 조금씩 익어간다고 했던가? '평생을 지방언론에서 몸담다 떠났다. 다른 직장 경험도 했다. 그래도 여전히 신문에는 관심은 많고 신문을 잘 본다. 뭔가 아쉬움도 많이 남는다. 그런 게 지난 세월의 반추인가 하고 반문한다.

한 시인은 이렇게 말했다.

흘러만 가는 강물 같은 세월에 나이가 들어간다. 뒤돌아보면 아쉬움만 남고, 앞을 바라보면 안타까움이 가득하다. 인생을 알 만하고 인생을 느낄 만하고, 인생을 바라볼 수 있을 만하니 이마엔 주름이 깊이 새겨져 있다.

한 조각 한 조각 모자이크한 듯한 삶, 어떻게 맞추나 걱정하다 세월만 보내고, 완성되어 가는 맛 느낄 만하니 세월은 너무도 빠르게 흐른다. 일찍 철이 들었더라면, 일찍 깨달았더라면, 좀 더 성숙한 삶을 살았을 텐데. 아쉽고 안타깝지만 남은 세월이 있기에 아직은 맞추어야 할 삶이란 모자이크를 마지막까지 멋지게 완성시켜야겠다. 흘러만 가는 강물 같은 세월 이지만 살아있음으로 얼마나 행복한가를 더욱더 가슴 깊이 느끼며 살아가야 겠다.

— 〈흘러만 가는 강물 같은 세월〉, 용혜원

시인의 말대로 인생이 그런 모양이다. 알만하면 지나왔고, 오기 전에 잘 몰랐다. 지금 되돌아보니 온 세월보다 남은 세월이 훨씬 적다. 아, 벌써인가? '하루에 새벽이 두 번 있지 않고, 세월은 사람을 기다려 주지 않는다.'고 했다.

이제 이러한 말들이 머리에 들어온다. 돌아보니 30년 가까운 경남신문사 기자 생활, 이제 아름다운 추억이 되었다. 더욱 시간이 흐르면 그리움의 향수가 되리라.

기자란 무엇이던가? 글을 써 먹고 사는 직업인이다. 돈과는 사돈의 팔촌도 연관이 안 되는 빈곤한 직장인이다. 그럼에도 그 직장이 부모님과 처자식 밥 굶지 않고 비바람 잘 막아주는 집에서 잘 지내오게 했으니 감사해야 할 삶의 일터이다. 풍족하면 좋지만 그렇다고 잘 산다고는 말할 수 없다 한다. 그런 이치를 이젠 좀 알 것 같고, 그렇게 생각해야 마음이 편할 것 같다.

직장의 자리라는 게 이상하여 어찌된 셈인지 자리가 올라갈수록 각박해진다. 올라가려고 기를 쓰지만 막상 올라가보면 고통이요 번뇌이다. 지나고 보니 벼슬도, 자리도 별 것 아닌데 말이다. 나이 들고 끈 떨어져 봐야 비로소 알게 되는 것이다. 직장의 생리나, 권력의 생리가 엇비슷이 한 게 아닌가 싶다.

세상의 걱정은 참 많다. 보통사람이 하는 걱정거리의 40%는 절대 일어나지 않는 것이고, 30%는 이미 일어났던 것들이고, 22%는 사소한 사건들이고, 4%는 우리가 바꿀 수 없는 것들이라 했다. 나머지 4%가 우리가 대처할 수 있는 진짜 사건들이라 했다.

걱정과 고민의 96%는 불필요한 것들인데 마치 내가 다 짊어지고 해결하는 양 허세를 부리니 다 부질없는 짓이다. 人生不滿百 常懷千歲憂인생불만백 상회천세우, 사람이 백년을 채워 살지 못하면서 늘 천년 어치의 걱정을 하고 산다.

그러니 지금이 중요하다. 세 가지의 중요한 '금', 이른바 황금, 소금, 지금 중 가장 중요한 것은 지금이다. 톨스토이는 이렇게 말했다. "우리 모두는 인생이라는 잔에, 세상에서 가장 소중한 것은 바로 지금. 세계 최고의 와인은 지금 내 잔에 채워져 있는 와인이다"라고.

지금처럼 소중한 것은 없다. 오늘은 남은 생에서 가장 젊은 날이다. 인생은 여기here와 지금now이란다. 하루하루를 잘 채워 나가야 한다. "죽은 뒤에 명성을 날리기보다는 눈앞의 술 한 잔이 더욱 반갑네."라고 혹자는 말했다.

그래서 요즘은 재財테크가 아니라 우友테크이다. 나이 들수록 친구가 줄어드니 항상 우정을 돈독히 하여 언제든 대화하고 술 한잔 할 수 있는 친구들을 잘 모시라는 이야기이다. 돈 있어도 붕이 없으면 얼마나 서운하랴.

'벗이 멀리서 찾아오니 또한 즐겁지 아니한가.(유붕자원방래 불역락호有朋自遠方來 不亦樂乎). 논어 학이 편에 나오는 첫 구절이다. 고교 때 하도 많이 듣고 외운 이 구절, 나이가 드니 더욱 좋게 들린다.

다음에는 건강, 이른바 건健테크이다. 돈 있고 벗이 있어도 건강이 없으면 만사휴의이다. 그래도 돈은 벌 수 있고, 친구도 새로 사귀면 되지만 건강이 없으면 아무것도 할 수 없다. 그러나 두 가지 모두 너무 걱정할 필요는 없다.

나이 들어 아프고 병을 앓는 것은 자연의 이치이다. 안 아프면 그게 이상하다. 무병장수無病長壽는 없고 단지 일병장수一病長壽, 이병장수二病長壽는 있을 뿐이다. 조금씩 아프면 관리를 하게 되고 그리하면 나름 건강하게 오래 살 수 있을 것이다.

나이 들어도 하나도 아프지 않고 젊음을 고스란히 유지한다면, 이는 자연에 역행하는 것이고 도둑 심보이다. 친구도 정녕 없어진다면 홀로 지내야 한다. 살다보면 아무도 나에게 관심을 갖지 않는 시기가 꼭 오니 말이다. 그나마 연락 오기를 기다리지 말고 내가 먼저 연락하여 만나고 즐겨야 한단다.

이제 와서 생각해보니 내가 목표한 대로 살아가도 나의 뜻대로 온전히 되는 것은 아무것도 없었다. 주변의 도움과 환경, 관계에 의해 움직여졌다. 나를 위한 철도 레일은 깔리지 않았다. 때문에 내가 잘되기 위해서는 주변이 잘 되어야 하고, 친구가 잘 되어야 하고, 어찌되었든 아는 사람이 잘 되어야 한다. 그래야 덕도 볼 수 있다. 주변의 지인이 잘 되는 것을 시기했다가는 국물도 없다.

또한 '있을 때' 잘해야 한다. 잘나갈 때 주변 살피고, 좀 베풀고

싼 점심 한 그릇이라도 사야 한다. 폼만 내고 재다간 나중에 궁하다. 이 뻔한 이치를 잘 알면서도 잘 안되니 아직은 철이 덜 들은 것 같기도 하다. 대부분의 일상인들은 자기보신이고 이기주의이다. 이 범주를 벗어나는 사람은 거의 없다.

그러나 세상사 알 수 없다. 내일 일어날 일을 오늘 모른다. 이러한 경우를 2015년 8월 남북 간 대치국면의 틈새에서 보았다. 젊은 군인들이 남북이 한치 앞을 내다볼 수 없는 전쟁 대치국면에 들어가자 전역을 연기하며 나라를 위해 싸우겠다고 했다. 88명이다. 전쟁이 터지면 사실상 목숨은 내놨다고 봐야 한다. 그런데 전역을 연기하며 전장에 가겠다니, 솔직히 내가 해군병장으로 전역할 당시인 78년으로 돌아갔다면 결코 못 했을 것이다.

그런데 남북 간 협상이 극적 타결되어 정상 전역을 할 수 있게 되었다. 또한 SK그룹에서는 이들에게 우선취업 혜택을 주겠다고 했다. 죽기를 각오하고 전역을 미루면서까지 나라에 헌신하겠다고 했는데, 상황은 반전되어 정상 전역에 취업이라는 선물까지 받았으니 세상사 정말 알 수 없다. 이순신 장군이 말하는 '생즉사 사즉생生則死, 死則生' '살려고 하면 죽을 것이요. 죽기를 각오하고 싸우면 산다.'는 바로 그 말 아니겠는가.

금강경은 이렇게 인연을 말한다. "물이 그릇에 따라 변하듯 인연 따라 그때 그때 바뀌어야 문제가 없다. 인연 따라 사는 삶이 집착이 없는 삶이다."라고 했다. 법성게는 이런 이치를 불수자성수연성不守自性隨緣成이라 했다. '자기 성품을 고집하지 않고 인연 따라 이루어진다는 것'이다. 세상 모든 사물과 현상은 본래의 성질이라고 부를 만한 것 없이 그때 그때 인연 따라 드러날 뿐이다. 인연을 떠나 존재하는 절대적인 법은 어디에도 없다.

'나'라고 하는 존재도 역시 그러하다. 부모를 만나면 자식이 되고, 남편을 만나면 아내가 되고, 자식을 만나면 어머니가 된다. 버스를 타면 승객이 되고, 물건을 사러 가면 손님이 되는 것이다.

우주는 성주괴공成住壞空하여 끝없이 생성 소멸하고, 육신은 생로병사生老病死하며, 생각은 생주이멸生住異滅한다. 모든 사물이 생기고 머물고 변화하고 소멸하는 과정을 겪는다. 그 어느 것도 영원하거나 고정된 실체는 없다는 말이다. 제행무상諸行無常이라, 우주만물은 늘 돌고 변하며 한 모양으로 머물러 있지 아니한다. 세상사 일희일비 왈가왈부하지 말고 인연 따라 살아간다.

에필로그

  원고를 마무리하여 출판사에 넘기고 보니 이제 한 권의 책이 나오는가 보다 싶었다. 책 같지 않은 책 한 권을 내는 데도 나름 고심하며 주변의 충고를 많이도 받았는데, 수천, 수만 권의 책을 만든 수천, 수만 저자들의 노고가 얼마나 컸던지를 짐작할 수 있을 것 같다. 그 책이 인류를 이끄는 양서이거나 베스트셀러라면 더욱 말할 것도 없다.

  책의 내용이 시원찮아 제목으로 만회(?)하기 위해 나름 고민하다가 《대한민국 정치 1번지, 여의도 이야기》로 하였다. 대한민국 정치 1번지인 국회가 여의도동 1번지에 있고, 민자당 또한 여의도에 있고, 책 내용의 70% 가량이 여의도에서 일어난 이야기이니 그러하다.

  무릇 정치라는 게 '국민을 이롭게 한다'는 대전제에다 내부적으로는 '권력을 잡고, 출세하기 위한 한판 승부'이다. 이는 세월이 흘러도 변하지 않는다. 20년 전 국회 출입기자의 눈에는 그런 모양들이 투시되어 다가왔었다. 그럼에도 지역 국회의원들은 개인의 영달보다 지역의 발전을 위해 노심초사하는 것을 볼 수 있었다. 모두 고향과 국가 발전을 위해 열심히 일하는 사람들이다. 또한 국회의원을 떠나 보통사람으로서 다가온 그들의 인간적 매력과 능력,

인품도 느낄 수 있었다.

　그들 국회의원들은 고인이 됐거나 현역 은퇴했다. 현직은 아무도 없다. 그들을 지켜보고 취재한 국회 출입기자들도 어느덧 현직을 떠났거나, 소속 언론사의 원로가 되었다. 치열했던 그 정치의 현장에는 20년 전의 주역은 이미 없다. 다만 그들이 남긴 흔적이 있다.

　20년 전 그때 국회와 민자당을 출입했던 지방지 기자들의 우정이 좋았다. 소속 신문사를 떠나 선후배로 잘 지냈다. 모두들 능력 있고, 자사 신문사를 대표했던 서울 특파원들이었다. 그들 지방지 기자들이 지역구 국회의원들을 지켜 주었다. 고향의 국회의원들에 대해 감시와 견제보다 성원과 협조가 더 많았던 것 같다. 나 역시도 마찬가지이다.

　경남신문의 국회 출입기자도 자연인이 되었다. 돌아보니 벌써 20년이 넘었다. 짧기도 하고 길기도 한 시간의 궤적이다. 그 지나간 세월을 반추하며 그의 기자인생을 되돌아보았다. 후회하지 않는 세월이다. 이런 추억들이 모여 한 권의 책이 되었다. 내용이 빈약하여 세상에 내놓을 감이 못 돼 눈치가 많이 보인다. 해량을 바랄 뿐이다.

　책을 펴내준 도서출판 경남의 오하룡 사장과 관계자 여러분들에게 감사의 인사를 드린다. 또한 출판 못지않게 만만찮은 출판기념회를 준비하는데 주변의 여러 지인들의 도움이 컸다. 진심으로 감사의 말씀을 드린다. 세상에 혼자 힘으로 되는 것은 아무것도 없었다.

조용호

대한민국 정치 1번지
여의도 이야기
조용호 회고록

펴낸날 | 2016년 1월 13일

지은이 | 조 용 호
펴낸이 | 오 하 룡

펴낸곳 | 도서출판 경남
주　소 | 창원시 마산합포구 몽고정길 2-1
연락처 | (055)245-8818~9
전자메일 | gnbook@empas.com
출판등록 | 제567-1호(1985. 5. 6.)
편집팀 | 오태민 심경애 구도희

＊잘못된 책은 바꿔 드립니다.
＊저자와 협의 인지 생략합니다.

ISBN 979-11-86943-21-2-03810
〔값 15,000원〕